国家社会科学基金后期资助项目（22FJYB001）

央行担保品政策的微观效应研究

邓 伟 著

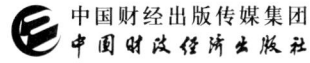

·北京·

国家社科基金后期资助项目
出版说明

　　后期资助项目是国家社科基金设立的一类重要项目,旨在鼓励广大社科研究者潜心治学,支持基础研究多出优秀成果。它是经过严格评审,从接近完成的科研成果中遴选立项的。为扩大后期资助项目的影响,更好地推动学术发展,促进成果转化,全国哲学社会科学工作办公室按照"统一设计、统一标识、统一版式、形成系列"的总体要求,组织出版国家社科基金后期资助项目成果。

全国哲学社会科学工作办公室

前 言

2008年全球金融危机爆发以来，世界各国的货币政策调控框架遭受了前所未有的挑战，设立具有流动性投放功能的借贷便利工具，并构建基于担保品的货币政策新框架，成为主要经济体货币政策调控的新思路。

实际上，自2008年全球金融危机爆发的导火索事件——美国次贷危机以来，美联储就率先推出了一系列借贷便利工具，以应对美国金融体系中出现的流动性严重不足问题，满足危机环境中货币政策调控的需要。其中，包括定期拍卖便利（TAF）、一级交易商信贷便利（PDCF）、定期证券借贷便利（TSLF）、资产支持商业票据货币市场共同基金流动性便利（ABCP MMLF）以及货币市场投资者融资便利（MMIFF）等多种流动性管理工具，它们均成为美联储在危机期间所倚重的货币政策调控工具。受新冠疫情暴发等因素的影响，2020年上半年以来，美国的金融体系再次出现明显的流动性问题。为此，货币市场共同基金流动性便利（MMLF）、商业票据融资便利（CPFF）等借贷便利工具再次被美联储重启。类似地，为了应对全球金融危机以及欧洲债务危机等负面冲击的影响，欧洲央行也大量使用具有流动性投放功能的新型货币政策工具，包括长期再融资操作（LTRO）、定向长期再融资操作（TLTRO），以及担保债券购买计划（CBPP）、资产支持证券购买计划（ABSPP）、公共部门购买计划（PSPP）、企业部门购买计划（CSPP），等等。

值得注意的是，利用流动性投放工具向金融市场注入流动性是有前提的，即提供合格担保品，这是金融机构从中央银行获取流动性的重要约束。例如，对于2007年推出的定期拍卖便利（TAF），美联储要求交易对手提供贴现窗（DW）所接受的担保品；再如，2008年3月推出的定期证券借贷便利，交易对手则需要提供符合公开市场操作（OMO）要求的证券、投资级企业债券等作为担保品。对于欧洲央行而言，如果金融机构要利用长期再融资操作和定向长期再融资操作工具从央行获取流动性，则需要提供满足欧洲央行货币政策担保品要求的担保品。而在金融机构优质担保品不足的背景下，扩大合格担保品范围或降低担保品要求则成为美国、欧盟等主要经济体应对负面冲击、促进经济增长的普遍做法。例如，对于定期证券借贷便利，美联储原先仅接受美国政府公债、AAA级公司债等作为担保品，但2008年担保品范围则扩大至汽车贷款、投资级房屋净值抵押贷款和学生贷款、信用卡贷款，后来进一步扩大至商业房地产贷款。类似地，2008年10月，欧洲央行将货币政策合格担保品的评级要求由A－级降至BBB－级；2010年5月至2011年7月，欧洲央行陆续宣布暂停对希腊、爱尔兰和葡萄牙实施合格担保品最低评级的要求。

事实上，经济新常态以来，中国人民银行（以下简称"央行"）创设了一系列具有流动性投放功能的借贷便利工具，并构建了基于担保品的货币政策新框架，央行担保品政策成为我国货币政策转型和建设现代中央银行制度的重要举措。2013年以来，我国央行借鉴国际经验创设了一系列借贷便利工具，包括常备借贷便利（SLF）、中期借贷便利（MLF）、抵押补充贷款（PSL）以及定向中期借贷便利（TMLF）等。利用借贷便利工具，央行可以灵活地向商业银行等交易对手提供流动性，借贷便利操作已经成为我国基础货币投放、流动性管理、市场利率调控的重要手段。值得注意的是，借贷便利工具的运用是以商业银行等交易对手提供合格担保品为前提。例如，对于MLF而言，央行要求交易对手提供国债、央行票据、政策性金融债、高等级信用债等优质债券作为合格担保品，这意味着央行设定的担保品范围直接影响着商业银行运用借贷便利工具的能力。需要注意的是，我国央行构建基于担保品的货币政策调控新框架中，一个重要举措是首次将在银行间债券市场发行的AAA级公司信用类债券纳入合格担保品范围，这使得我国央行的货币政策与企业的债券发行这一公司信用行为直接挂钩，以此疏通货币政策的传导渠道，增强货币政策的有效性。总之，以借贷便利工具和担保品范围为主要支撑工具，以商业银行和企业为主要参与者的货币政策调控框架，构成了我国央行担保品政策的关键内容。

但需要指出的是，我国央行担保品政策在实施背景、支撑工具、政策定位上与国外具有显著差异，被赋予了远高于外国央行担保品政策的地位。作为货币政策的一部分，以美联储和欧洲央行为代表的央行担保品政策大多基于非常规的货币政策工具，主要用于应对危机期间金融市场的临时性流动性问题。我国货币政策担保品框架的创设并非基于非常规的货币政策工具，而是主要基于常备借贷便利（SLF）、中期借贷便利（MLF）、抵押补充贷款（PSL）等，这些创新型货币政策工具在我国被定位为常态化工具，而不是非常规的货币政策工具。从投放规模来看，2014—2015年创设初期，中期借贷便利（MLF）分别累计投放11400亿元和21948亿元；而在2016—2018年，MLF累计投放额分别快速增长至55235亿元、53295亿元和49510亿元。2017—2021年的近5年来，SLF、MLF和PSL三种借贷便利的年均投放规模接近6万亿元，余额占央行对其他存款性公司债权的比重接近80%。更为重要的是，在我国利率体系与利率市场化改革进程中，贷款市场报价利率（LPR）由原先的与贷款基准利率挂钩调整为与MLF利率挂钩，并以此引导银行贷款利率，这意味着MLF利率被正式赋予了中期政策利率的地位。因此，在新时代背景下，对我国央行担保品政策的作用效果进行系统的研究，对于优化商业银行的信贷配置，改善企业融资，提高我国新型货币政策的有效性，建设现代中央银行制度，促进经济高质量发展具有重要的理论和现实意义。

  然而，要系统、科学地剖析和评价我国央行担保品政策的作用效果，面临着诸多挑战。首先，要排除多种传统货币政策工具的干扰。与全球金融危机爆发前，美联储仅使用单一的货币政策工具进行货币政策调控不同，长期以来，我国货币政策调控框架的一个明显特征是多种货币政策工具并存并用，包括公开市场操作、法定存款准备金甚至存贷款基准利率，这些都是我国频繁使用的传统货币政策工具。其次，如何排除这些传统货币政策工具的干扰，以便对央行担保品政策的作用效果进行科学的识别是研究中需要解决的问题。再次，央行担保品政策的目标定位与传统货币政策存在明显差异，对其作用效果的研究要与央行设定的政策目标相匹配。尽管就最终目标而言，货币政策的最终目标均是物价稳定、经济增长等，但与传统货币政策操作不同的是，央行担保品政策的一个显著特点是央行与商业银行进行直接操作。因此，央行更注重央行担保品政策能否对商业银行产生有效影响。例如，对于中期借贷便利（MLF）而言，央行对其进行了如下政策目标定位：发挥中期政策利率的作用，通过调节向金融机构中期融资的成本来对金融机构的资产负债表和市场预期产生影响，引导其向符合国家政策导向的实体经济部门提供低成本资金，促进降低社会融资成本。因此，如何多维度地考察央行担保品政策的作用效应，并与央行设定的政策目标相一致是研究中面临的重要问题。最后，如何揭示央行担保品政策的微观作用机制。对货币政策作用效果的研究大多是从宏观视角进行的，这一做法的一个明显缺陷在于难以解释货币政策的微观作用机制。在央行担保品政策框架下，商业银行和企业均是央行担保品政策传导机制中的重要环节。商业银行是央行借贷便利操作的直接对象，通过质押合格担保品可以从央行获取流动性。然而，自公司信用类债券被纳入货币政策担保品范围后，企业不仅成为合格担保品的供给者，还是央行担保品政策实施的落脚点。因此，要揭示央行担保品政策的作用机制，必须纳入商业银行和企业。由此可见，如何跳出传统的宏观视角，从微观视角剖析央行担保品政策的作用机制是研究中面临的另一挑战。

鉴于此，本书从商业银行和企业双重微观视角，将 8 章内容分为银行篇和企业篇两个部分，系统性地对央行担保品政策的作用效果和作用机制进行剖析和研究。具体地，银行篇中，本书以央行担保品政策的实施以商业银行提供合格担保品为前提的切入点，构建央行担保品政策对商业银行影响的识别策略，分 3 章分别从商业银行贷款规模、贷款利率、流动性创造等方面考察央行担保品政策的微观效应。这是因为商业银行是央行担保品政策操作的直接和主要对象。在货币政策担保品框架下，商业银行通过质押合格担保品的方式可以从央行获取大规模、低成本的基础货币，央行创设借贷便利工具不仅会对商业银行的资金成本产生影响，还会显著改变商业银行的可贷资金规模，进而对商业银行的贷款投放、贷款利率、流动性创造产生显著影响。因此，从商业银行的视角进行研究，不仅可以直接反映央行担保品政策的作用效果，而且便于揭示其作用机制。企业篇中，本书基于公司信用类债券被首次纳入央行担保品范围这一制度设计，构建央行担保品政策对企业影响的识别策略，分 4 章分别从企业融资、现金持有、投资等方面考察央行担保品政策的微观效应。这是因为企业是央行担保品政策的重要参与者和调控落脚点。央行将公司信用类债券纳入货币政策担保品范围，使企业成为合格担保品的供给者，增强了担保品债券的稀缺性，并以国家信用为担保品债券发行企业背书，释放了明确的政策信号。这有利于增强企业信用，引导金融机构信贷配置，促进市场参与者改变预期，提升担保品债券发行企业的融资能力，改善企业投资。因此，从企业的视角进行研究，可以进一步揭示央行担保品政策的作用效果，对于回答央行担保品政策能否最终改善社会融资成本，增强货币政策的有效性，促进经济高质量发展等问题能够提供更深层次的答案。

总之，央行担保品政策作为一种新型的货币政策，尽管在我国已经实施近 10 年，并已成为我国新常态时期最为重要的货币政策，但无论从实践还是从研究来看，其仍然处于探索阶段，目前关于其实施效果还缺乏系统的研究，特别是关于央行担保品政策能否有效引导商业银行信贷配置，起到改善企业融资和投资作用，促进经济高质量发展，仍然是政策制定和学术研究中亟须探索的现实问题。

本书将商业银行和企业两种微观视角相结合，专门、系统地研究央行担保品政策的微观效应，据了解，这在国内学术界尚属首次。本书为深入理解中国新型货币政策的作用效果及传导机制、完善基于担保品的货币政策调控的新框架提供了丰富的实证结论和决策参考。目前，我国央行担保品框架建设仍处于发展阶段，构建基于担保品的货币政策调控新框架仍然还有很长的路要走。本书作为对我国央行担保品政策微观效应的初步探索，不过是窥其一隅。希望本书的研究视角和研究发现，对于研究中国新型货币政策的作用效果和传导机制、理解中国货币政策调控的新框架和新思路有所帮助和启发。鉴于认知有限，本书中难免有不妥甚至疏漏之处，敬请读者批评指正！

邓 伟

2024 年 5 月

目 录

第1章 导论 ……………………………………………………（ 1 ）
  1.1 央行担保品政策的制度背景 …………………………（ 1 ）
  1.2 央行担保品政策的操作方式及作用机制 ……………（ 8 ）
  1.3 央行担保品政策的作用效果研究现状 ………………（ 14 ）
  1.4 研究内容与研究价值 …………………………………（ 22 ）

商业银行篇

第2章 央行担保品政策对商业银行贷款规模的影响 …………（ 29 ）
  2.1 央行担保品政策对商业银行贷款投放的影响机制分析 …（ 29 ）
  2.2 研究数据与研究设计 …………………………………（ 32 ）
  2.3 央行担保品政策对商业银行贷款投放的影响结果分析 …（ 37 ）
  2.4 结论与启示 ……………………………………………（ 52 ）

第3章 央行担保品政策对商业银行贷款利率的影响 …………（ 54 ）
  3.1 央行担保品政策对商业银行贷款利率的影响机制分析 …（ 54 ）
  3.2 研究数据与研究设计 …………………………………（ 57 ）
  3.3 央行担保品政策对商业银行贷款利率的影响结果分析 …（ 61 ）
  3.4 结论与启示 ……………………………………………（ 71 ）

第4章 央行担保品政策对商业银行流动性创造的影响 ………（ 73 ）
  4.1 央行担保品政策对商业银行流动性创造的影响机制分析 …（ 74 ）
  4.2 研究数据与研究设计 …………………………………（ 77 ）
  4.3 央行担保品政策对商业银行流动性创造的影响结果分析 …（ 81 ）
  4.4 结论与启示 ……………………………………………（ 91 ）

企 业 篇

第 5 章 央行担保品政策对企业信贷融资的影响 ……………………（95）
  5.1 央行担保品政策对企业信贷融资的影响机制分析 ………（96）
  5.2 研究数据与研究设计 ……………………………………（98）
  5.3 央行担保品政策对企业信贷融资的影响结果分析 ……（102）
  5.4 结论与启示 ………………………………………………（116）

第 6 章 央行担保品政策对企业商业信用融资的影响 ……………（118）
  6.1 央行担保品政策对企业商业信用融资的影响机制分析 …（119）
  6.2 样本选取与研究设计 ……………………………………（122）
  6.3 央行担保品政策对企业商业信用融资的影响结果分析 …（125）
  6.4 结论与启示 ………………………………………………（145）

第 7 章 央行担保品政策对企业现金持有的影响 …………………（147）
  7.1 央行担保品政策对企业现金持有的影响机制分析 ……（147）
  7.2 研究数据与研究设计 ……………………………………（149）
  7.3 央行担保品政策对企业现金持有的影响结果分析 ……（151）
  7.4 结论与启示 ………………………………………………（167）

第 8 章 央行担保品政策对企业投资的影响 ………………………（169）
  8.1 央行担保品政策对企业投资的影响机制分析 …………（170）
  8.2 研究数据与研究设计 ……………………………………（171）
  8.3 央行担保品政策对企业投资的影响结果分析 …………（174）
  8.4 结论与启示 ………………………………………………（186）

结　　语 ………………………………………………………………（188）

主要参考文献 …………………………………………………………（193）

后　　记 ………………………………………………………………（212）

第1章 导 论

1.1 央行担保品政策的制度背景

受美国次贷危机、2008年全球金融危机以及欧洲债务危机的影响,以美联储和欧洲央行为代表的中央银行大量实施非常规货币政策,采用以提供担保品为条件向金融机构注入流动性的方式进行货币政策调控(Chailloux 等,2008;Koulischer 和 Struyven,2014;Fecht 等,2016;Nyborg,2017;Choi 等,2021)。特别是在金融机构优质担保品不足的背景下,以扩大合格担保品范围为代表的央行担保品政策成为美国、欧盟等主要经济体应对负面冲击、促进经济增长的普遍做法,央行担保品政策的作用因此迅速凸显(Bindseil 等,2017;Van Bekkum 等,2018)。甚至在全球合作应对气候变暖的背景下,央行也可以通过扩大绿色担保品范围引导银行贷款投放,起到促进企业绿色投资的作用(Macaire 和 Naef,2021;McConnell 等,2022;陈国进等,2021)。

经济新常态以来,我国货币政策调控模式发生了根本性变革。中国人民银行(以下简称"央行")代表性的举措是创设了以中期借贷便利为代表的一系列借贷便利工具,并基于此构建了货币政策担保品框架。央行首次将公司债券纳入货币政策担保品范围,通过将央行信用与企业信用相挂钩的方式引导银行信贷配置,以缓解企业"融资难、融资贵"问题,并以此改善企业投资,促进经济高质量发展(王永钦和吴娴,2019;郭晔和房芳,2021;黄振和郭晔,2021;陈国进等,2021)。

值得注意的是,我国货币政策担保品框架在创设背景、支撑工具、政策定位上与其他国家具有显著差异,被赋予了远高于其他国家货币政策担保品框架的政策地位。作为货币政策的一部分,其他国家的货币政策担保品框架通常基于非常规的货币政策工具,主要是为了应对危机期间金融市场的临时性流动性问题(Duygan-Bump 等,2013;Christensen 等,2014;

Armantier 等，2015；McAndrews 等，2017；Acharya 等，2017）。我国货币政策担保品框架的创设并非基于非常规的货币政策工具，而是主要基于常备借贷便利（SLF）、中期借贷便利（MLF）、抵押补充贷款（PSL）等创新型货币政策工具（邓伟和袁小惠，2016；邓伟等，2021a；邓伟等，2021b）。基于借贷便利工具的央行担保品政策，不仅是经济新常态时期央行调控货币、信贷的主要方式，还承担着优化商业银行信贷资源配置、改善企业投融资等重要任务。但目前还缺乏关于我国央行担保品政策实施效果的系统研究。特别是关于央行担保品政策能否有效引导商业银行信贷配置、起到缓解企业"融资难、融资贵"的作用、改善企业投资，仍然是政策制定和学术研究中亟须研究的现实问题。因此，本书将商业银行和企业两种微观视角相结合，研究央行担保品政策能否有效引导商业银行信贷配置并改善企业投融资行为。这对于实施创新型货币政策，优化银行信贷配置，改善企业融资和投资，促进经济高质量发展具有重要意义。

1.1.1　国际经验：基于非常规工具的央行担保品政策

（1）危机背景下欧美央行的非常规货币政策工具

借贷便利工具作为一种货币政策工具，已被全球大多数中央银行所使用，主要包括美联储、欧洲央行、英格兰银行、日本银行、加拿大央行、新加坡金管局以及新兴市场经济体中的俄罗斯央行、印度储备银行等，其中美联储和欧洲央行在借贷便利工具方面的运用最值得关注。

2007 年美国次贷危机爆发以后，美国的银行系统出现了明显的流动性问题，为此美联储对以贴现窗（Discount Window）为代表的借贷便利工具进行了改革。在正常市场环境中，贴现窗工具的主要目的是向出现流动性困难的银行提供短期融资，且创设之初的利率低于联邦基金利率。考虑到该补贴利率可能会导致银行等金融机构向央行过度负债，美联储于 2003 年对贴现窗工具进行了改革，即将利率调整为高于联邦基金利率的惩罚利率，并要求申请贴现窗借款的银行必须满足无法从其他渠道获得融资的条件。但在次贷危机和全球金融危机爆发的背景下，银行担心申请这类借贷便利会释放出财务脆弱的信号，这使贴现窗工具难以得到银行的响应，正如时任美联储主席 Bernanke（2009）指出，银行系统出现了避免使用贴现窗工具的现象，即"贴现窗污名"效应（DW Stigma）。即使美联储对贴现窗工具进行了一系列的改革，如降低利率、延长期限等，也难以消除这一污名效应，贴现窗工具因此被认为难以发挥作用。为此，美联储后续又针对不同的金融市场推出了定期拍卖便利（TAF）、一级交易商信贷便利

(PDCF)、定期证券借贷便利（TSLF）等多种借贷便利工具，但它们仍然主要发挥临时性的救助作用，随着危机的好转这些借贷便利工具也逐步退出市场。

除美联储推出了借贷便利工具外，欧洲央行也在全球金融危机的背景下推出了多种借贷便利工具，其中以长期再融资操作（LTRO）和定向长期再融资操作（TLTRO）最引人关注。2008年全球金融危机爆发后，金融机构长期流动性不足问题凸显，商业银行的贷款投放面临较大约束。为此，欧洲央行先后实施了长期再融资操作（LTRO）和定向长期再融资操作（TLTRO），以此向金融机构提供中长期的低息资金，鼓励金融机构向实体经济提供贷款。自2008年4月起，欧洲央行首次进行了期限为6个月的LTRO操作，2009年至2011年共实施了4次一年期的LTRO操作，2011年12月欧洲央行更是推出期限长达3年的LTRO操作。在2014年9月至2019年9月，欧洲央行对LTRO进行改革，推出三轮期限更长、利率更低的定向长期再融资操作（TLTRO），其中，前两轮的期限为4年。与美联储在危机期间推出的贴现窗等借贷便利工具相比，尽管欧洲央行的借贷便利工具也是在全球金融危机爆发的背景下推出的，但欧洲央行的借贷便利期限更长，且被视作一种长期使用的货币政策工具，发挥着促进信贷增长等多种重要作用。

（2）危机背景下欧美央行的担保品扩容政策

美联储除了创设一系列借贷便利工具为金融机构提供流动性外，还通过扩大借贷便利工具担保品范围的方式进行货币政策调控。合格担保品是指在货币政策操作过程中，央行允许或要求交易对手提供的作为直接交易或偿债的担保资产的统称，央行构建担保品管理框架在货币政策体系中具有重要地位（蓝虹和穆争社，2014；彭兴韵，2015）。确定一个适度的合格担保品范围是央行担保品框架最核心的内容（李文森等，2015）。一般而言，宽松的担保品政策可以改善市场流动性，缓解信贷紧缩，有效降低利差，同时也会增加央行面临的潜在风险（Koulischer和Struyven，2014；Choi等，2021）。央行建立适当的担保品政策，不仅可以影响潜在交易对手的行为并阻止逆向选择，还可通过实现抵押品担保权益来规避违约风险，避免在流动性供给中遭受损失（宋军，2013）。

采取扩大担保品范围的方式进行货币政策调控是世界主要经济体应对负面冲击的普遍做法。就TSLF而言，其原先仅接受AAA级商品作为担保品，包括美国政府公债、AAA级公司债与优等抵押贷款证券，但2008年美联储将担保品接受范围扩大至汽车贷款、投资级房屋净值抵押贷款和学生贷款、信用卡贷款，后来则进一步将商业房地产贷款纳入接受范围。类似地，美联储还对 PDCF 的合格担保品范围进行了扩容，以提高一级交易商从央行融资的能力和规模。实际上，2008 年 3 月 16 日，美联储创设 PDCF 之初，合格担保品仅限于投资级证券；2008 年 9 月 14 日，美联储则将 PDCF 担保品范围进一步扩大至三方回购市场中两大清算银行所有可接受的担保品。

与美联储类似，危机期间欧洲央行也大量使用扩大担保品范围的方式进行货币政策调控。受全球金融危机的影响，2008 年 10 月，欧洲央行将合格担保品的评级由 A－降至 BBB－；2011 年 1 月，欧洲央行进一步对 BBB＋至 BBB－级的资产执行分级折扣（Haircuts），按折扣接受评级较低的资产抵押；2010 年 5 月至 2011 年 7 月，欧洲央行陆续宣布暂停对希腊、爱尔兰和葡萄牙实施合格担保品最低评级要求；2012 年 2 月，欧洲央行宣布扩大法国、意大利、奥地利、葡萄牙、西班牙以及爱尔兰、塞浦路斯央行的担保品范围至信贷资产；2012 年 6 月，欧洲央行进一步放宽欧元体系合格担保品标准，包括发行和存续期间均获得 A 以上评级的汽车贷款、租赁和消费金融类资产支持证券及商业抵押贷款支持证券（CMBSs），以及发行和存续期间获得 BBB 以上评级的居民抵押贷款支持证券（RMBSs）、中小企业贷款支持证券、汽车贷款、租赁和消费金融类资产支持证券、商业抵押贷款支持证券（Nyborg，2017；Van Bekkum 等，2018）；2012 年 9 月，对于二级市场国债直接购买计划（OMT）对象国以及正在接受欧盟和国际货币基金组织联合救助的国家，其中央政府发行的债券或提供的担保在作为欧洲央行融资担保品时，欧洲央行对其暂停最低信用评级要求。此外，欧洲央行还允许交易对手向其提供美元、英镑、日元等外币计价的债务工具作为担保品。2016 年 3 月 10 日，欧洲央行宣布将进一步推出企业部门购买计划（CSPP），并将在欧元区成立的非银行公司发行的投资级欧元计价债券纳入购买计划清单（De Santis 和 Zaghini，2021）。

1.1.2 中国创新：基于借贷便利工具的央行担保品政策

（1）经济新常态背景下的借贷便利工具

长期以来，我国央行主要利用法定存款准备金率、存贷款基准利率等工具进行货币政策调整，这些货币政策操作并不涉及合格担保品。但经济新常态以来，由于我国贸易顺差出现阶段性放缓等原因，央行基础货币的投放模式由原先的通过外汇占款被动投放，转变为主动投放以满足市场的流动性需求和经济高质量发展要求。2013 年以来，我国央行借鉴国际经验对货币政策工具进行了创新,其中,最值得关注的是创设了一系列借贷便利创新工具,包括常备借贷便利(SLF)、中期借贷便利(MLF)、抵押补充贷款(PSL)以及定向中期借贷便利(TMLF)等(见表1-1)。在央行网站上,借贷便利创新工具与公开市场操作、法定存款准备金等传统货币政策工具并排列示,表明其已成为央行货币政策工具箱中的主流工具。

表1-1 我国央行借贷便利工具基本信息①

名称	常备借贷便利(SLF)	中期借贷便利(MLF)	抵押补充贷款(PSL)
创设时间	2013年初	2014年9月	2014年4月
操作对象	商业银行、政策性银行及开发性金融机构	商业银行、政策性银行及开发性金融机构	政策性银行及开发性金融机构
合格担保品	高信用评级的债券类资产和优质信贷资产	国债,地方政府债券,央行票据,政策性金融债,不低于AA级的小微企业、绿色和"三农"金融债券,AA+、AA级公司信用类债券,优质的小微企业贷款和绿色贷款	高信用评级的债券类资产和优质信贷资产
操作期限	1—3个月	3个月、6个月、12个月	3—5年
近5年操作规模	年均3708亿元	年均47341亿元	年均3574亿元
其他说明	操作对象实际仅限于商业银行;合格担保品包含公司债券	操作对象实际仅限于商业银行;合格担保品包含公司债券	操作对象不包含商业银行

资料来源:作者根据各期中国货币政策执行报告及中国人民银行网站整理得到。

在我国央行多种借贷便利工具中,抵押补充贷款(PSL)的实施对象仅限于开发性金融机构和政策性银行,并不针对商业银行,而定向中期借贷便利(TMLF)的创设时间较晚(2018年12月)。由于本章的目的在于考察借贷便利工具对商业银行贷款投放的影响,因此仅需关注常备借贷便利和中期借贷便利。常备借贷便利工具(SLF)创设于2013年5月,是央行正常的流动性供给渠道,其主要功能是满足金融机构期限较长的大额流动性需求,期限包括隔夜、7天、1个月、3个月等,对象基本覆盖所有存款金融机构。央行于2015年2月11日宣布在全国推广分支机构常备借

---

① 我国央行借贷便利工具还包括定向中期借贷便利(TMLF),但TMLF的创设时间较晚(2018年12月),且实施频率很低,因此表1-1中未列示该工具。

贷便利,向符合条件的中小金融机构提供短期流动性支持。常备借贷便利以质押方式发放,合格担保品主要包括高信用评级的债券类资产及优质信贷资产。中期借贷便利(MLF)创设于2014年9月,是央行提供中期基础货币的货币政策工具,操作期限通常为3个月、6个月、12个月。中期借贷便利采取质押方式发放,对象为符合宏观审慎管理要求的商业银行与政策性银行,要求提供国债、央行票据、政策性金融债、高等级信用债等优质债券作为合格担保品。

利用借贷便利工具向商业银行提供流动性成为我国央行基础货币投放的主要方式。从实施规模来看,2015—2017年,中期借贷便利累计实施21948亿元、55235亿元、53295亿元,总体呈现增加趋势(见图1-1)。更为重要的是,2019年8月,我国央行决定改革完善贷款市场报价利率(LPR)形成机制,明确指出LPR与中期借贷便利(MLF)利率直接挂钩,并要求各银行在新发放的贷款中主要参考LPR定价,这意味着MLF利率被正式赋予了中期政策利率的地位(易纲,2021)。

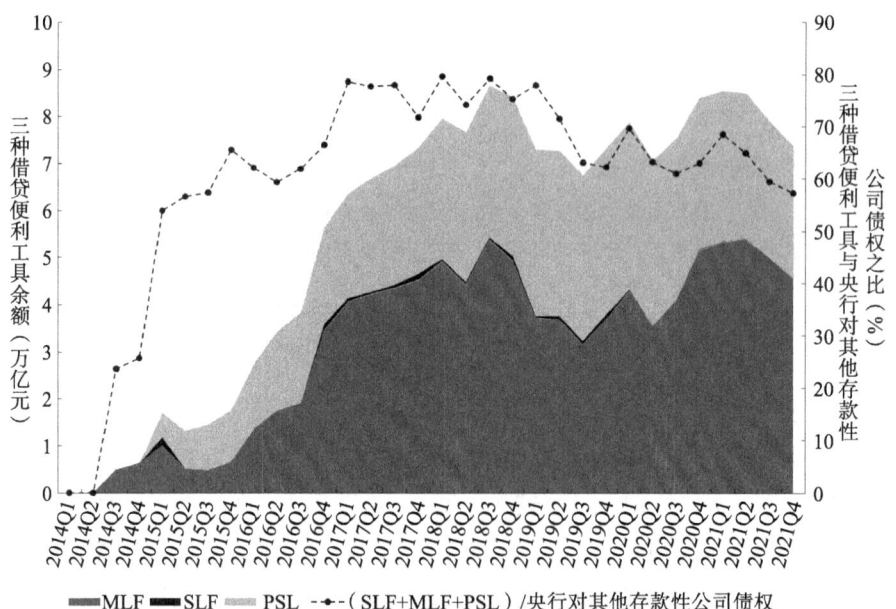

图1-1 借贷便利工具的实施规模

总之,从创设背景来看,我国借贷便利工具是在经济新常态背景下创设的,是一种常态化的正常货币政策工具,并非危机下的临时性工具;从实施规模来看,借贷便利工具已经成为我国央行向商业银行提供基础货币的重要手段;从政策定位来看,不同于美联储的贴现窗等工具,我国借贷便利工具承担着支持货币信贷合理增长等更重要的使命。

(2) 经济新常态背景下的我国央行担保品政策

经济新常态以来,我国货币政策调控模式发生了根本性变革,代表性举措是我国央行创设了以中期借贷便利为代表的一系列借贷便利工具,并基于此构建了货币政策担保品框架(又称央行担保品框架)。利用借贷便利工具,央行可以向商业银行提供流动性;与此同时,央行也面临着是采用信用方式还是担保方式提供流动性的选择。为控制信用风险并促进经济高质量发展,央行要求商业银行利用借贷便利工具向其融资时提供合格担保品。例如,对于MLF而言,央行要求操作对象提供国债、央行票据、政策性金融债、高等级信用债等优质债券作为合格担保品。《2017年第四季度中国货币政策执行报告》指出,我国在2012年年底初步构建了多层次的货币政策担保品框架,这标志着货币政策担保品框架的正式确立。在担保品框架下,利用借贷便利工具向商业银行投放流动性已经成为新常态时期我国央行投放基础货币的主要方式。更为重要的是,2019年8月央行决定改革完善贷款市场报价利率(LPR)形成机制,明确指出LPR与MLF利率直接挂钩,并要求各银行在新发放的贷款中主要参考LPR定价,这意味着MLF利率被正式赋予了中期政策利率的地位(易纲,2021),基于借贷便利工具的货币政策担保品框架也成为了我国货币政策调控的核心内容之一。

我国货币政策担保品框架中引人注目的举措是,首次将公司债券纳入合格担保品范围,这意味着公司债券可被商业银行用作合格担保品向央行融资。事实上,在货币政策担保品框架正式创设之前,央行借助公开市场操作这一货币政策工具也可以实现向商业银行提供流动性的目的。从商业银行的角度来看,将国债等有价证券出售给央行则达到了向央行融资的目的。但与公开市场操作相比,在货币政策担保品框架下,商业银行通过借贷便利工具向央行融资的显著区别在于,公开市场操作中商业银行能使用的有价证券(类似于合格担保品)通常为国债、央行票据、政策性金融债等国家主体发行的债券,并未包含公司债券。因此,央行首次将公司债券纳入货币政策合格担保品范围,实际上是将公司信用与央行信用相挂钩,这不仅会提升公司债券的稀缺性,还有可能通过增信效应、信号效应等路径对发行了担保品债券的公司产生影响。

需要指出的是,我国央行首次将公司债券纳入货币政策担保品范围本质上虽然也是一种担保品扩容行为,但与美联储、欧洲央行等外国央行在危机期间的担保品扩容相比,我国货币政策担保品框架在创设背景、支撑工具、政策定位等方面与国外存在显著差异。首先，从创设背景来看，美联储、欧洲央行等央行的担保品政策主要是在全球金融危机、欧洲债务危机的背景下实施的，而我国央行担保品政策是在经济新常态背景下实施的。其次，从支撑工具来看，美联储、欧洲央行等央行担保品框架主要是基于临时性的、非常规货币政策工具创设的，而我国央行担保品框架主要是基于借贷便利工具创设的，属于我国央行常态化操作的常规工具。最后，从政策定位来看，美联储、欧洲央行等央行的担保品政策主要目的是在危机期间对金融市场临时性的流动性救助，而我国在经济新常态背景下创设的央行担保品框架是我国货币政策的重要组成部分，承担着改善企业投融资、促进经济高质量发展等重要使命。

1.2 央行担保品政策的操作方式及作用机制

从实际情况来看，我国央行担保品政策主要包括借贷便利操作和合格担保品调整两部分。其中，借贷便利操作则是在担保品框架下，央行使用借贷便利工具向商业银行投放流动性；合格担保品调整又包括担保品范围的调整（广度的调整）和担保品折损率的调整（深度的调整）。因此，央行可以通过调整借贷便利的操作规模、操作利率以及操作期限的方式改变政策实施力度（见图1-2）。

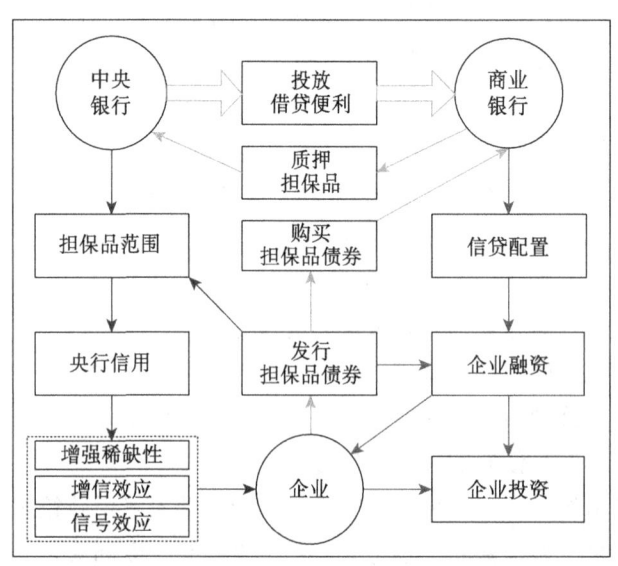

图1-2 央行担保品政策的作用机制

1.2.1 借贷便利工具操作

央行可以通过调整担保品广度和深度的方式进行担保品政策方面的操作，但这种操作的影响面较大。从实际来看，央行一般在担保品框架下，运用借贷便利工具操作实现对货币投放和市场利率的调整，进而对商业银行、企业乃至宏观经济发挥调控作用。从我国实际情况来看，央行的借贷便利操作包含操作规模、操作利率以及操作利率等方面的内容。

（1）调整借贷便利的操作规模

调整借贷便利的操作规模可以实现基础货币的吞吐，是经济新常态以来我国基础货币调节的主要方式。在货币政策担保品框架下，央行通过借贷便利工具可以向商业银行投放流动性，因此借贷便利是一种数量型货币政策工具。借贷便利的投放规模越大，则商业银行获得的资金越多，货币政策环境越宽松。从商业银行的角度来看，从央行获得的借贷便利属于向中央银行借款，因此借贷便利的性质与再贷款类似。但再贷款通常以信用的形式发放，且操作规模较小，往往带有贴现窗污名属性。而借贷便利工具包含常备借贷便利和中期借贷便利，二者均是常态化操作工具，操作规模较大，是目前我国央行基础货币政策投放最重要的方式，且需要商业银行提供合格担保品。因此，央行通过调整借贷便利的操作规模，可以直接实现对货币投放规模的调节，进而影响商业银行信贷配置，对市场利率、企业投融资乃至宏观经济发挥调控作用。表1-2展示了2014—2019年各季度MLF的操作情况，可以看出，近3年来多数季度MLF的操作规模大多在1万亿元以上，每年通过MLF投放的基础货币高达4万—5万亿元。

表1-2　　　　2014—2019年各季度MLF操作情况

时间	当期实施规模（亿元）	当期余额（亿元）	期限及利率
2014年第3季度	5000	5000	3个月：3.5%
2014年第4季度	6400	6445	3个月：3.5%
2015年第1季度	10145	10145	3个月：3.5%
2015年第2季度	5145	5145	3个月：3.5%
2015年第3季度	3600	4900	6个月：3.35%
2015年第4季度	3058	6658	6个月：3.25%
2016年第1季度	6655	13313	3个月：2.75%；6个月：2.85%；1年期：3%
2016年第2季度	15730	17455	未披露

续表

时间	当期实施规模（亿元）	当期余额（亿元）	期限及利率
2016 年第 3 季度	10500	19063	未披露
2016 年第 4 季度	22350	34573	未披露
2017 年第 1 季度	14415	40643	本季度最后一期中标利率为 6 个月：3.05%；1 年期：3.2%
2017 年第 2 季度	14525	42245	6 个月：3.05%；1 年期：3.2%
2017 年第 3 季度	10575	43540	1 年期：3.2%
2017 年第 4 季度	13780	45215	1 年期：3.25%
2018 年第 1 季度	12235	49170	1 年期：3.25%
2018 年第 2 季度	11865	44205	1 年期：3.3%
2018 年第 3 季度	16640	53830	1 年期：3.3%
2018 年第 4 季度	8770	49315	1 年期：3.3%
2019 年第 1 季度	0	37265	未实施
2019 年第 2 季度	11400	36810	1 年期：3.3%
2019 年第 3 季度	11500	31670	1 年期：3.3%
2019 年第 4 季度	14000	36900	1 年期：3.25%

资料来源：作者根据各期中国货币政策执行报告及中国人民银行网站整理得到。

借贷便利工具的创设使得商业银行可以通过质押合格担保品的方式从央行获得大规模的基础货币，直接增加了商业银行的可贷资金，发挥类似降准的作用，促进其贷款的发放。从我国商业银行的贷款决策来看，央行向商业银行提供期限较长的中期借贷便利，这部分资金直接进入商业银行的资产负债部用于发放贷款，从而对商业银行的贷款投放起到直接的促进作用。反之，当借贷便利工具到期时，就实现了基础货币的回收，从而对商业银行的贷款投放产生抑制作用。因此，央行担保品政策通过对商业银行基础货币的投放和回收实现流动性调节，从而影响商业银行的信贷配置，包括贷款规模、贷款结构以及贷款利率等。

（2）调整借贷便利的操作利率

借贷便利利率已经成为我国央行的政策利率，调整借贷便利的操作利率是央行影响银行贷款利率的重要方式。借贷便利工具不仅是一种数量型货币政策工具，还是一种价格型货币政策工具。从商业银行的角度来看，从央行获取借贷便利属于向央行借款，需要向央行支付一定的利息。因此，央行也可以通过调整借贷便利的操作利率影响银行资金成本，从而实现对市场利率的调节。尤其引人关注的是，2019年8月，央行决定改革、完善贷款市场报价利率（LPR）的形成机制，明确指出将LPR与中期借贷便利（MLF）利率直接挂钩，并要求各银行在新发放的贷款中主要参考LPR定价，引导商业银行降低贷款利率。这意味着MLF利率正式取代了贷款基准利率，从政策定位上成为我国贷款市场报价利率的新"锚"，因此，MLF利率实质上成为我国最重要的政策利率。从表1-2可以看出，自2016年央行实施1年期的MLF操作以来，MLF利率较为稳定，变化幅度较小。MLF作为现阶段我国最重要的政策利率，在保持相对稳定的同时可以适当增加波动，尤其是适当降低MLF利率更有利于发挥其调整作用，起到降低市场利率以及社会融资成本的作用。

（3）调整借贷便利的操作期限

央行还可以通过调整借贷便利操作期限的方式进行借贷便利操作。央行的借贷便利操作期限越长，则商业银行通过借贷便利获取的借款期限越长，商业银行受到的影响越大。央行通过搭配不同期限的借贷便利操作可以发挥不同的政策作用。例如，从实际情况来看，SLF的操作期限通常在1个月以内，因此SLF主要用于满足商业银行的临时性资金需求。而MLF的操作期限则较长，一般在3个月以上，可以满足商业银行期限较长的资金需求。从表1-2可以看出，MLF创设之初，操作期限为3个月；2015年第3季度，央行进行了期限为6个月的MLF操作；2016年，央行又进行了期限为1年的MLF操作。自此之后，MLF的操作期限以1年为主。此外，2018年12月，央行创设了期限更长的定向中期借贷便利工具（TMLF）。与MLF相比，TMLF操作期限也为1年，但到期后可根据金融机构需求续做两次，实际使用期限可达到3年，同时TMLF更具有政策倾向性，要求商业银行将TMLF投放于小微企业和民营企业。

因此，央行可通过调整借贷便利操作期限满足商业银行及政策性银行对不同期限资金的需求；同时，通过调整借贷便利操作期限，也可以对银行的贷款期限结构产生影响，并对银行的贷款投向产生引导作用，达到结构性的调控效果。

1.2.2 合格担保品调整

（1）调整担保品范围

合格担保品是指在货币政策操作过程中，中央银行允许或要求交易对手提供的作为直接交易或偿债的担保资产的统称，央行构建担保品管理框架在货币政策体系中具有重要地位。确定一个适度的合格担保品范围，即合格担保品广度是央行担保品框架最核心的内容。合格担保品范围越大就意味着交易对手能使用的担保品规模越大，用以质押向央行融资的规模就越大。因此，扩大合格担保品范围具有货币政策扩张效应。但合格担保品范围越大也意味着央行对合格担保品的要求越低，操作对手越能够运用质量较低的担保品向央行融资，这会增加央行承担的信用风险。

在我国货币政策担保品框架创设之初，央行合格担保品范围可以分为三类：一是国家主体发行的高信用级别债券，包含国债、央行债券、政策性金融债券和地方政府债券；二是非金融机构发行的高等级信用债，如公司信用类债券；三是商业银行持有的优质信贷资产。2018年6月1日，央行宣布，适当扩大中期借贷便利（MLF）担保品范围。新纳入中期借贷便利担保品范围的有三类：不低于AA级的小微企业、绿色和"三农"金融债券，AA+级、AA级公司信用类债券，优质的小微企业贷款和绿色贷款。从供给端来看，这三类担保品实际上包含了非金融部门和金融部门。其中，AA+级、AA级公司信用类债券是非金融部门发行的债券，而不低于AA级的小微企业、绿色和"三农"金融债券以及优质的小微企业贷款和绿色贷款均是金融部门发行的债券或发放的贷款。

调整担保品范围会改变相应担保品的可质押性，影响市场上的担保品规模，并产生信号效应，从而对债券市场、银行信贷市场乃至产品市场产生综合影响。

首先，调整合格担保品范围会改变相应担保品的可质押性，影响市场上的担保品规模，以及商业银行从央行获取资金的能力，从而对银行信贷配置行为产生影响。由于在央行担保品框架下，商业银行向央行融资需要提供合格担保品，如果央行扩大合格担保品范围，则会扩大市场上的担保品规模，提升商业银行从央行获取资金的能力，从而对银行贷款投放产生促进作用；反之，如果央行缩小担保品范围，则会缩小市场上的担保品规模，降低商业银行从央行获取资金的能力，从而对银行贷款投放产生抑制作用。

其次，调整合格担保品范围可以改变相应担保品资产的稀缺性，会直接影响担保品资产的二级市场价格，进一步影响担保品资产的一级市场价格，从而对该金融工具的融资成本产生影响。以中期票据这一担保品债券为例，如果央行将中期票据纳入担保品范围，则意味着该中期票据被赋予了可以作为央行担保品的地位，提升了中期票据的稀缺性。同时，如果该债券可以被用来质押向央行融资，则意味着央行基础货币投放这一国家信用行为与中期票据债券发行这一公司信用行为相挂钩，这会提升该债券的稀缺性，并对该债券产生增信作用，降低债券违约风险（王永钦和吴娴，2019；黄振和郭晔，2021），从而在债券一级市场、二级市场提升债券价格。因此，调整担保品范围会影响担保品的稀缺性和信用风险，从而影响担保品资产的市场价格和发行价格，对该金融工具的融资成本、融资规模产生影响。

最后，调整合格担保品范围还会释放信号，改变担保品发行主体的市场地位，通过产品市场产生影响。央行调整担保品范围具有较强的政策倾向性，会释放政策信号。例如，如果央行将小微企业、绿色和"三农"金融债券纳入担保品范围，则会释放出央行意图引导资金流向并支持小微企业、绿色和"三农"企业发展的积极信号，这会增强市场对相应领域的积极预期，使供应商、客户更愿意与相应企业建立合作关系，从而在产品市场上对企业的采购、生产以及销售行为产生积极影响。

（2）调整担保品折损率

央行对合格担保品的调整可以分为广度和深度两个维度。广度的调整是指调整合格担保品的范围，即允许哪些资产作为担保品；而深度的调整则指担保品折损率的调整。折损率（Haircut）是央行在要求交易对手提供担保品时规定担保品价值高于融资金额的额度，即央行实际贷款额度与担保品价值之间的差额比率。例如，某种债券资产的质押率为80%，即折损率是20%，这意味着质押该债券可以借得其价格80%的资金。如果持有价值100元的债券，则通过质押债券可以获得80元的现金，如果再将这80元用于购买债券并再次质押新购买的债券，则又可以获得64元的现金。如此反复，持有价值100元的债券，通过质押并再次购买债券，最终可以控制500元的债券资产，即产生5倍的杠杆率（王永钦和徐鸿恂，2019）。事实上，央行对担保品质押率调整的逻辑与央行调整法定存款准备金率具有相似之处：如果法定存款准备金率为20%，那么商业银行获得100元的存款则可以派生出500元的存款，即产生5倍的货币乘数。

调整担保品的折损率可以看作对担保品范围调整的一般化，换句话说，对担保品范围调整可以看作折损率调整的特殊情况。例如，如果将某种资产纳入担保品范围，实际上等价于将该资产的折损率由100%调整为0。因此，调整担保品的折损率也会改变相应担保品的可质押性，影响市场上的担保品规模，并产生信号效应，从而对债券市场、银行信贷市场乃至产品市场产生综合影响。

此外，也可以从杠杆率的角度理解担保品范围和折损率的调整。无论是担保品范围还是折损率的调整，都可以看作担保品质押率的调整，其实质也是一种杠杆率调整行为（Geanakoplos，1996）。经济学经典理论已证明，对资产杠杆率的调整会影响资产价格。因此，央行合格担保范围或折损率的调整也可以看作一种杠杆率调整，其意图在于通过调整资产的杠杆率以影响金融市场上资产的价格，进而发挥对金融资源配置的调节作用，以及对企业投融资乃至经济增长的调控作用。

根据本章的资料收集，我国央行尚未公开披露对利用 SLF、MLF 等借贷便利工具融资的担保品折损率信息。但有文献指出，我国央行在担保品折损率设置上较为谨慎，担保品折损率设置得相对较高。对于政府部门发行的债券，如国债、央行票据、政策性金融债券等，折损率通常在 10% 以内，而公司信用类债券折损率在 10%—30%，对于优质的银行信贷资产，折损率则可能高达 30%—50%。表 1-3 展示了欧洲央行合格担保品折损率的情况，可以看出我国央行的担保品折损率明显高于欧洲央行。

表 1-3　　　　　　欧洲央行合格担保品折损率

类别	合格担保品	折损率（%）
第一类	中央政府债务工具	0.5—5.5（固定息票）
	中央银行发行的债务工具	0.5—8.5（零息票）
第二类	地方和地区政府债务工具 大额担保债券 机构债务工具 超国家债务工具	1.0—7.5（固定息票） 1.0—12.0（零息票）
第三类	担保银行债券 公司和其他发行人发行的债务工具	1.5—11.0（固定息票） 1.5—16.5（零息票）
第四类	信贷机构债务工具（未覆盖）	6.5—17.0（固定息票） 6.5—22.5（零息票）
第五类	资产支持证券	16

资料来源：作者根据 Choi（2021）"Toward a Central Bank Collateral Framework for ABMI" 整理得到。

1.3　央行担保品政策的作用效果研究现状

1.3.1　外国央行担保品政策的作用效果研究

（1）央行担保品政策对金融市场的影响

部分研究表明，央行担保品政策能对金融市场产生积极影响。当银行间债券市场出现临时性、突发性的资金缺口时,在货币政策担保品框架下,央行通过借贷便利工具可以及时地向市场注入流动性,直接缓解银行体系的流动性压力,降低流动性溢价。Berentsen 和 Monnet（2008）从货币政策传导机制的角度分析后认为,金融机构通过存款便利工具和贷款便利工具向央行进行短期存款和贷款,央行则通过调节存款和贷款便利工具的利率来调整利率走廊的上下限,从而达到调整市场利率的目的。Fleming 等（2009）对定期证券借贷工具展开研究,发现 TSLF 能平衡国债担保品与非国债担保品市场之间的供需,减少两个担保品市场之间的利差,有效改善了市场的流动性。Wu（2011）以 3 个月 LIBOR – OIS 利差作为银行间债券市场资金压力衡量得出,定期拍卖便利（TAF）推出后商业银行间资金压力均有所下降。次贷危机爆发后,美国的资产支持商业票据市场（ABCP）出现了明显的挤兑现象,美联储为此推出了资产支持商业票据货币市场共同基金流动性便利工具（AMLF）,以缓解市场的恐慌情绪,从而防止资金出逃（Covitz 等,2013）。Duygan – Bump 等（2013）通过考察 AMLF 的实施效果发现,该工具可以改善资产支持商业票据市场的流动性,对于防止货币市场共同基金的资金流出具有显著作用。Christensen 等（2014）研究发现,在 TAF 宣布实施后,LIBOR 利率显著下降,这表明 TAF 降低了流动性溢价。McAndrews 等（2017）研究了 TAF 对 LIBOR 利率的影响,得出 TAF 有利于降低信用风险和流动性风险溢价,对 LIBOR 利率的降低起到了显著的促进作用。Mancini 等（2015）认为,在金融危机期间,较为宽泛的担保品资格清算机制能够发挥减震器作用,促进金融市场稳定发展。Bindseil 等（2017）发现,广泛的担保品框架有助于防止主要发达经济体的商业银行因流动性不足而出现大规模违约,在金融危机与债务危机的背景下,欧洲央行通过扩大担保品范围向成员国金融机构提供了大量长期信贷,增加了欧元体系信贷的弹性,在保护欧元体系免受金融损失方面发挥了有效作用。

但部分研究发现,央行担保品政策不仅不能有效改善金融市场,还可能会对金融稳定性产生负面影响。Taylor 和 Williams（2009）发现,TAF 的政策效果依赖于操作对象的风险以及流动性等因素,该工具的运用对降低货币政策市场不同期限的利差并没有显著的效果。Wu（2011）研究发现,TAF 有助于缓解金融危机期间商业银行对流动性的担忧,但对降低资金的风险溢价并无明显效果。这可能是因为金融危机的爆发源于金融资产价格的暴跌,金融机构出于自身安全考虑会表现出惜贷行为,而受此影响的金融机构和居民等私人部门会面临自身资产负债表恶化的困境,首要需求是降低负债率而不是使利润最大化，因此它们并没有借款需求。此时，央行扩大担保品范围会损害市场纪律、造成金融机构套利现象，并最终影响金融稳定。Nyborg（2017）研究了欧洲央行的担保品框架发现，欧洲央行的担保品管理面临着扭曲流动性和经济资源的合理分配以及造成金融不稳定等问题。研究还进一步指出，欧元区的担保品框架还助长了非流动性担保品以及风险的上升，损害了市场力量和纪律，并会对金融和经济造成扭曲效应。Choi 等（2021）认为，较严格的担保品条件尽管有助于降低央行面临的潜在风险，但也会将高质量的担保品锁定在央行，影响市场的流动性并损害市场效率。

（2）央行担保品政策对金融机构的影响

部分研究认为，央行担保品政策能够对金融机构发挥积极作用。在货币政策担保品框架下，央行通过设置担保品范围引导资金流向政策支持领域，实现经济结构的调整目标（Fegatelli，2010）。Altavilla 等（2014）指出，央行担保品政策可通过公告效应影响商业银行的政策预期，进而调整其资产负债表结构。央行购买一定数量的抵押资产的操作直接减少了经济体中担保品的供给，从而通过提高担保品价格和流动性、降低金融机构资产负债表的脆弱性来缓解经济中的融资问题（Araùjo 等，2015）。Koulischer 和 Struyven（2014）发现，央行降低担保品要求可以缓解信贷紧缩，起到增加产出的作用。Berger 等（2017）对美联储的贴现窗工具和定期拍卖便利的效果研究后发现，这两种工具对商业银行的贷款投放均具有正向促进作用。许多研究还发现，欧洲央行的 LTRO 操作对西班牙（García - Posada 和 Marchetti，2016）、意大利（Carpinelli 和 Crosignani，2017）、葡萄牙（Faria - E - Castro 等，2017）以及法国（Andrade 等，2018）的银行贷款投放均具有积极作用。Van Bekkum 等（2018）同样从银行信贷的视角研究了欧洲央行担保品扩容的政策影响，他们发现扩大住房抵押贷款支持证券（RMBS）的合格担保品范围可以显著增加银行贷款投放并降低贷款利率，Benetton 和 Fantino（2021）利用欧洲央行为第一轮定向长期再融资（TLTRO）制定的分配规则，结合意大利信贷登记机构的交易数据和工具变量识别策略，发现该政策有助于降低银行贷款利率，并增加银行贷款规模，同时避免了套利交易和风险转移等后果。

但部分文献发现，央行担保品政策难以对金融机构产生刺激作用。在担保品框架下，银行担心向央行申请流动性会引起市场猜测其头寸恶化行为，从而不愿使用这类工具（Peristiani，1998）。同时，由于银行可以通过其他渠道获得成本更低的资金，美联储的定期拍卖便利工具对商业银行而言并没有吸引力（Armantier 等，2008），因此难以发挥改善银行流动性和促进贷款增长的作用。Armantier 等（2015）进一步发现，由于担心使用贴现窗工具会释放财务脆弱的信号，商业银行转而使用其他方式融资，该工具不但没有起到促进商业银行利率降低的作用，反而使商业银行的平均融资成本至少上升了44个基点，因此通过释放流动性发挥作用的央行担保品政策对商业银行贷款投放难以产生刺激作用。Helwege 等（2017）认为，作为贴现窗工具的补充和改进，美联储后续推出的定期拍卖便利、一级交易商信贷便利和定期证券借贷便利等工具对于商业银行贷款的促进作用也十分有限。此外，部分研究还发现，以扩大合格担保品范围为代表的央行担保品政策会对金融机构产生负面影响。Fecht 等（2016）以德国的银行业为对象，对欧洲央行货币政策合格担保品的扩容效应进行研究发现，银行倾向于将低质量的担保品质押给央行并获取超额的低成本资金以此套利。欧洲央行扩大住房抵押贷款支持证券（RMBS）的合格担保品范围增加了银行风险承担，并可能对国家信用产生负面影响（Van Bekkum 等，2018）。

(3) 央行担保品政策对企业的影响

部分研究得出，央行担保品政策可以缓解企业融资约束，并刺激企业增加投资。Boeckx 等（2014）认为 TLTRO 丰富了货币政策的种类，有助于降低融资成本并优化经济结构。Balfoussia 等（2016）的研究表明，欧洲央行的长期再融资操作通过改善金融环境为实体经济发展提供了动力。Garcia（2016）评估了欧洲央行两次针对西班牙的超长期再融资操作（VLTROS）对非金融企业信贷的影响，发现政策的实施对企业的银行信贷供应有积极的影响，而且这一效应对由中小企业信贷驱动的流动性不足的影响更为显著。类似地，直接货币交易能够通过吸收银行的高风险资产来降低银行风险，促使这些存在大量受损主权债务风险的银行在被收购资产后抓住放贷机会，为中小企业带来了更多的信贷机会和更低的融资成本，对企业投资和盈利能力产生正向影响（Ferrando 等，2019）。欧洲央行的长期再融资操作（TLTROs）可以通过降低信贷约束的发生概率来刺激投资（García - Posada，2019）。而美联储推出的一级市场公司信贷工具（PMCCF），通过直接购买投资基础企业发行债券，有效地降低了公司债券的利率，增加了公司债券的发行量，进而恢复了公司的投资和生产（Galindo，2021）。欧洲央行根据其企业部门购买计划（CSPP）购买企业债券，不但可以降低非金融企业的融资成本，刺激新债券发行，而且影响了信贷配置，使银行贷款流向由债券发行人转为规模较小的非债券发行公司（Arce 等，2021）。Mésonnier 等（2022）利用 2012 年 2 月欧洲央行扩大额外债权（ACC）框架这一准自然实验，研究了将合格抵押品范围扩展到中等质量的企业贷款的政策效应发现，该担保品政策使得向符合 ACC 条件的公司发放的新贷款利率相对降低了 8 个基点。McConnell 等（2022）则利用模型推导从理论上考察了将棕色担保品纳入央行担保品范围的政策影响，研究表明央行通过扩大绿色行业的担保品，可以起到引导银行贷款投放，并发挥促进企业绿色投资的作用。

但也有学者的研究表明，央行担保品政策并不能改善企业投资，甚至会扭曲企业投资决策。Eichengreen（2014）发现，欧洲央行的 TLTRO 政策受制于企业本身的影响，并没有达到预期的效果。Wolff（2014）考察了欧洲央行将非流动性抵押品纳入担保品框架的影响发现，扩大担保品范围可能会导致非流动性实物资产的过度生产，这会促进实体经济中资金的错误配置，从而加剧商业周期波动，对金融和经济造成扭曲效应。Chakraborty 等（2020）考察了美联储购买机构抵押贷款支持证券 MBS 的政策效果，研究表明该政策使银行增加了抵押贷款，减少对企业的商业贷款，但并没有使企业获得可以替代的融资来源，反而对公司投资产生了负面影响。此外，央行担保品政策会刺激符合条件的公司发行债券，从而促使公司整体上增加对资本支出和无形资产的投资，并且可能诱导符合条件的公司在资本市场进行短期投资（De Santis 和 Zaghini，2021）。

1.3.2 中国央行担保品政策的作用效果研究

(1) 央行担保品政策作用机制研究

从理论上来看，央行建立适当的担保品政策，不仅可以影响潜在交易对手的行为以及阻止逆向选择，还可通过实现担保品担保权益来规避违约风险，避免在流动性供给中遭受损失（宋军，2013）。但央行担保品框架并非一成不变，胡彦宇和张帆（2013）根据各国央行担保品体系的变迁总结出了影响央行合格担保品体系调整的因素，其中包括货币政策的目标和方向、金融机构持有资产的质量状况以及央行的价值评估方式等。唐成伟（2015）列举了世界各主要经济体央行为应对经济危机而对担保品体系作出的调整，如扩大担保品种类的范围、下调对评级等级的要求等。

在"钱荒"的背景下，当货币市场利率因上升而突破合理水平时，央行可通过常备借贷便利工具投放流动性，改善融资的可获得性。马理和刘艺（2014）通过比较发达国家和新兴市场国家的借贷便利工具的传导机制后认为，借贷便利工具在不同的市场环境中具有不同的政策定位和实践作用，我国常备借贷便利的推出对于向商业银行灵活地注入流动性具有较强的促进作用，但也需要与其他货币政策工具相配合才能充分发挥其效果。侯成琪和黄彤彤（2020）通过构建包含银行间市场的DSGE模型对借贷便利工具的传导机制和传导效果发现，借贷便利工具可以通过引导贷款市场定价和发挥流动性效应两个渠道影响商业银行融资的可获得性。

（2）央行担保品政策对金融市场的影响

部分文献从金融市场的角度考察了央行借贷便利工具的影响。余振等（2016）运用事件分析法考察了抵押补充贷款的实施效果发现，抵押补充贷款在部分实施阶段能有效降低中期利率水平，但在个别阶段效果相对较小且不稳定。元惠萍等（2018）基于变系数随机波动VAR模型研究了常备借贷便利对货币市场利率的影响发现，常备借贷便利对货币市场利率的影响具有时变性，即当市场流动性问题是由流动性传导不畅导致的局部流动性问题时，此时调整常备借贷便利利率能对流动性起到引导作用。潘敏和刘姗（2018）运用EGARCH模型检验了借贷便利工具操作对短期货币市场利率走势及其波动率的影响后发现，常备借贷便利工具能较好地引导货币市场利率走势、平抑市场利率波动，而中期借贷便利有助于减小市场利率波动，但并未有效地引导市场利率下降。刘姗和朱森林（2017）研究发现，中期借贷便利可以显著降低长期国债收益率水平。在引导中期利率水平方面，张克菲和吴晗（2018）发现MLF和PSL在短期内有显著作用，而在长期内则表现不佳。潘彬等（2018）通过构建银行局部均衡模型，从同业业务角度分析了央行不同流动性管理工具对抚平流动性波动的效应认为，以利率引导为主、非常规政策工具为辅的流动性管理方式更加有效。

（3）央行担保品政策对金融机构的影响

部分文献从金融机构的视角研究了央行担保品政策的影响。王倩等（2016）发现，结构性货币政策会降低商业银行流动性风险，缓解流动性结构短缺和总量过剩的情况，同时增加银行贷款规模。邱新国（2019）发现，SLF和MLF的效果要强于公开市场操作，但二者均表现为负向的影响。邓伟等（2021b）研究发现，央行的借贷便利操作扩大了商业银行向央行借款规模和贷款投放规模，从而有效降低商业银行贷款利率。邓伟等（2021a）进一步发现，我国借贷便利创新工具会影响商业银行的信贷期限结构，促进商业银行短期贷款投放，但抑制了长期贷款投放。因此，央行可以通过调整借贷便利操作规模、操作利率以及合格担保品范围的方式有效影响商业银行贷款利率，进而发挥对社会融资成本的调控作用，但央行应合理把握借贷便利操作以及合格担保品扩容的力度和节奏。

(4) 央行担保品政策对企业的影响

部分文献发现央行担保品政策会对企业产生影响。欧阳志刚和薛龙 (2017) 使用面板数据货币组合 FAVAR 模型，研究了多种货币政策工具对微观企业的定向调节效应发现，常备借贷便利和中期借贷便利均能对微观企业产生一定的影响，且效果取决于企业的特征。结构性货币政策能够有效缓解中小企业的融资约束问题，增加商业银行对中小企业放贷的偏好 (李健强等，2019)，但不同的货币政策操作工具的政策效果和传导渠道有一定的差异 (唐文进等，2020)。定向中期借贷便利的定向降息对民营和小微企业融资与产出的影响显著高于国有企业 (孔丹凤等，2021)。程璐和何广文 (2020) 则比较了结构性货币政策和传统货币政策对农业企业的影响，得出价格型结构性货币政策更能有效地缓解农业企业融资困境的结论。郭碧云 (2020) 以上市公司为样本研究了中期借贷便利对企业融资成本的影响，实证结果表明 MLF 未能降低"三农"和小微企业的融资成本，流动性仍然向非农业企业和大中型企业投放。

许多文献从企业债券信用利差的角度对央行担保品政策的影响进行了研究。王永钦和吴娴 (2019) 基于 2018 年 6 月央行扩大 MLF 担保品范围这一准自然实验，采用三重差分法从债券定价的角度识别了基于担保品的货币政策的作用机制和政策效果，他们研究发现，扩大 MLF 担保品范围显著降低了这些债券的平均利差，降幅在二级市场达到 63—77 个基点，在一级市场达到 51 个基点。郭晔和房芳 (2021) 则以 2018 年 6 月央行开始接受绿色信贷资产作为 MLF 合格担保品这一事件为准自然实验，运用双重差分模型分析了我国创新型货币政策的担保品扩容对绿色信贷企业融资的影响。研究结果表明，将绿色信贷资产纳入央行合格担保品范围增加了绿色信贷企业的信贷可得性，并降低了绿色信贷企业的信贷成本。陈国进等 (2021) 基于绿色债券纳入央行合格担保品这一准自然实验，分别从企业融资成本和绿色创新两个角度实证检验了绿色转型的政策效果。研究发现，央行担保品类绿色金融政策通过降低绿色债券的信用利差为绿色企业提供了融资激励，同时通过提高棕色债券的信用利差给棕色企业的绿色转型带来倒逼、促进作用。Macaire 和 Naef (2021) 从债券定价的角度也得出了类似的结论：与非绿色企业相比，将绿色企业债券纳入合格担保品范围后，绿色企业债券的收益率降低了 46 个基点。黄振和郭晔 (2021) 则基于央行创设担保品框架这一准自然实验，并从债券定价的角度进行了考察，发现央行担保品政策会显著降低纳入合格担保品范围债券的信用利差。李增福等 (2022) 发现，中期借贷便利利率适度下降会引导银行贷款利率适度下降，从而降低企业融资成本，保障企业中长期流动性合理供给，提高企业投资水平，缓解企业"脱实向虚"。

1.3.3 研究现状评述

尽管我国央行担保品框架是借鉴美联储、欧洲央行等外国央行的经验创设的，但我国央行担保品政策在实施背景、支撑工具、政策定位方面存在明显的差异。第一，从创设背景来看，美联储、欧洲央行等的央行担保品政策主要是在全球金融危机、欧洲债务危机的背景下实施的，而我国央行担保品政策是在经济新常态背景下实施的；第二，从支撑工具来看，美联储、欧洲央行等的担保品框架主要是基于临时性的、非常规的货币政策工具创设的，而我国央行担保品框架主要是基于借贷便利工具创设的，属于我国央行常态化操作的常规工具；第三，从政策定位来看，由于前两个方面的差异，美联储、欧洲央行等的央行担保品政策主要定位于危机期间对金融市场临时性的流动性进行救助，而我国在经济新常态背景下创设的央行担保品框架是我国货币政策的重要组成部分，承担着优化银行信贷配置、改善和引导企业投融资以及促进经济高质量发展等重要使命。因此，拓展国外相关研究的研究范畴，系统性地对我国央行担保品政策的微观政策效应及其作用机制进行研究显得极为迫切。具体而言，可以从以下几个方面对当前研究进行拓展。

(1) 构建央行担保品政策作用效果的有效识别策略，排除内生性干扰

由于缺乏较好的政策反事实和因果关系识别策略，现有实证研究尚不能较好地将央行担保品政策与同期出台的其他宏观调控政策的作用分离。特别是对于我国而言，多种货币政策工具并存并用的复杂货币政策操作使各种货币政策工具的政策效果相互重叠、相互影响，这给利用计量模型检验央行担保品政策的作用带来了困难。因此，本章旨在通过设计科学的识别策略，有效地分离出央行担保品政策的作用。

(2) 从商业银行信贷配置的视角研究央行担保品政策的微观政策效应

一方面，央行担保品政策通过直接影响商业银行的资产负债表发挥作用（邓伟等，2021a；邓伟等，2021b），但现有研究主要从市场利率的宏观视角对央行担保品政策的效果进行研究，忽视了商业银行信贷配置这一微观视角。另一方面，在央行担保品政策框架下，央行进行借贷便利操作是以商业银行提供合格担保品为条件，即商业银行和合格担保品是央行担保品政策作用得以发挥的传导渠道和传导媒介，但现有研究较少关注商业银行的合格担保品信息，因此难以揭示央行担保品政策的传导机制。

(3) 从企业投融资的视角考察央行担保品政策的微观政策效应

货币政策如何更有效地改善企业投融资一直是我国经济面临的难题，通过优化银行信贷配置以改善企业投融资决策是我国货币政策担保品框架创设的主要目的。央行首次将公司债券纳入货币政策合格担保品范围，这无疑体现出央行对企业发展的政策支持。但从现有研究来看，除少数文献从企业债券信用利差的角度考察了我国央行担保品政策的影响外（王永钦和吴娴，2019；黄振和郭晔，2021；陈国进等，2021；Macaire 和 Naef，2021），关于央行担保品政策对企业财务决策影响的研究十分欠缺。因此，需要进一步从企业投融资决策的视角，考察央行担保品政策的微观政策效应及其传导机制。

(4) 系统地揭示央行担保品政策的作用机制

在我国复杂的货币政策操作环境中，厘清并揭示货币政策的传导机制对于实现货币政策调控的"精准滴灌"具有重要意义。但央行担保品政策作为一种创新型的货币政策，是以商业银行为操作对象，可以通过质押合格担保品的方式向商业银行提供流动性，从而影响商业银行的资产负债表。同时，央行担保品框架创设之初，还首次将公司债券纳入合格担保品范围。因此，将企业信用与央行信用相挂钩的央行担保品政策的有效发挥，既取决于央行对合格担保品的要求，也依赖于商业银行持有的合格担保品债券规模及其质押意愿，还与企业担保品债券的发行相关。但现有研究较少考虑合格担保品信息，且没有结合央行、商业银行以及企业对央行担保品政策的传导机制进行系统的研究。因此，需要从"央行→商业银行→企业"这一传导渠道，并结合合格担保品的来源和去向对央行担保品政策的作用机制进行研究。

1.4 研究内容与研究价值

1.4.1 研究内容

本书从商业银行和企业双重视角，系统地研究央行担保品政策的微观效应。概括而言，本书基于央行创设货币政策担保品框架这一准自然实验，以商业银行向央行融资需要提供合格担保品这一独特要求为切入点，首先，考察央行担保品政策对商业银行信贷配置行为的影响及其作用机制；其次，聚焦公司债券首次被纳入合格担保品范围这一独特要求，研究将公司信用与央行信用相挂钩的央行担保品政策,即如何通过商业银行信贷配置渠道影响企业融资行为;最后,进一步考察央行担保品在缓解企业融资约束的同时会如何影响企业投资行为。具体而言,本书的研究内容和基本思路如下。

第一,本书以货币政策担保品框架的创设为准自然实验,研究央行担保品政策对商业银行信贷配置行为以及流动性创造的影响。《2017年第四季度中国货币政策执行报告》指出,央行在2012年年底初步构建了多层次的货币政策担保品框架,这标志着我国货币政策担保品框架的正式确立。不同于以往央行对商业银行发放的信用贷款(再贷款),在央行担保品框架下,创新型货币政策工具的使用需要商业银行提供合格担保品。商业银行通过质押合格担保品的方式可以从央行获取大规模、低成本的基础货币,这不仅会对商业银行的资金成本产生影响,还会显著改变商业银行的可贷资金规模,进而对商业银行的贷款投放行为产生影响。因此,本书以货币政策担保品框架的创设为准自然实验,以借贷便利工具的运用需要商业银行提供合格担保品这一独特要求为切入点,基于手工收集的商业银行担保品信息构造实验组和对照组,从商业银行贷款规模、贷款利率以及流动性创造等方面考察央行担保品政策对商业银行信贷配置行为的影响及其作用机制(见图1-3)。

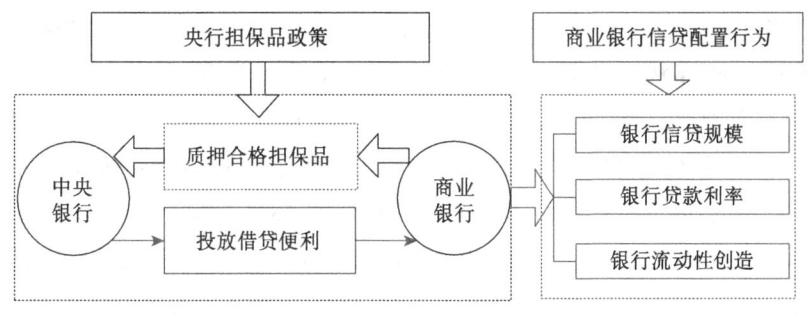

图1-3 央行担保品政策对商业银行信贷配置行为的影响

第二,本书聚焦公司债券首次被纳入合格担保品范围这一制度设计,研究央行将企业信用与央行信用相挂钩的担保品政策对企业债务融资行为的影响。货币政策担保品框架创设中值得关注的举措是,央行首次将在银行间债券市场交易的公司信用类债券纳入央行合格担保品范围。央行通过设定可用于质押的合格担保品范围,增强担保品债券的稀缺性,并以国家信用为担保品债券的发行主体公司背书,释放了明确的政策信号。这不仅有利于增强企业信用,引导金融机构信贷配置,促进市场参与者改变预期，还有助于增强担保品债券发行主体公司的融资能力，降低企业融资成本。因此，本书聚焦公司债券首次被纳入合格担保品范围这一制度设计，并借助我国债券市场结构设计识别策略，从企业信贷融资、商业信用融资等方面，研究央行担保品政策对企业债务融资的影响及其作用机制（见图1–4）。

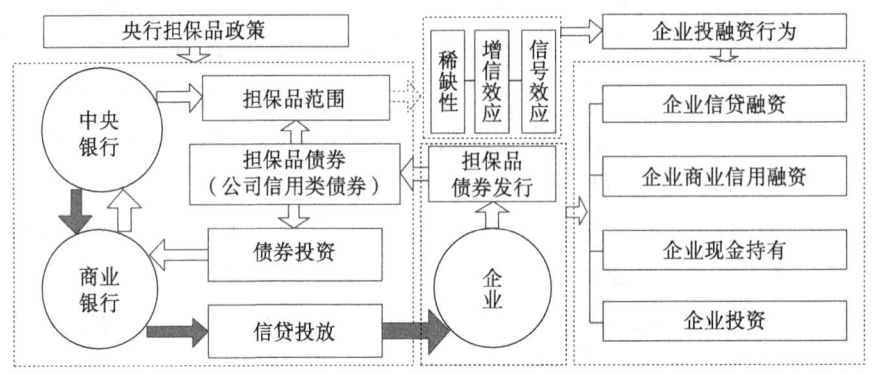

图1–4　央行担保品政策对企业投融资行为的影响

第三，本书进一步考察央行担保品政策对企业投资行为的影响。货币政策如何更有效地改善企业投资一直是我国经济面临的难题。大量研究表明，宽松的货币政策在缓解企业融资约束的同时并不一定能够发挥改善企业投资的作用。相反，自2008年金融危机爆发以来，我国通过量化宽松货币政策所释放的流动性并未完全进入实体经济领域（马理和范伟，2019），扩张的货币政策反而成为企业"脱实向虚"的推动因素（郑尊信等，2020；张成思和郑宁，2020）。这不仅会损害投资效率和企业创新（张成思和张步昙，2016；王红建等，2017），还可能诱发系统性金融风险（彭俞超等，2018）。在寻求经济高质量发展的现实背景下，央行担保品政策这一创新型的货币政策，能否有效改善企业投资是需要关注的重大问题。因此，本书拟从企业实体投资、金融投资等方面，系统地考察央行担保品政策在缓解企业融资约束的同时进一步研究影响企业投资的因素及其作用机制。

1.4.2　研究价值

（1）学术价值

第一，有助于系统地理解央行担保品政策对商业银行信贷配置行为的影响。从国外的研究现状来看，央行担保品政策能否有效影响商业银行信贷配置仍存在较大争议（Armantier 等，2015；McAndrews 等，2017）。目前关于我国货币政策担保品框架的研究较少，仅有少数文献从企业债券定价的角度进行研究（王永钦和吴娴，2019；黄振和郭晔，2021；陈国进等，2021；Macaire 和 Naef，2021），因此央行担保品政策如何影响商业银行的信贷配置的研究尚处于空白领域。本书从商业银行贷款规模、贷款利率以及流动性创造等方面研究央行担保品政策对商业银行信贷配置行为的影响可以丰富相关研究。

第二，有助于从企业的视角理解央行担保品政策的微观政策效应。以扩大合格担保品范围为代表的央行担保品政策是美国、欧盟等世界主要经济体应对负面冲击、促进经济增长的普遍做法，但这种做法能否发挥预期的政策效果仍然存在较大争议。一方面，扩大担保品范围可以缓解金融市场上担保品不足造成的流动性紧张问题，促进银行贷款投放，对经济增长产生刺激作用（Koulischer 和 Struyven，2014；Choi 等，2021）。另一方面，降低合格担保品标准会损害金融市场纪律，导致低流动性资产的膨胀，并对实体经济乃至国家信用产生危害（Fecht 等，2016；Nyborg，2017；Van Bekkum 等，2018）。本书从企业债务融资规模、融资成本以及投资规模、投资结构等维度进行研究，不仅可以丰富央行担保品政策的研究范畴，也可以为验证我国央行担保品政策的有效性提供更深层次的实证证据。

第三，有助于多维度地揭示央行担保品政策的作用机制。目前国内关于创新型货币政策传导机制的研究尚处于理论推导和仿真模拟阶段（侯成琪和黄彤彤，2020）。尽管有实证研究从担保品渠道的视角进行研究（王永钦和吴娴，2019；黄振和郭晔，2021），但它们均没有考虑商业银行层面的合格担保品信息，因此难以揭示央行担保品政策能否通过商业银行担保品渠道发挥政策效应。本书综合运用手工收集的商业银行合格担保品数据和企业层面的微观数据，先从央行到商业银行，再从商业银行到企业，多维度、多层次地检验央行担保品政策的作用机制。

（2）实践意义

第一，从商业银行信贷资源配置的视角为央行担保品政策的有效性提供理论依据和实证证据，有助于央行更好地进行货币政策调控。经济新常态以来，我国货币政策的调控模式发生了根本性变革。一方面，央行的基础货币投放模式由原先的通过外汇占款被动投放，转变为通过借贷便利工具进行主动管理；另一方面，央行对商业银行贷款利率的调控模式由原先的以调整贷款基准率为主，转变为以调整借贷便利操作规模、操作利率、合格担保品范围为主。本书在货币政策担保品框架下，系统地考察担保品政策对商业银行信贷配置行为的影响，对于央行更好地进行货币政策调控具有参考价值。

第二，从企业微观视角揭示了央行担保品政策的影响及作用机制，为缓解企业"融资难、融资贵"以及投资"脱实向虚"问题提供了新思路，对于央行MLF扩容以及设立碳减排支持工具等进一步的货币政策创新具有启示意义。以扩大担保品范围为代表的货币政策调控方式能否增强企业信贷可得性、降低企业信贷成本以及进一步改善企业投资，对于解决企业"融资难、融资贵"以及投资"脱实向虚"问题具有重要参考价值。央行于2018年将小微、绿色和"三农"金融债券等纳入担保品范围，并于2021年设立的碳减排支持工具正是央行进行进一步货币政策创新的体现。本书的研究发现可以揭示创新型货币政策的作用效果及作用机制，这对央行进行进一步的货币政策创新、促进小微企业和"三农"发展以及实现"碳达峰碳中和"目标具有借鉴价值。

第三，有助于货币政策担保品框架和债券市场的建设和完善。从国外的经验来看，货币政策担保品市场容易出现逆向选择问题，金融机构更倾向于将信用等级较低的担保品质押给央行，这给央行造成了较大的信用风险。我国央行担保品框架建设也同样面临着逆向选择和道德风险问题。因此，应将哪些资产纳入合格担保品范围、如何确定合适的折损率以及对担保品债券进行合理评级是我国货币政策担保品管理框架建设的关键所在。本书从商业银行和企业两种视角，追踪央行合格担保品的来源和投向，研究结论对于完善货币政策担保品框架、建设债券市场、有效约束金融市场纪律、防范信用风险具有重要意义。

商业银行篇

第2章　央行担保品政策对商业银行贷款规模的影响
第3章　央行担保品政策对商业银行贷款利率的影响
第4章　央行担保品政策对商业银行流动性创造的影响

  商业银行是央行担保品政策操作的直接和主要对象。在货币政策担保品框架下，商业银行通过质押合格担保品的方式可以从央行获取大规模、低成本的基础货币，这不仅会对商业银行的资金成本产生影响，还会显著改变商业银行的可贷资金规模，进而对商业银行的贷款投放、流动性创造产生显著影响。因此，从商业银行贷款规模、贷款利率、流动性创造等方面考察央行担保品政策对商业银行信贷配置行为的影响，不仅可以反映出央行担保品政策的作用效果，而且便于揭示其作用。

第 2 章 央行担保品政策对商业银行贷款规模的影响

货币政策如何影响商业银行的贷款投放是宏观经济学关注的核心问题之一，但以往的研究多集中于传统的货币政策方面（叶康涛和祝继高，2009；饶品贵和姜国华，2013），尚未对创新型的货币政策工具开展针对性的研究。由于缺乏较好的因果关系识别策略，加之我国商业银行个体层面的借贷便利数据难以获取，央行担保品政策作为一种创新型的货币政策，其能否对商业银行的贷款投放产生有效影响尚没有实证研究。

本章基于我国央行创设货币政策担保品框架这一准自然实验，手工收集 2009—2017 年中国商业银行的年报等数据，以借贷便利工具的运用需要提供合格担保品这一独特要求为切入点，通过构造对照组和实验组并借助双重差分法，对我国央行担保品政策能否对商业银行的贷款投放产生有效影响这一问题进行科学的论证。

本章的研究不仅证实借贷便利工具可以有效促进商业银行贷款投放的理论推断，而且从商业银行合格担保品的视角证实央行借贷便利操作作用机制的有效性，能够丰富关于我国借贷便利工具传导机制的研究，为我国央行担保品政策的有效性及其作用机制提供全新的实证证据。

2.1 央行担保品政策对商业银行贷款投放的影响机制分析

在货币政策担保品框架下，商业银行借助借贷便利工具可以从央行及时获取流动性，进而对贷款投放产生影响（Adrian 和 Shin，2009；Acharya 等，2017）。从目前的政策定位和实际操作来看，常备借贷便利和中期借贷便利的操作对象包含商业银行，且具有操作次数多、数量大、影响范围广的特点，通过向商业银行等金融机构投放基础货币，可发挥支持信贷合理增长的作用。因此,商业银行对于我国借贷便利工具的传导机制和实施效果具有决定性的影响。与我国传统的货币政策工具相比,借贷便利工具属于基于担保品的创新工具,商业银行借贷便利的获取需要向央行质押合格担保品。总体而言,我国央行担保品政策在实施背景、政策定位、利率设定等多方面均具有优势,这有利于其政策效果的有效发挥,可以有效提高商业银行的贷款投放规模,具体分析如下。

第一,从作用机制来看,在货币政策担保品框架下,借贷便利工具的创设使商业银行可以通过质押合格担保品的方式从央行获得大规模的基础货币,其发挥了类似定向降准的作用,有利于商业银行增加贷款投放。借贷便利工具创设前,尽管商业银行可以通过再贷款等方式从央行借款,但是再贷款往往采取信用贷款的方式发放(黄振和郭晔,2021),带有流动性救助甚至贴现窗污名的属性,因此实施频率低、规模小,难以对商业银行的贷款投放产生实质性的影响。而借贷便利工具的创设使商业银行可以通过质押合格担保品的方式从央行获得大规模的基础货币,直接增加了商业银行的可贷资金,发挥类似降准的作用,促进其贷款的发放。从我国商业银行的贷款决策来看,央行向商业银行提供期限较长的中期借贷便利后,这部分资金直接进入商业银行的资产负债部用于发放贷款,从而对商业银行的贷款投放起到直接的促进作用。我国借贷便利工具的政策定位与欧洲央行的长期再融资操作工具较为相似,承担着促进银行信贷增长的作用。Andrade 等(2018)发现,欧洲央行实施的长期再融资操作工具(LTRO)对于促进银行贷款投放具有显著的作用。因此,从传导机制来看,我国商业银行通过质押合格担保品的方式,借助借贷便利工具可以从央行获取大规模的基础货币,以此促进商业银行的贷款投放。

第二,从合格担保品规模来看,由于我国商业银行持有大量合格担保品,因此借贷便利可大规模实施,并对商业银行贷款投放发挥促进作用。借贷便利的实施需要商业银行提供合格担保品作为质押,因此合格担保品的规模直接影响着借贷便利的实施规模及政策效果。我国借贷便利的合格担保品主要是国债及地方政府债券、央行票据、政策性金融债券等高信用等级的债券,而我国商业银行持有大量债券,且其中合格担保品的占比较高。商业银行不仅是我国债券市场上的第一大机构投资者,同时债券资产也是我国商业银行仅次于贷款的第二大资产。根据 Wind 统计,截至 2018 年 3 月底,我国债券市场规模突破 85.8 万亿元,其中商业银行债券投资规模为 36.8 万亿元,占债券市场规模的 48.4%;同时,债券投资占商业银行总资产的平均比重接近 20%,且呈现出持续增长的趋势。对于本章的样本银行，商业银行的债券资产中属于合格担保品的比重较高，2011—2013年，国债及地方政府债券的平均占比接近40%，政策性金融债券的平均占比也有13.04%。

第三，从借贷便利的利率来看，我国央行的借贷便利利率较低，有利于吸引商业银行主动获取借贷便利从而增加贷款投放。为了防止商业银行等金融机构过度负债，美联储在次贷危机和金融危机期间推出的借贷便利利率均高于市场利率①，这在很大程度上削弱了借贷便利工具的吸引力（Armantier 等，2008）；而我国央行的借贷便利利率体现了央行合意的利率水平，承担着降低社会融资成本的任务。研究表明，中期借贷便利对于降低债券市场利差具有显著的促进作用（王永钦和吴娴，2019），借贷便利工具可以通过引导贷款市场定价和流动性效应两个渠道影响商业银行融资的可获得性（侯成琪和黄彤彤，2020）。与同业拆借利率相比，向央行申请借贷便利的期限较长，且具有一定的成本优势，这有助于吸引商业银行运用借贷便利工具从而促进贷款投放。例如，2015年1月，上海银行间同业拆放利率（SHIBOR）的3个月利率位于4.889%—5.138%，而同期3个月的中期借贷便利利率仅为3.5%；再如，2016年1—4月，3个月、6个月、12个月的SHIBOR利率最小值分别为2.791%、2.886%、3.042%，而同期对应期限的中期借贷便利利率分别为2.75%、2.85%、3%。由此可见，当中期借贷便利利率低于SHIBOR利率时，有利于吸引商业银行主动获取借贷便利从而增加贷款投放。

第四，从商业银行的参与意愿来看，我国商业银行对借贷便利的参与度较高，有效避免了贴现窗污名效应。与美联储推出的贴现窗、定期拍卖便利等定位于危机期间的临时性、救助性功能不同，我国借贷便利工具是在经济新常态背景下创设的，是央行正常的流动性供给渠道，有利于提高商业银行对该工具的使用意愿，有效避免了贴现窗污名效应。由于借贷便利的申请由商业银行主动发起，危机背景下商业银行可能因担心这一行为会释放财务脆弱的信号而避免使用该工具（Armantier 等，2015）。而在我国经济新常态背景下，央行将借贷便利工具定位于正常的流动性供给渠道，是货币政策工具箱中的常态化工具，这一定位消除了借贷便利工具可能带来的贴现窗污名效应，提高了商业银行的使用意愿。对于本章研究的

---

① 以贴现窗工具为代表的借贷便利工具起初的利率低于联邦基金利率，但由于担心这一"补贴利率"会导致大量金融机构利用该工具向美联储过度负债，2003年美联储对贴现窗工具进行了一定的改革，"补贴利率"被调整为"惩罚利率"，即调整后的贴现窗工具的利率高于联邦基金利率。

商业银行样本，在借贷便利工具创设后，2014—2017 年，商业银行向央行的借款规模增长了近3倍，且其中大部分是借贷便利，这说明借贷便利工具可以有效地促进商业银行贷款投放。

总之，我国借贷便利工具对于商业银行具有很强的吸引力，商业银行通过质押合格担保品的方式、借助借贷便利工具可以获得大规模的资金，发挥促进商业银行贷款投放的作用。

2.2 研究数据与研究设计

2.2.1 研究数据

本章选取 2009—2017 年中国银行业的数据进行研究，通过手工收集银行年报的方法获取商业银行持有的合格担保品以及贷款发放等数据，宏观经济指标以及银行层面的其他指标主要来源于央行、BankScope 数据库和 CSMAR 数据库等。本章共选取可以获取年报的样本银行 100 家，其中，大型商业银行 6 家、股份制商业银行 12 家、城市商业银行 53 家、农村商业银行 19 家以及外资银行 10 家。样本银行资产占我国商业银行资产比重在样本期间一直维持在 70% 以上，具有较强的代表性。为消除极端值影响，回归前对所有连续变量进行上下 1% 分位数的缩尾处理。

2.2.2 研究设计

（1）研究模型

本章利用货币政策担保品框架创设这一准自然实验，使用双重差分法（DID）对我国央行担保品政策的作用进行识别和研究。需要指出的是，以中期借贷便利为代表的借贷便利创新工具，是我国央行根据国内外经济与金融发展形势并借鉴国际经验创设的。货币政策创新工具的创设取决于央行，其政策制定具有很强的独立性，对于本章的商业银行样本而言，借贷便利创新工具的创设是外生事件。因此，借贷便利创新工具的创设是一个难得的准自然实验。在准自然实验情形下，通过比较某一事件对实验组和对照组经济主体施加影响的差异，双重差分法能克服干扰因果关系的其他因素或遗漏变量的影响，从而识别出本章关注变量的因果关系（Duygan - Bump 等，2013）。本章的计量模型（2 - 1）如下，且回归标准误在银行层面进行了聚类调整：

$$BankLoan_{it} = \alpha + \beta_1 Treat_i \times Post_t + \beta_2 X_{it} + YearFE + FirmFE + \varepsilon_{it}$$

$$(2-1)$$

其中，i 表示商业银行个体，t 表示年份，$BankLoan$ 是待研究的银行变量，主要包括商业银行贷款规模等指标。$Treat$ 是银行分组虚拟变量，当银行处于实验组时该变量取值为 1，而当银行处于对照组时该变量取值为 0。$Post$ 是政策实施年份虚拟变量，当样本观测值处于借贷便利工具创设起始年及以后时，取值为 1；否则，取值为 0。X 为相关控制变量，$FirmFE$ 表示银行个体固定效应，$YearFE$ 表示年份固定效应，ε 为随机扰动项。本章主要关注交乘项 $Treat \times Post$ 的回归系数 β_1，它衡量了借贷便利工具实施带来的净效应。具体而言，对于银行贷款规模而言，如果交乘项 $Treat \times Post$ 的回归系数显著为正，这表明央行担保品政策能够显著提高商业银行的贷款规模。

（2）识别策略及其有效性

要考察央行担保品政策对商业银行贷款规模的影响，首先需要对其政策效果进行科学的识别。为了识别央行担保品政策的作用，本章将 2014 年作为政策起始年，这是因为 2014 年是我国借贷便利工具集中实施的起始年。我国借贷便利工具包括常备借贷便利（SLF）、中期借贷便利（MLF）、抵押补充贷款（PSL）以及定向中期借贷便利（TMLF）四种，但抵押补充贷款的实施对象仅限于开发性金融机构和政策性银行，商业银行被排除在外，而定向中期借贷便利于 2019 年才首次实施，不在本章研究的样本期间之内，因此本章的借贷便利工具实质上只包含常备借贷便利和中期借贷便利。对于中期借贷便利而言，其创设和实施起始年为 2014 年；而对于常备借贷便利而言，首次实施于 2013 年下半年，但该年的实施规模、期限、实施范围和对象均较小，对该年造成的影响较小。综上所述，2014 年较适合作为借贷便利工具的政策起始年。

本章根据商业银行持有合格担保品的占比多少构造实验组和对照组。从国外的研究来看，利用商业银行个体层面的借贷便利数据就可以较好地识别借贷便利对个体商业银行的影响（Duygan – Bump 等，2013）[①]，但我国央行并没有对个体商业银行使用借贷便利的数据进行公布，个体层面也只有少数商业银行在年报里披露该信息。这一关键数据的不可获得使本章

---

① 受 Dodd – Frank 法案和资讯自由法案的推动，美联储分别于 2010 年 12 月 1 日和 2011 年 3 月 1 日对金融机构定期拍卖便利（TAF）和贴现窗工具（DW）的使用情况进行了公布。我国央行每月都会对借贷便利的操作总量和利率数据进行公布，但未公布银行个体层面的数据。

需要借助其他方法来识别借贷便利工具对商业银行的影响程度。由于常备借贷便利和中期借贷便利的使用均需要商业银行提供合格担保品，因此，本章基于这一前提，以商业银行持有的合格担保品占比高低作为划分实验组和对照组的依据。这一识别策略的优势在于：与传统的存贷款基准利率等货币政策工具以及定向降准等结构性货币政策工具不同，我国央行利用借贷便利创新工具向商业银行提供贷款时，需要以商业银行提供合格担保品为条件，基于这种独特要求设计的实验组和对照组具有针对性，可以准确地衡量借贷便利工具的作用。此外，对于再贷款、再贴现、公开市场操作等可能造成效果干扰的货币政策工具，虽然也与商业银行持有的合格担保品相关，但通过双重差分法可以消除其影响①。这是因为，再贷款往往采取信用贷款的方式发放（黄振和郭晔，2021），具有流动性救助的性质，因此实施频率低、规模小，难以对商业银行的贷款投放产生实质性的影响。而再贴现是央行通过买进在央行开立账户的银行业金融机构持有的已贴现但尚未到期的商业票据，向银行业金融机构提供融资支持的行为。也就是说，再贴现需要商业银行向央行提供未到期的"商业票据"，从实际来看，由于未到期的"商业票据"规模较小且期限较短，再贴现在我国的实施规模较小、期限较短，在我国货币政策调控中的作用较为有限。除此之外，再贷款等传统的货币政策工具是我国长期存在的货币政策工具，并不是2014年以后创设的，时间上的差分方法可以消除这一因素的影响。因此，根据商业银行持有合格担保品的占比多少构造实验组和对照组，利用双重差分法可以较好地消除存贷款基准利率、法定存款准备金、再贷款、再贴现公开市场操作等货币政策工具的干扰影响，并且准确地对央行担保品政策的政策作用进行识别。

具体而言，本章首先计算出样本银行在借贷便利工具创设年度前3年内，即2011—2013年，持有的合格担保品占总资产比例的平均值，其次根据该占比按中位数将样本分为高、低两组，并将较低组界定为对照组，较高组界定为实验组。这是因为商业银行持有的合格担保品占比越大，则能够获得的借贷便利规模越大，受央行担保品政策的影响越大，可以作为实验组；而合格担保品占比越少，则借贷便利规模越小，受央行担保品政策的影响越小，可以作为对照组。

---

① 2013年1月央行创设了短期流动性调节工具（SLO），但该工具本质上属于一种超短期的公开市场操作工具，在政策定位等方面与借贷便利差异较大，且实施规模和频率较小，因此对借贷便利工具作用的干扰可以忽略。

对于合格担保品的范围而言，2018年6月1日央行披露的中期借贷便利操作接受的合格担保品包括国债、央行票据、政策性金融债、地方政府债券、AAA级公司信用类债券；而对于常备借贷便利而言，本章所考察的合格担保品主要是高信用等级债券资产①。因此，本章基于商业银行的年报信息，通过手工收集各家商业银行的债券投资信息从而得出各家银行的合格担保品规模。对于商业银行的债券投资信息而言，本章通过整理银行年报披露的债券投资信息将其分为国债及地方政府债券、央行票据、政策性金融债券、企业债券及其他债券、同业及其他金融机构债券五类，如表2-1所示。其中，国债及地方政府债券、央行票据、政策性金融债券均属于借贷便利的合格担保品。对于企业债券及其他债券而言，中期借贷便利的合格担保品包含AAA级公司信用类债券，但多数银行年报没有对债券的信用等级信息进行披露，这导致本章无法完全剥离出其中的AAA级公司信用类债券金额。考虑到商业银行企业债券及其他债券的持有规模较大，且其中AAA级债券的占比较高，因此本章先使合格担保品中包含所有企业债券及其他债券，后文再进行调整（进行稳健性检验）。而对于同业及其他金融机构债券，由于其并未包含在央行规定的合格担保品范围内，因此本章暂不纳入这类债券。综上所述，本章将国债及地方政府债券、央行票据、政策性金融债券、企业债券及其他债券视为合格担保品。从表2-1可以看出，合格担保品中，国债及地方政府债券的占比最高，达39.57%，企业债券及其他债券的占比次之，而央行票据由于近年来未发行因此占比较低。

表2-1　　　商业银行持有的担保品债券分类统计信息　　　单位:%

债券种类	占比最小值	占比最大值	占比平均值	占总资产的平均值
国债及地方政府债券	0	100	39.57	4.85
央行票据	0	19.37	1.29	0.19
政策性金融债券	0	78.61	13.04	1.56
企业债券及其他债券	0	100	24.93	2.93
同业及其他金融机构债券	0	100	21.17	2.70

资料来源：作者根据各商业银行年报手工整理统计得到。

① 对于常备借贷便利的合格担保品，央行网站列出的合格担保品范围包含优质信贷资产，但《2017年第4季度货币政策执行报告》披露的信息显示，2018年以前信贷资产质押和央行内部（企业）评级工作仍然处于试点阶段，尚未推广到全国，且2017年第4季度央行分支机构才首次在试点地区以信贷资产质押的方式向金融机构提供常备借贷便利。因此，对于本章的样本研究期间（2009—2017年），合格担保品范围基本可以排除优质信贷资产。

为了直观地论证识别策略的合理性，本章基于少数银行披露的中期借贷便利信息，对实验组和对照组的借贷便利规模进行对比论证。尽管我国央行并没有公布对各个商业银行的借贷便利信息，但个体层面仅有少数商业银行在年报里披露了借贷便利余额信息。基于本章的假设，实验组的借贷便利规模应高于对照组。根据本章方法划分的实验组和对照组来看，从可以获得借贷便利信息的商业银行个体来看，中国农业银行、平安银行、北京银行、宁波银行、南京银行、天津银行，广州银行、大连银行、重庆农村商业银行被划分为实验组，而华夏银行、渤海银行、洛阳银行、顺德农村商业银行被划分为对照组。而从这些样本的中期借贷便利规模来看，这两组样本中2014—2017年各年年末实验组和对照组的中期借贷便利余额与贷款余额比值的平均值分别为 3.68% 和 2.66%，这表明实验组获得的中期借贷便利规模明显高于对照组。因此，基于少数银行披露的小样本中期借贷便利信息可以验证，本章划分的实验组的中期借贷便利规模确实高于对照组。

（3）变量定义

本章的主要因变量为商业银行的贷款规模，采用贷款占资产比（$LoanAsset$）和银行贷款余额的对数值（$LnLoan$）两种指标度量。本章关注的自变量为模型（2-1）中交乘项 $Treat \times Post$，其中，$Treat$ 为分组变量，当商业银行合格担保品占总资产比重高于样本中位数时，取值为 1；$Post$ 为时间变量，当借贷便利工具创设后，即 2014 年及以后取值为 1。为了尽量减少遗漏变量的可能性，本章回归模型中纳入了多种控制变量，包括银行规模、资产收益率、权益资产比、资本充足率、不良贷款率、存款比例、成本收入比、非利息收入资产比、流动性资产比例等银行层面的控制变量①。变量的具体含义与计算方法如表 2-2 所示。

表 2-2　　　　　　　　　　　变量定义

变量类型	变量名称	变量符号	变量含义	变量定义与计算
因变量	贷款规模	$LoanAsset$	商业银行贷款资产比	贷款额/资产
		$LnLoan$	商业银行贷款对数值	贷款额对数值
	向中央银行借款	$FCBAsset$	商业银行向中央银行借款资产比	向中央银行借款/资产
		$FCBLia$	商业银行向中央银行借款负债比	向中央银行借款/负债

---

① 本章还考虑了加入广义货币供应量增长率和 1 年期贷款基准利率作为货币政策层面的控制变量，以控制传统货币政策工具的干扰的回归模型，结论保持不变。

续表

变量类型	变量名称	变量符号	变量含义	变量定义与计算
自变量	实验组银行	Treat	商业银行合格担保品占总资产比	较高组为实验组,取值为1;反之为对照组,取值为0
	借贷便利工具创设时间	Post	借贷便利工具创设时间	创设后,即2014年及以后取值为1;否则,取值为0
	合格担保品	Collate	商业银行的合格担保品占比	合格担保品/资产
	借贷便利规模	SMLF	借贷便利年累计操作规模对数值	SLF与MLF年累计操作规模的自然对数
控制变量	控制变量	Size	银行规模	银行资产的对数值
		ROA	资产收益率	净利润/总资产
		Equi	权益资产比	所有者权益/资产
		CAR	资本充足率	银行资本充足率
		NPLR	不良贷款率	银行不良贷款率
		CS	存款比例	存款总额/总资产
		CIN	成本收入比	营业费用/利息收入
		NIRDR	非利息收入资产比	非利息收入/总资产
		LIR	流动性资产比例	流动性资产/总资产

2.3 央行担保品政策对商业银行贷款投放的影响结果分析

为了科学地考察央行担保品政策对商业银行贷款投放规模的影响,本章进行了如下实证检验。首先,以商业银行持有合格担保品的占比多少作为分组标准,划分实验组和对照组,对实验组和对照组的贷款规模进行平行趋势检验;其次,在控制双向固定效应和银行特征等控制变量的情况下,使用标准双重差分模型 2-2 检验央行担保品政策对商业银行贷款规模的影响;再次,利用回归分析对央行担保品政策对商业银行贷款投放的作用机制进行论证;最后,从多个角度对研究结论进行稳健性检验。

为了确保实验组和对照组划分的合理性,首先对商业银行的贷款规模进行平行趋势检验。具体而言,借鉴黄俊威和龚光明(2019)的做法,通过设置年份虚拟变量与组别虚拟变量的交乘项（删除样本期间的第一年)①，对政策发生前后的参数进行相应估计，绘制参数估计值与其90%置信区间的时间趋势图，其中，贷款规模用贷款对数值和贷款资产比两种指标表示，$Year$ 表示当 t 为对应年份时，$Year$ 的取值为1；否则取值为0，其他符号与模型（2-1）中一致。

$$BankLoan_{it} = \beta_0 + \sum_{t=2010}^{2017} \beta_1 Treat_i \times Year_t + \beta_2 X_{it} + \varepsilon_{it} \quad (2-2)$$

结果表明，对于贷款资产比指标 $LoanAsset$ 的平行趋势检验而言，2014年以前交乘项的回归系数均在0附近波动且与0没有显著差异，这表明借贷便利创新工具创设前，实验组和对照组银行的贷款规模并没有显著差异；而2014年以后交乘项的系数呈现明显的上升趋势，并逐渐变化为显著大于0，这表明2014年创设的借贷便利工具对商业银行贷款规模起到了显著的促进作用。

类似地，对于贷款对数值 $LnLoan$ 而言，也可以得出和贷款对数值完全一致的结论。因此，实验组和对照组的平行趋势成立，且央行担保品政策的创设对商业银行贷款规模增长发挥了显著的促进作用。

2.3.1 央行担保品政策对商业银行贷款规模的影响检验

在得出实验组和对照组存在共同趋势的基础上，进一步使用双重差分模型（2-2）检验央行担保品政策对商业银行贷款规模的影响，其结果如表2-3所示。由表2-3的列（1）与列（3）可以看出，反映央行担保品政策净效应的交乘项 $Treat \times Post$ 的回归系数显著为正。这表明无论从贷款占资产比（$LoanAsset$）还是从贷款规模的绝对规模（$LnLoan$）来看，央行担保品政策都显著地促进了商业银行贷款投放规模的增长。

表2-3　　央行担保品政策对商业银行贷款规模的影响检验

变量名称	（1）贷款规模	（2）贷款规模	（3）贷款规模	（4）贷款规模
变量符号	$LoanAsset$	$LoanAsset$	$LnLoan$	$LnLoan$
$Treat \times Post$	3.143 *** (3.05)		0.070 *** (2.74)	
$Treat \times Year\ 2014$		1.782 ** (2.25)		0.034 * (1.76)

---

① 本章还考虑了删除政策实施前一年的情形，结论保持不变。

续表

变量名称	（1）贷款规模	（2）贷款规模	（3）贷款规模	（4）贷款规模
变量符号	LoanAsset	LoanAsset	LnLoan	LnLoan
Treat × Year 2015		3.702***		0.080***
		(3.97)		(3.05)
Treat × Year 2016		3.309***		0.079***
		(3.24)		(3.03)
Size	-11.038***	-10.926***	0.705***	0.707***
	(-6.91)	(-6.68)	(14.01)	(13.93)
ROA	4.321***	4.181***	0.107**	0.104**
	(2.78)	(2.68)	(2.56)	(2.49)
Euiq	0.327	0.348	0.013*	0.014**
	(1.13)	(1.21)	(1.97)	(2.07)
CAR	-0.185	-0.193*	-0.007***	-0.007***
	(-1.61)	(-1.70)	(-2.79)	(-2.90)
NPLR	0.543	0.509	0.014	0.014
	(1.41)	(1.33)	(1.17)	(1.13)
CS	0.194***	0.196***	0.006***	0.006***
	(4.55)	(4.52)	(3.57)	(3.59)
CIN	0.062*	0.061*	0.002**	0.002**
	(1.97)	(1.94)	(2.28)	(2.26)
NIRDR	-0.782*	-0.728	-0.017	-0.016
	(-1.78)	(-1.65)	(-1.44)	(-1.32)
LIR	-0.200***	-0.197***	-0.004***	-0.004***
	(-4.41)	(-4.34)	(-3.32)	(-3.27)
Constant	313.197***	310.329***	6.247***	6.180***
	(7.36)	(7.15)	(4.67)	(4.58)
年份固定效应	是	是	是	是
个体固定效应	是	是	是	是
样本量	770	770	770	770
R^2	0.542	0.541	0.942	0.942

注：***、**和*分别表示在1%、5%和10%水平上显著；标准误经银行个体层面聚类处理得到稳健标准误，括号中显示的为 t 值；后文含义相同，不再一一说明。

从实际情况来看，我国借贷便利工具创设以来，商业银行的贷款投放呈现快速增长的趋势。根据央行发布的中国货币政策执行报告，2014—

2018年人民币贷款余额分别比年初增加9.78万亿元、11.7万亿元、12.65万亿元、13.5万亿元、16.5万亿元，分别同比多增8900亿元、1.8万亿元、9257亿元、8782亿元、2.6万亿元。与此同时，作为一种结构性的货币政策工具，借贷便利工具的创设对实体经济融资的作用也逐渐显现。借贷便利工具创设后，2014—2018年金融机构对实体经济发放的人民币贷款总体呈现明显的上升趋势，分别占同期社会融资规模增量的61.4%、73.1%、69.9%、71.2%、81.4%。由此可见，央行担保品政策对商业银行贷款投放的促进作用不仅具有统计显著性还具有经济显著性。

进一步地，表2-3还参考了钱雪松和方胜（2017）的做法，就央行担保品政策对商业银行贷款规模影响的动态效应进行了考察，如表2-3的列（2）和列（4）所示。具体地，本章引入政策实施后3年的交乘变量 $Treat \times Year_{2014}$、$Treat \times Year_{2015}$、$Treat \times Year_{2016}$，考察央行担保品政策对商业银行贷款投放的动态影响效应。其中，虚拟变量 $Year_{2014}$、$Year_{2015}$、$Year_{2016}$ 表示分别在2014年、2015年、2016年取1，其他年份取0。表2-3列（2）显示，对商业银行贷款资产比指标而言，交乘变量 $Treat \times Year_{2014}$、$Treat \times Year_{2015}$、$Treat \times Year_{2016}$ 的回归系数均显著为正，且随着时间的推移，交乘项的回归系数呈递增趋势，显著性不断增强。类似地，对于列（4）的贷款规模的对数值回归结果而言，交乘项的回归系数显著性逐渐增强，且回归系数总体呈上升态势。这表明央行担保品政策对商业银行贷款投放规模增长的促进作用随着时间的推移不断增强。

我国央行担保品政策作用的不断增强与借贷便利工具的实施规模、操作期限呈现上升趋势，以及操作利率总体呈现下降趋势有关。以中期借贷便利（MLF）为例，从实施规模来看，2014—2017年，中期借贷便利（MLF）分别累计实施11400亿元、21948亿元、55235亿元、53295亿元，呈现明显的增长趋势，借贷便利实施规模的增加无疑有助于商业银行增加贷款投放；从操作期限来看，2014年创设之初，MLF的期限仅为3个月，2015年6月央行推出了期限为6个月的MLF，2016年1月又推出了期限为1年的MLF，且此后MLF的操作期限均以1年期为主。MLF操作期限的延长对于促进商业银行的贷款投放具有积极作用。例如，Andrade等（2018）对欧洲央行推出的长期再融资操作（LTRO）的效果研究发现，期限较长的LTRO对商业银行贷款投放的促进作用效果更好。而从借贷便利的操作利率来看，2014—2017年，MLF的平均利率分别为3.5%、3.41%、

2.94%、3.17%①,总体呈现明显的下降趋势,这为促进商业银行贷款投放创造了成本优势。

2.3.2 央行担保品政策对商业银行贷款规模的影响机制检验

本章模型（2-2）中以商业银行持有的合格担保品占比高低作为虚拟变量进行分组,此处参考 Berger 等（2020）的模型,直接用商业银行的合格担保品占比替代银行分组虚拟变量,利用模型（2-3）检验央行担保品政策对商业银行贷款规模的影响：

$$BankLoan_{it} = \alpha + \beta_1 Collate_{it} \times Post_t + \beta_2 Collate_{it} + YearFE + FirmFE + \beta_3 X_{it} + \varepsilon_{it} \quad (2-3)$$

其中, $Collate$ 表示商业银行 i 在第 t 年所持有的合格担保品占比,其他变量的含义与前文模型（2-1）一致。与前文类似,如果模型（2-3）中交乘项的符号显著为正,则表明借贷便利工具创设后商业银行所持有的合格担保品占比对其贷款规模具有显著的正向影响。从表2-4可以看出,无论是 $LoanAsset$ 还是 lnLoan,交乘项的回归系数均显著为正,这与表2-3的结果一致。

表2-4　以商业银行的合格担保品占比替代银行分组变量

变量名称 变量符号	（1）贷款规模 *LoanAsset*	（2）贷款规模 LnLoan
Collate	-18.356*** (-3.07)	-0.502*** (-3.20)
Collate × Post	22.008*** (2.63)	0.511** (2.42)
控制变量	控制	控制
年份固定效应	控制	控制
个体固定效应	控制	控制
样本量	770	770
R^2	0.537	0.942

前文的研究假说分析中提到,商业银行通过质押合格担保品的方式,利用借贷便利工具可以从央行获得大规模的基础货币（体现在向中央银行

---

① 该期间我国央行推出了3个月、6个月、12个月三种期限的 MLF,且一年内多次进行期限、利率不同的借贷便利操作。因此,MLF 的平均利率是利用手工收集的 MLF 操作的月度数据,采用基于操作期限、操作规模、操作利率的加权平均值计算得出。

借款中)。识别策略的有效性分析中有如下假设:商业银行持有的合格担保品占比越大,则其获得的借贷便利规模越大,受央行担保品政策的影响也就越大,因此对贷款规模的促进作用越强。这一从央行宏观层面到商业银行微观层面的作用机制可以表达为:央行的借贷便利操作↑→商业银行质押合格担保品获得借贷便利↑→商业银行向中央银行借款规模↑→商业银行贷款投放规模↑。为了对这一作用机制进行论证,本章借鉴 Acharya 等(2017)的思路,利用回归模型(2-4)考察央行的借贷便利操作($SMLF$)和商业银行合格担保品占比($Collate$)对商业银行向中央银行借款和贷款规模的影响:

$$BankLoan_{it} = \alpha + \beta_1 SMLF_t \times Collate_{it} + \beta_2 SMLF_t + \beta_3 Collate_{it} + \beta_4 X_{it} + FirmFE + \varepsilon_{it} \quad (2-4)$$

其中,$SMLF$ 表示第 t 年我国央行借贷便利的累计操作规模,$Collate$ 表示商业银行 i 在第 t 年所持有的合格担保品占比。由于模型(2-4)中自变量 $SMLF$ 为时间序列变量,控制时间固定效应会吸收该变量的影响,因此不再控制时间固定效应。该模型中因变量为商业银行 i 在第 t 年向中央银行的借款,具体而言,用向中央银行借款占资产比($FCBAsset$)和向央行借款占负债比($FCBLia$)两种指标衡量。由于商业银行获得的借贷便利体现在向央行借款这一科目中,且近年来我国商业银行向央行借款主要是借贷便利,因此此处向央行借款可以看作是商业银行获得的借贷便利的替代指标。例如,从存量来看,截至 2018 年底,我国常备借贷便利余额为 927.8 亿元,中期借贷便利余额为 49315 亿元,抵押补充贷款余额为 33795 亿元,央行对其他存款性公司债权为 111517.46 亿元,因此,可以推算出前两类借贷便利之和占商业银行向央行借款的比例约为 64.65%①。由此可以推断,近年来商业银行向央行借款中绝大部分都是借贷便利,因此,考虑数据的可获得性,向央行借款可以看作是商业银行获得的借贷便利的替代指标。模型(2-4)的回归结果如表 2-5 所示。

从表 2-5 可以看出,列(1)与列(2)中交乘项 $SMLF \times Collate$ 的回归系数显著为正。这说明当央行实施的借贷便利操作规模越大时,持有越高比例合格担保品的商业银行从央行获得的借贷便利规模越大,这论证

---

① 在我国其他存款性公司包括存款货币公司和其他存款货币公司,前者主要指商业银行,后者主要包含开发性金融机构、政策性银行及企业财务集团公司等。由于抵押补充贷款被包含在央行对其他存款性公司债权中,但只向开发性金融机构和政策性银行发放,因此可以大致推算 2018 年年底商业银行向央行借款余额中借贷便利的比例约为:(927.8 + 49315)/(111517.46 - 33795) = 64.65%。

表 2-5 央行担保品政策对商业银行的影响机制检验

变量名称	(1) 向中央银行借款资产比	(2) 向中央银行借款负债比	(3) 贷款规模	(4) 贷款规模	(5) 贷款规模	(6) 贷款规模
变量符号	FCBAsset	FCBLia	LoanAsset	LnLoan	LoanAsset	LnLoan
SMLF × Collate	0.488**	0.522**	2.577***	0.066***		
	(2.51)	(2.52)	(3.18)	(2.96)		
SLF × Collate					1.414	0.030
					(1.59)	(1.16)
MLF × Collate					1.557**	0.041**
					(2.26)	(2.12)
SMLF	-0.019	-0.020	0.140**	0.005***		
	(-0.86)	(-0.83)	(2.25)	(3.22)		
SLF					0.040	0.004
					(0.35)	(1.18)
MLF					-0.049	-0.001
					(-0.64)	(-0.48)
Collate	0.737	0.763	-4.069	-0.134	-19.326***	-0.508***
	(0.55)	(0.53)	(-0.69)	(-0.77)	(-2.90)	(-2.78)
控制变量	是	是	是	是	是	是
个体固定效应	是	是	是	是	是	是
样本量	770	770	770	770	770	770
R^2	0.228	0.228	0.503	0.935	0.517	0.938

了识别策略中的假设,即商业银行持有的合格担保品占比越大,则其获得的借贷便利规模越大,因此受央行担保品政策的影响越大。从实际情况来看,对比借贷便利工具创设前与创设后商业银行向央行的借款规模可以发现,2013 年和 2017 年商业银行向央行借款占资产比分别为 0.19% 和 0.75%,向央行借款占负债比分别为 0.21% 和 0.81%,即借贷便利工具创设后商业银行向央行的借款规模上升了近 3 倍。可见,商业银行持有的合格担保品规模能够显著增加其获得的借贷便利,这也表明我国央行创设的借贷便利工具有效避免了贴现窗污名。

进一步地,表 2-5 中还利用模型 (2-2) 考察了央行的借贷便利操作和商业银行合格担保品规模对其贷款规模的影响,结果如列 (3) 和列 (4) 所示。可以看出,无论是 LoanAsset 还是 LnLoan,交乘项 SMLF × Col-

late 的回归系数均显著为正,这充分表明央行实施的借贷便利操作可以通过合格担保品渠道促进商业银行的贷款投放。

此外,本章同时纳入自变量 *SLF* 和 *MLF*,以考察两种借贷便利工具效果的差异,其中 *SLF* 和 *MLF* 分别用常备借贷便利和中期借贷便利的年累计操作规模的对数值度量,回归结果如表 2-5 的列(5)、列(6)所示。可以看出,对于 *SLF* 而言,交乘项的回归系数为正,但并不显著;而对于 *MLF*,交乘项的回归系数显著为正。由此可见,*SLF* 和 *MLF* 均能发挥促进银行贷款投放的作用,且 *MLF* 的作用更强,这与 *MLF* 的投放规模较大、操作频率较高、操作期限较长有关。例如,从实施规模来看,2015—2017 年,*SLF* 累计实施 3348.35 亿元、7122 亿元、6069 亿元,*MLF* 累计实施 21948 亿元、55235 亿元、53259 亿元,后者的实施规模远大于前者。从操作期限来看,*SLF* 的操作期限较短,定位于 3 个月以内,期限大多为隔夜、7 天和 1 个月;而 *MLF* 的操作期限较长,包括 3 个月、6 个月、1 年,近几年主要以 1 年期为主,且形成了每月实施的常态化操作。因此,*MLF* 对商业银行贷款投放的促进作用较强。

2.3.3 央行担保品政策对商业银行贷款规模的稳健性检验

由于货币政策担保品框架创设是一个难得的准自然实验,且本章采用了双重差分法论证央行担保品政策对商业银行贷款投放规模影响的因果关系,所以可以有效地消除内生性问题的干扰,但仍然可能存在其他因素对结果造成的影响。因此,为了保证结论的可靠性,本章基于表 2-3 的回归结果,从如下几个方面进行稳健性检验:①调整合格担保品范围;②调整实验组和对照组的分组标准;③删除大型国有商业银行样本;④进行随机分组检验;⑤基于事件分析法进行检验。由于篇幅限制,稳健性检验中仅展示关键变量的回归结果。具体做法、原因与结果如下。

(1)调整合格担保品范围

正如前文所言,对于企业债券及其他债券而言,中期借贷便利的合格担保品仅包含其中的 AAA 级公司信用类债券,但多数银行年报多未披露债券的信用等级信息,这导致本章无法完全剥离其中的 AAA 级公司信用类债券。考虑到商业银行对企业债券及其他债券的持有规模较大,且其中 AAA 级债券的占比较高,因此前文中的合格担保品包含所有企业债券及其他债券,但这会对合格担保品造成干扰。为此,本章对前文采用的合格担保品范围进行如下调整:一是将企业债券及其他债券排除在合格担保品之外;二是在原有基础上再进一步纳入同业及其他金融机构债券,回归结果如表 2-6 所示。

表 2-6　　　　　　　　　　调整合格担保品范围

变量名称	(1) 贷款规模	(2) 贷款规模	(3) 贷款规模	(4) 贷款规模
变量符号	$LoanAsset$	$LnLoan$	$LoanAsset$	$LnLoan$
$Treat \times Post$	1.971*	0.040	0.582	0.005
	(1.89)	(1.56)	(0.58)	(0.19)
控制变量	是	是	是	是
年份固定效应	是	是	是	是
个体固定效应	是	是	是	是
样本量	770	770	770	770
R^2	0.527	0.940	0.520	0.939

对于前一种情形，与前文的合格担保品相比范围有所缩小，这会低估央行担保品政策对商业银行贷款规模的影响，即预期交乘项的回归系数会比表 2-3 中更小，其结果如表 2-6 的列 (1)、列 (2) 所示。从表 2-6 可以看出，当因变量为 $LoanAsset$ 时，交乘项的回归系数为 1.971，明显小于表 2-3 中的 3.143，且仅在 10% 的水平上显著；当因变量为 $LnLoan$ 时，交乘项的回归系数为 0.04，且并不显著，也明显小于表 2-3 中的 0.07。对于后一种情形，由于将本不应包含的同业及其他金融机构债券也纳入了合格担保品，因此这一实验组和对照组的划分包含较多的噪声，这会对回归系数的显著性造成影响，可以预期交乘项的回归系数显著性将会降低，其结果如表 2-6 的列 (3)、列 (4) 所示。从表 2-6 可以看出，交乘项的回归系数均不显著。与表 2-3 的结果相比，交乘项的回归系数的显著性明显降低，这表明担保品范围的选取是否与规定一致对央行担保品政策的传导机制具有一定影响。

(2) 利用向央行借款占资产比作为分组标准

划分实验组和对照组最理想的分组指标是商业银行是否持有合格担保品，但实际中几乎不存在完全没有合格担保品的商业银行，因此前文使用商业银行合格担保品占比作为虚拟变量来分组。本部分利用各个商业银行向央行借款占比重新划分实验组和对照组。对于商业银行而言，其借贷便利虽然没有被单独列示，但被包含在向央行借款这一科目里，且前文已经论证借贷便利占向央行借款的比例较大。考虑到数据的可获得性，用向央行借款代替商业银行从央行获得的借贷便利具有较强的合理性。因此，本章利用向央行借款占资产比作为虚拟变量，重新划分实验组和对照组，并按照模型（2-1）的方法进行回归分析，结果如表2-7所示。从表2-7中可以看出，交乘项的回归系数均显著为正，这与表2-3的结果一致。

表2-7　　　　　　　利用向中央银行借款作为分组标准

变量名称	(1) 贷款规模	(2) 贷款规模
变量符号	$LoanAsset$	$LnLoan$
$Treat \times Post$	1.235**	0.039**
	(2.02)	(2.32)
控制变量	是	是
年份固定效应	是	是
个体固定效应	是	是
样本量	770	770
R^2	0.520	0.937

（3）删除大型国有商业银行

与其他商业银行相比，大型国有商业银行的规模较大且持有合格担保品的比重较大，这可能对实验组和对照组的划分产生一定的干扰。除此之外，央行的借贷便利操作需要大型国有商业银行的配合，以引导利率走势和贷款投放，因此排除大型国有商业银行的检验结果更能体现其他商业银行的自主行为决策。为此，本章删除大型国有商业银行的样本，重新回归的结果如表2-8所示。从表2-8中可以看出，交乘项的回归系数均显著为正，回归系数大小也与表2-3的结果相比变化不大。

表2-8　　　　　　　删除大型国有商业银行

变量名称	(1) 贷款规模	(2) 贷款规模
变量符号	$LoanAsset$	$LnLoan$
$Treat \times Post$	3.013***	0.076***
	(2.90)	(2.87)
控制变量	是	是
年份固定效应	是	是
个体固定效应	是	是
样本量	720	720
R^2	0.555	0.943

（4）随机分组检验

为了进一步验证央行担保品政策通过商业银行的合格担保品渠道发挥

作用，本章以因变量 *LoanAsset* 为代表，通过对实验组和对照组进行随机分组，并基于随机分组利用模型（2-1）重新回归和检验。如果随机分组的结果不显著，则表明根据商业银行所持有合格担保品占比高低进行分组是合理的。为了便于对检验的结果进行分析，我们进行了 500 次重复回归，并考察了交乘项回归系数及其 t 值的分布情况。

从交乘项的回归系数来看，回归系数大体位于 0 附近；从该回归系数 t 值的分布来看，t 值也主要位于 0 附近，500 次重复回归中 t 值大于 2 的次数为 7，即本随机分组检验犯第二类错误的概率仅为 1.4%。由此可见，本章基于商业银行合格担保品分组的检验结果是可信的。

（5）基于事件分析法的检验

考虑到双重差分法中实验组和对照组的选取可能会对结果造成一定的影响，本章进一步采用事件分析法对问题进行研究。由于中期借贷便利（MLF）的操作规模较大，本章以 MLF 为代表，以 MLF 的创设作为政策冲击进行事件研究，具体做法如下。

①基于银行个体层面的贷款年度数据进行事件分析。本章基于银行个体层面的微观年度数据进行事件分析，并选取 2014 年作为事件发生的时间点，这是因为 MLF 创设于 2014 年。为此，本章借鉴（Mcgavock，2021）的做法，通过引入 $T-1$ 个年份虚拟变量作为自变量（T 为年份数），利用模型（2-5）考察央行担保品政策对商业银行信贷的影响。

$$BankLoan_{it} = \beta_0 + \sum_{t=2010}^{2017} \beta_t Year_t + \beta_2 X_{it} + FirmFE + \varepsilon_{it} \quad (2-5)$$

模型（2-5）中，$Year_t$ 表示年份虚拟变量，当位于某一特定年份时，该年份的取值为 1，否则取值为 0。例如，当年份为 2010 年时，对于变量 $Year_{2010}$ 而言，该变量对应 2010 年的取值为 1，其余取值为 0。模型（2-5）引入年份虚拟变量作为核心自变量，其余控制变量与本章含义一致。由于 2014 年是事件发生点，如果央行担保品政策可以显著促进银行贷款投放，那么本章预期，与事件发生前相比，事件发生后（2014 年以后）年份虚拟变量会显著为正，即事件的发生显著促进了银行贷款投放。模型（2-5）的回归结果如表 2-9 所示，可以看出，事件发生前的年份，年份虚拟变量的回归系数均不显著；而事件发生后的年份，年份虚拟变量的回归系数均显著为正，且系数大小和显著性均呈现上升趋势，这表明借贷便利工具的创设能够促进商业银行的贷款投放。

②基于金融机构的新增信贷月度数据进行事件分析。使用金融机构的新增信贷月度数据进行事件研究，并选取 2014 年 9 月作为事件发生的时

表2-9　MLF的创设对商业银行贷款规模的影响检验

变量名称	(1) 贷款规模	(2) 贷款规模
变量符号	LoanAsset	LnLoan
$Year_{2010}$	0.296	0.012
	(0.47)	(0.71)
$Year_{2011}$	0.198	0.015
	(0.18)	(0.46)
$Year_{2012}$	1.012	0.047
	(0.69)	(1.05)
$Year_{2013}$	1.972	0.070
	(1.20)	(1.37)
$Year_{2014}$	2.982*	0.110*
	(1.70)	(1.94)
$Year_{2015}$	3.429*	0.125**
	(1.78)	(2.06)
$Year_{2016}$	4.497**	0.168**
	(2.09)	(2.51)
$Year_{2017}$	6.818***	0.234***
	(2.88)	(3.14)
控制变量	是	是
个体固定效应	是	是
样本量	770	770
R^2	0.521	0.940

间点，这主要是因为央行首次MLF操作发生在2014年9月。为此，本章利用金融机构新增信贷月度增长率（gLoan）指标，考察央行担保品政策对商业银行信贷的影响。本章计算MLF实施前与实施后，金融机构新增信贷增长率的变化情况如表2-10所示。从表2-10可以看出，MLF首次操作前的当年内（2014年1月至2014年8月），gLoan的平均值为4.04%；MLF实施前2年内（2013年1月至2014年8月），gLoan的平均值为7.37%；MLF实施前3年内（2012年1月至2014年8月），gLoan的平均值为9.43%。而MLF实施后1年内（2014年9月至2015年12月），gLoan的平均值为19.74%；MLF实施后2年内（2014年9月至2016年12月），gLoan的平均值为14.13%；MLF实施后3年内（2014年9月至2017年12月），gLoan的平均值为16.8%。

由此可见，MLF 实施后金融机构新增信贷的增长率显著高于实施前，这表明 MLF 的创设和使用显著促进了银行信贷增长。

表 2-10　MLF 实施前后金融机构新增信贷增长率变化情况

	MLF 实施前		
时间区间	2012 年 1 月—2014 年 8 月	2013 年 1 月—2014 年 8 月	2014 年 1—8 月
gLoan 最小值	-44.95%	-44.95%	-44.95%
gLoan 最大值	48.87%	45.25%	30.09%
gLoan 均值	9.43%	7.37%	4.04%
	MLF 实施后		
时间区间	2014 年 9 月—2015 年 12 月	2014 年 9 月—2016 年 12 月	2014 年 9 月—2017 年 12 月
gLoan 最小值	-5.5%	-29.87%	-41.97%
gLoan 最大值	73.37%	73.37%	101.1%
gLoan 均值	19.74%	14.13%	16.8%

③基于银行个体层面的股票收益率日度数据进行事件分析。本章采用金融学中常用的基于股票市场反应的短窗口事件研究方法（Berkowitz 等，2015；Liu 等，2017；刘行和叶康涛，2018），选取 2014 年 11 月 6 日作为事件发生时间点。这是因为 MLF 首次的官方披露发生在 2014 年 11 月 6 日，是由央行在其发布的《2014 年第三季度货币政策执行报告》中进行的。同时，本章利用"百度指数"搜索关键词"中期借贷便利"，通过该政策冲击的关注度来论证该政策发生的具体时间点。结果表明，百度指数在 MLF 首次公开披露后的第 1 天（11 月 7 日）和第 2 天（11 月 8 日）的关注度急剧上升并达到峰值，这表明可以将 2014 年 11 月 6 日作为事件发生日。

基于标准的市场模型，通过分析上市商业银行在事件窗口期内的股票累计超额回报（CAR）来判断"中期借贷便利"政策对商业银行的预期影响。不同于前文的研究，由于计算 CAR 需要商业银行的股价信息，该方法仅适用于上市公司，因此将研究样本确定为 2014 年 11 月已上市的 16 家商业银行。市场模型具体如下：

$$R_{it} = \alpha + \beta R_{Mt} + \varepsilon_{it} \qquad (2-6)$$

模型（2-6）中，R_{it} 表示公司 i 在第 t 个交易日的考虑现金红利再投资的个股回报率，R_{Mt} 表示第 t 个交易日采用流通市值加权平均法计算的市场回报率。本章先选取事件日之前 6 个月的窗口期作为估计期，剔除估计期内不足 100 个交易日的样本，估计出模型（2-6）中的系数 α 和 β。再根据窗口期内的个股回报率和市场回报率,计算出每一个交易日的个股超额回报 AR_{it},即 $AR_{it} = R_{it} - \alpha - \beta R_{Mt}$。最后,计算窗口期内的股票累计超额回报 CAR [-n, n],参照已有研究,本章主要选取事件日前后共 3 个交易日和 5 个交易日的 CAR [-1, 1] 和 CAR [-2, 2]。

表 2-11 报告了中期借贷便利政策公布事件在股票市场的反应结果。从表 2-11 可以发现,上市商业银行在事件窗口期内的平均累计超额回报 CAR [-1, 1] 和 CAR [-2, 2] 分别为 0.8% 和 1%,并且在统计上显著大于 0。这说明股票市场投资者预期中期借贷便利政策公布事件对于商业银行是利好消息,这是因为商业银行从央行获得低成本的借贷便利增加了银行的资金来源,有助于降低商业银行的流动性风险并对贷款投放产生促进作用。

表 2-11 事件窗口期的上市商业银行股票累计超额回报分析

变量符号	上市商业银行 均值 [中位数]	样本量
CAR [-1, 1]	0.008**	16
	[0.007**]	16
CAR [-2, 2]	0.010*	16
	[0.000]	16

注:***、** 和 * 分别表示在 1%、5% 和 10% 的水下显著异于 0。

2.3.4 央行担保品政策对商业银行风险的影响检验

考虑到央行担保品政策一方面对商业银行贷款投放产生促进作用,另一方面贷款投放的增加也可能对经济体产生负面冲击,因此本章进一步基于模型(2-6),利用事件分析法考察央行担保品政策对非银行上市公司的影响,样本为 A 股非银行上市公司,结果如表 2-12 所示。

表 2-12 事件窗口期的非银行上市公司股票累计超额回报分析

变量符号	非银行上市公司 均值 [中位数]	样本量
CAR [-1, 1]	-0.002**	2194
	[-0.004***]	2194
CAR [-2, 2]	-0.009***	2194
	[-0.013***]	2194

注:***、** 和 * 分别表示在 1%、5% 和 10% 的水下显著异于 0。

从表2-12可以看出，非银行上市公司在相同窗口期内累计超额回报的均值和中位数均为负，并且在统计上显著小于0，这表明借贷便利工具的创设和使用确实可能会对经济体产生一定的风险。

此外，一个值得进一步探讨的问题是，商业银行贷款投放的增加是否以增加自身风险为代价？为了对这一问题进行研究，本章进一步基于模型（2-4），从央行担保品政策对商业银行的风险影响方面进行拓展研究。对于银行的风险指标而言，本章使用流动比率（LiqRisk）度量银行流动性风险，以及风险加权资产比率（RWAR），从而度量银行总体资产的信用风险。具体而言，借鉴钱崇秀等（2018）的做法，流动比率（LiqRisk）指标用流动性资产与流动性负债的比值来表示，其中，流动性资产包括现金及存放央行款项、存放同业和拆出资金、交易性金融资产、买入返售金融资产，流动性负债包括储户存款、同业存放和拆入资金、交易性金融负债、卖出回购金融资产以及存款证。该指标表示当银行的短期资金储蓄提供者临时选择取款时，商业银行能够用流动性资产进行应对的能力，该比值越大则说明流动性风险越小。对于风险加权资产比率（RWAR）而言，参考方意等（2012）的做法进行计算，该比值表示银行在资产配置上所承担的信用风险大小，该值越大表示银行资产的信用风险越大。

从表2-13可以看出，当因变量为流动比率（LiqRisk）时，交乘项的回归系数为正，但并不显著。当因变量为风险加权资产比率（RWAR）时，交乘项的回归系数为正，但并不显著，这表明央行担保品政策可能对商业银行风险没有显著的负面影响。由此可见，央行担保品政策促进了商业银行的贷款投放，同时并没有显著增加银行的风险，但非银行上市公司短期内对央行担保品政策的创设作出了负面反应，这表明央行担保品政策也可能会对经济体带来潜在的负面影响。

表2-13　　央行担保品政策对商业银行风险的影响检验

变量名称	（1）流动比率	（2）风险加权资产比率
变量符号	LiqRisk	RWAR
SMLF × Collate	1.962	1.194
	(1.50)	(1.31)
SMLF	-0.644**	0.162*
	(-2.27)	(1.86)
Collate	8.726	-10.248
	(0.73)	(-1.40)

续表

变量名称	（1）流动比率	（2）风险加权资产比率
变量符号	LiqRisk	RWAR
个体固定效应	是	是
样本量	770	770
R^2	0.572	0.505

2.4 结论与启示

随着中国经济进入新常态，央行创设了以常备借贷便利和中期借贷便利为代表的借贷便利创新工具，并构建了基于担保品的货币政策调控框架。以借贷便利工具为主要支撑工具的央行担保品政策定位于成为我国货币政策工具箱中的常态化工具，承担着向商业银行等金融机构提供流动性并支持信贷合理增长等重要任务。因此，在多种货币政策工具协同作用的复杂环境中，准确地识别并考察我国央行担保品政策的作用效果，对于新常态形势下完善我国货币政策的调控效果具有重要的理论和现实意义。基于手工收集的2009—2017年中国银行业数据，本章利用我国货币政策担保品框架创设这一准自然实验，借助双重差分法考察了央行担保品政策对商业银行贷款投放的影响及其影响机制。研究发现，央行担保品政策可以通过商业银行担保品渠道发挥作用，显著提高了商业银行贷款规模，且这一作用随着时间的推移逐渐增强，为我国央行担保品政策的有效性及其传导机制提供了全新的实证证据。本章的研究发现对于我国央行担保品政策的实施和完善具有重要启示。

商业银行合格担保品的规模会显著影响央行担保品政策的实施效果，有关部门应根据商业银行资产负债表的变化，加强合格担保品的管理。经济新常态背景下，商业银行的资产负债结构正发生着明显的变化。一方面，随着我国发债规模的增长，商业银行持有的合格担保品的绝对规模不断增长；另一方面，随着商业银行对借贷便利需求的增长，合格担保品不足的问题已经凸显。由于借贷便利工具的使用需要商业银行提供合格担保品，因此有关部门应该密切关注商业银行资产负债表中合格担保品的变化，及时调整借贷便利的合格担保品范围，并合理把握借贷便利的投放总量和投放结构。同时，有关部门应根据货币市场和信贷市场利率的变化及时调整借贷便利利率。央行制定合理的借贷便利利率不仅会对货币市场和信贷市场利率产生有效的影响，还可以调节商业银行对借贷便利的参与度，影响资金的投放总量和借贷便利的实施效果。

　　限于数据可获得性等方面的原因，本章的研究仍然存在一些不足，以下几个方面仍然有待进一步研究：一是从价格型工具的角度考察借贷便利利率的政策影响。央行担保品政策既是一种数量型货币政策工具，也是一种价格型工具，特别是中期借贷便利利率是我国央行重要的政策利率，因此，从价格型工具的角度考察央行担保品政策的效果具有重要意义。二是进一步区分常备借贷便利和中期借贷便利作用机制和政策效果的差异。在本章的研究样本期间，两种借贷便利工具的合格担保品范围较为一致①，都是高信用等级的债券资产，从直接影响的角度来看都会增加商业银行的基础货币，促进贷款投放，且中期借贷便利对贷款投放的促进作用更强。但从政策定位的角度来看，常备借贷便利的期限更短，更侧重于影响商业银行的流动性，而中期借贷便利的期限较长，对商业银行贷款投放的影响更为直接。因此，如何进一步区分两种借贷便利工具的作用机制和作用效果，对于更好地实施借贷便利类货币政策具有重要的参考价值。

---

① 研究期间，两种借贷便利工具的合格担保品范围较为一致，但随着借贷便利实施规模的不断扩大，担保品不足的问题逐渐凸显，央行已着手构建和完善货币政策担保品管理框架。例如，央行自2018年起已向全国推广信贷资产质押和央行内部（企业）评级工作，从实际中正式将信贷资产纳入常备借贷便利的合格担保品，2018年第二季度又将优质的小微企业贷款和绿色贷款纳入中期借贷便利的担保品范围。

第3章 央行担保品政策对商业银行贷款利率的影响

如何更好地利用货币政策工具降低社会融资成本一直是我国经济面临的重要现实问题。经济新常态背景下,为更好地引导商业银行降低社会融资成本、促进经济高质量发展,我国央行创设了以中期借贷便利(MLF)为代表的借贷便利工具。更为重要的是,2019年8月央行决定改革、完善贷款市场报价利率(LPR)形成机制,明确指出将LPR与中期借贷便利利率直接挂钩,并要求各银行在新发放的贷款中主要参考LPR定价,引导商业银行降低贷款利率。这意味着中期借贷便利利率正式取代了贷款基准利率,从政策定位上成为我国贷款市场报价利率的新"锚"。因此,本书研究基于借贷便利工具的央行担保品政策对我国商业银行贷款利率的影响具有重要的理论和现实意义。

本章基于我国央行创设货币政策担保品框架这一准自然实验,手工收集2009—2017年商业银行的年报等数据,从商业银行贷款利率的角度考察央行担保品政策的微观效应。实证研究发现,借贷便利工具创设后,合格担保品持有规模越大的商业银行从央行获得的借贷便利规模越大,其贷款投放规模越大、贷款利率越低,这为央行担保品政策可以通过商业银行担保品渠道发挥作用提供了直接的证据。

本章的研究进一步从商业银行贷款利率的角度检验央行担保品政策的作用效果,为我国央行担保品政策的有效性及其作用机制研究提供了进一步的实证证据,对于我国利率市场化改革、新型货币政策的实施具有重要的现实意义。

3.1 央行担保品政策对商业银行贷款利率的影响机制分析

从目前的政策定位和实际操作来看,常备借贷便利和中期借贷便利的操作对象主要是商业银行，具有操作频率高、规模大的特点，央行通过调节向商业银行的融资成本来对商业银行的资产负债表和市场预期产生影响，引导其向符合国家政策导向的实体经济部门提供低成本资金，促进社会融资成本的降低。与我国传统的货币政策工具相比，借贷便利工具属于一种基于担保品的创新工具，通过担保品渠道发挥货币、信贷扩张作用，引导商业银行资金成本下行。相对于美联储在金融危机期间推出的借贷便利工具而言，我国央行担保品政策在作用机制、利率设定、实施背景等多方面均具有优势，有利于该政策效果的发挥，起到有效促进商业银行贷款利率下降的作用，具体分析如下。

第一，从作用机制来看，货币政策担保品框架的创设使商业银行可以通过质押合格担保品的方式从央行获得大规模、低成本的基础货币，发挥了类似降准和降息的双重作用，有利于商业银行增加贷款投放、降低贷款利率。借贷便利工具创设前，尽管商业银行可以通过再贷款的方式从央行借款，但是再贷款往往采用信用贷款的方式发放，具有流动性救助的污名效应，对商业银行的约束较多、操作流程复杂，因此实施频率低、规模小，难以对商业银行的贷款利率产生实质性影响。借贷便利工具的创设使商业银行可以通过质押合格担保品（主要是高信用等级的债券）的方式从央行获得大规模、低成本的资金，因此借贷便利工具既是数量型也是价格型的货币政策工具，其直接增加了商业银行的低成本可贷资金，发挥类似降准和降息的双重作用，起到引导银行贷款利率下降的作用。从我国商业银行的贷款决策角度来看，央行向商业银行提供期限较长的中期借贷便利，这部分资金直接进入商业银行的资产负债部用于发放贷款，从而对商业银行贷款利率降低起到直接的促进作用。如果央行向商业银行提供期限较短的常备借贷便利，短期资金会扩大商业银行金融市场部的资产规模，进而增加债券和资本市场的资金供给，引导企业更多地选择直接融资，降低贷款市场的需求，最终也可以发挥降低贷款利率的作用（郭豫媚等，2018）。

第二，从合格担保品规模来看，我国商业银行持有的大量合格担保品，保证借贷便利可大规模实施，有利于银行贷款利率的降低。借贷便利的实施需要商业银行提供合格担保品作为质押，因此合格担保品的规模直接影响着借贷便利的操作规模和政策影响的强弱。我国借贷便利的合格担保品主要是国债及地方政府债券、央行票据、政策性金融债券等高信用等级的债券，而我国商业银行持有大量债券，且其中合格担保品占比较大。商业银行不仅是我国债券市场上的第一大机构投资者，同时债券资产也是我国商业银行仅次于贷款的第二大资产。债券投资占商业银行总资产的平均比重接近20%，且近年来呈现持续增长趋势。对于本章的样本银行，商业银行的债券资产中属于合格担保品的比重较高，2011—2013年国债及地方政府债券的平均占比接近40%，政策性金融债券的平均占比也有13%。

第三，从借贷便利利率来看，我国央行的借贷便利利率较低，有利于吸引商业银行主动获取借贷便利，从而降低银行贷款利率。为了防止商业银行等金融机构过度负债，美联储在次贷危机和金融危机期间推出的借贷便利利率高于市场利率，这在很大程度上削弱了借贷便利工具的吸引力（Armantier等，2008）。而我国央行的借贷便利利率体现了央行合意的利率水平，其承担着降低社会融资成本的任务。有研究发现，中期借贷便利对降低债券市场利差具有显著的促进作用（王永钦和吴娴，2019）。与同业拆借相比，向央行申请借贷便利的期限较长，且具有一定的成本优势，有助于吸引商业银行对借贷便利工具的运用从而促进贷款利率的降低（邓伟和袁小惠，2016）。例如，2015年1月，上海银行间同业拆放利率（SHIBOR）的3个月利率介于4.889%—5.138%，而同期3个月的中期借贷便利利率仅为3.5%；再如，2016年1—4月，3个月、6个月、12个月的SHIBOR利率最小值分别为2.791%、2.886%、3.042%，而同期对应期限的中期借贷便利利率分别为2.75%、2.85%、3%，均低于SHIBOR利率。由此可见，中期借贷便利利率具有低成本优势，更有利于吸引商业银行主动获取借贷便利，从而降低贷款利率。

第四，从商业银行的参与意愿来看，由于其对借贷便利的使用意愿较高，因此有效避免了贴现窗污名效应。不同于仅仅定位于危机期间的临时性货币政策工具，我国借贷便利工具是在经济新常态背景下创设的，是央行正常的流动性供给渠道，有利于提高商业银行对该工具的使用意愿，避免贴现窗污名效应。由于借贷便利的申请是由商业银行主动发起，危机背景下商业银行会因担心这一行为释放财务脆弱的信号而避免使用该工具（Armantier等，2015）。而在我国经济新常态背景下，央行将借贷便利工具定位于正常的流动性供给渠道，这一特征消除了借贷便利工具可能带来的贴现窗污名效应，提高了商业银行主动申请借贷便利的积极性。王永钦和吴娴（2019）的研究表明，央行扩大中期借贷便利的合格担保品范围显著促进了相关担保品价格上涨，这从侧面反映出市场对中期借贷便利有着强烈的需求。对于本章研究的商业银行样本，在借贷便利工具创设后，2014—2017年商业银行向央行的借款规模增长了近3倍，且其中大部分是借贷便利。同时，从常备借贷便利和中期借贷便利的实施规模来看，二者自创设以来实施规模均呈现明显的增长趋势，这表明该工具对商业银行具有很强的吸引力。

总之,我国借贷便利工具对商业银行具有很强的吸引力,商业银行通过质押合格担保品的方式,借助借贷便利工具可以获得大规模、低成本的资金,从而起到降低银行贷款利率的作用。

3.2 研究数据与研究设计

3.2.1 研究数据

本章选取 2009—2017 年中国银行业的数据进行研究,通过手工收集银行年报的方法获取商业银行持有的债券资产以及贷款等数据,银行层面的其他指标以及宏观经济指标主要来源于 BankScope 数据库和 CSMAR 数据库等。本章共选取获得年报的样本银行 100 家,其中大型商业银行 6 家、股份制商业银行 12 家、城市商业银行 53 家、农村商业银行 19 家以及外资银行 10 家。样本银行资产占我国商业银行资产比重在样本期间维持在 70% 以上,具有较强的代表性。为消除极端值的影响,对所有连续变量进行上下 1% 分位数的缩尾处理。

3.2.2 研究设计

(1) 研究模型

我国央行没有公布各个商业银行的借贷便利信息,商业银行个体层面也只有极少数会在年报中简单地披露相关信息。但借贷便利工具的运用需要商业银行提供合格担保品,因此本章采用合格担保品占比作为借贷便利的替代指标,并采用如下控制个体固定效应和时间固定效应的面板数据模型进行研究:

$$BankRate_{it} = \beta_0 + \beta_1 Collate_{it} + \beta_2 Collate_{it} \times Post_t + \beta_3 X_{it} + FirmFE + YearFE + \varepsilon_{it} \quad (3-1)$$

模型(3-1)中,$BankRate$ 是待研究的银行变量,包括银行贷款利率等指标。$Collate$ 表示银行 i 在 t 年的合格担保品占比。$Post$ 是政策虚拟变量,当样本观测值处于借贷便利工具创设年份(2014 年)及以后时,取值为 1;否则,取值为 0。X 为相关控制变量,$FirmFE$ 表示控制银行个体固定效应,$YearFE$ 表示控制年份固定效应,且回归标准误在银行层面进行了聚类调整。考虑到控制年份固定效应可能会与控制变量中的时间序列变量产生多重共线性问题，本章同时展示了未控制年份固定效应的回归结果。本章主要关注交乘项 $Collate \times Post$ 的回归系数 β_1，如果该回归系数显著为负，则表明央行担保品政策能够显著降低商业银行贷款利率。

（2）识别策略及其有效性

将 2014 年作为政策起始年是因为该年是我国借贷便利工具集中实施的起始年。本章考虑的借贷便利工具只包含常备借贷便利和中期借贷便利。对于中期借贷便利，其创设和实施起始年为 2014 年；而对于常备借贷便利，虽然其首次实施于 2013 年下半年，但该年的实施规模和范围较小、操作对象较少、操作期限较短，对该年造成的影响较小。因此，2014 年较合适作为借贷便利工具的政策起始年。

利用合格担保品占比作为解释变量可以较好地衡量央行担保品政策对商业银行贷款利率的影响机制。这是因为，与传统的存贷款基准利率等货币政策工具以及定向降准等结构性货币政策工具不同，我国央行利用借贷便利创新工具向商业银行提供贷款是以商业银行提供合格担保品为条件，商业银行合格担保品规模决定了可以获得的借贷便利规模。因此，合格担保品占比比较适合作为央行担保品政策的替代指标，同时也能刻画央行担保品政策的作用机制。此外，对于再贷款、公开市场操作等可能造成效果干扰的货币政策工具，虽然其与商业银行持有的合格担保品相关，但通过与借贷便利工具创设的时间变量 $Post_t$ 交乘并控制年份固定效应可以消除其影响①。

对于合格担保品范围，2018 年 6 月 1 日央行披露的中期借贷便利操作可接受的合格担保品包括国债、央行票据、政策性金融债券、地方政府债券、AAA 级公司信用类债券；对于常备借贷便利，本章所考察的研究期间合格担保品主要是高信用等级债券资产②。因此，本章基于商业银行公开披露的年报，手工收集各家商业银行的债券投资信息以计算出各家银行的合格担保品规模。具体而言，本章通过整理银行年报披露的债券投资信息，并将其分为国债及地方政府债券、央行票据、政策性金融债券、企业债券及其他债券、同业及其他金融机构债券五类。其中，国债及地方政府

---

① 2013 年 1 月央行创设了短期流动性调节工具（SLO），但该工具本质上属于一种超短期的公开市场操作工具，在政策定位等方面与借贷便利差异较大，且实施规模小、频率低，因此对借贷便利工具的干扰可以忽略。

② 对于常备借贷便利的合格担保品，央行网站列出的合格担保品的范围包含优质信贷资产，但《2017 年第四季度中国货币政策执行报告》披露的信息显示，2018 年以前信贷资产质押和央行内部（企业）评级工作仍然处于试点阶段，尚未推广到全国，且直到 2017 年第四季度央行分支机构才首次在试点地区以信贷资产质押的方式向金融机构提供常备借贷便利。因此，对于本章的样本研究期间（2009—2017 年），实际的合格担保品范围基本上可以排除优质信贷资产。

债、央行票据、政策性金融债均属于借贷便利的合格担保品。对于企业债券及其他债券而言,中期借贷便利的合格担保品包含其中的 AAA 级公司信用类债券,但银行年报大多没有对债券的信用等级信息进行披露,从而导致无法完全剥离出其中的 AAA 级公司信用类债券。考虑到商业银行企业债券及其他债券的持有规模较大,且其中的 AAA 级债券占比较高,本章先使合格担保品中包含所有企业债券及其他债券,后面再对其进行调整(进行稳健性检验)。而对于同业及其他金融机构债券,由于其并未包含在央行规定的合格担保品范围内,本章不纳入这类债券。综上所述,本章将国债及地方政府债券、央行票据、政策性金融债券、企业债券及其他债券视为合格担保品。

(3) 变量定义

本章的主要因变量为商业银行贷款利率,用贷款平均利率(TRR)和净息差(NIM)两种指标表示。此外,本章还考察了央行担保品政策对商业银行贷款规模的影响,其中,贷款规模采用银行贷款自然对数值($Loan$)和银行贷款占资产比($LoanR$)两种指标度量。本章关注的自变量为交乘项 $Collate \times Post$。其中,$Collate$ 为商业银行 i 在 t 年的合格担保品占总资产比重,$Post$ 为借贷便利工具创设的时间虚拟变量,当借贷便利工具创设后,即 2014 年及以后取值为 1。为了尽量减少遗漏变量的可能性,本章在回归模型中纳入了银行规模、权益资产比、资本充足率、不良贷款率、存款比例、成本收入比、资产收益率、运营成本、非利息收入资产比、流动性资产比例等银行层面的控制变量。同时,本章还纳入了 $M2$ 增长率和一年期贷款基准利率这两个货币政策方面的控制变量,以控制传统货币政策工具的干扰。变量的具体含义与定义如表 3-1 所示。

表 3-1 变量定义

变量类型	变量名称	变量符号	变量含义	变量定义
因变量	贷款利率	TRR	贷款平均利率	利息收入/贷款
		NIM	净息差	净利息收入/生息资产
	贷款规模	$Loan$	银行贷款对数值	贷款余额的自然对数
		$LoanR$	银行贷款占资产比	贷款额/资产
自变量	合格担保品	$Collate$	商业银行合格担保品占总资产比	合格担保品/总资产
	借贷便利工具创设时间	$Post$	借贷便利工具创设时间	创设后,即 2014 年及以后取值为 1;否则,取值为 0

续表

变量类型	变量名称	变量符号	变量含义	变量定义
控制变量	控制变量	Size	银行规模	银行资产的自然对数
		Equi	权益资产比	所有者权益/资产
		CAR	资本充足率	银行资本充足率
		NPLR	不良贷款率	银行不良贷款率
		CS	存款比例	存款总额（含同业）/总资产
		CIN	成本收入比	营业费用/利息收入
		ROA	资产收益率	净利润/总资产
		OPC	运营成本	营业成本/总资产
		NIRDR	非利息收入资产比	非利息收入/总资产
		LIR	流动性资产比例	流动性资产/总资产
		M2	M2 增长率	广义货币供应量年增长率
		LR	一年期贷款基准利率	利率存续期的加权平均值

此外，本章绘制了借贷便利工具创设前与创设后，关键因变量贷款规模（Loan 和 TRR）与关键自变量（Collate）之间的散点图及拟合线（见图 3-1 和图 3-2），以直观地展示借贷便利工具对商业银行贷款规模和利率的影响。

当因变量为 Loan 时，从图 3-1 可以看出，借贷便利创设前（2014 年

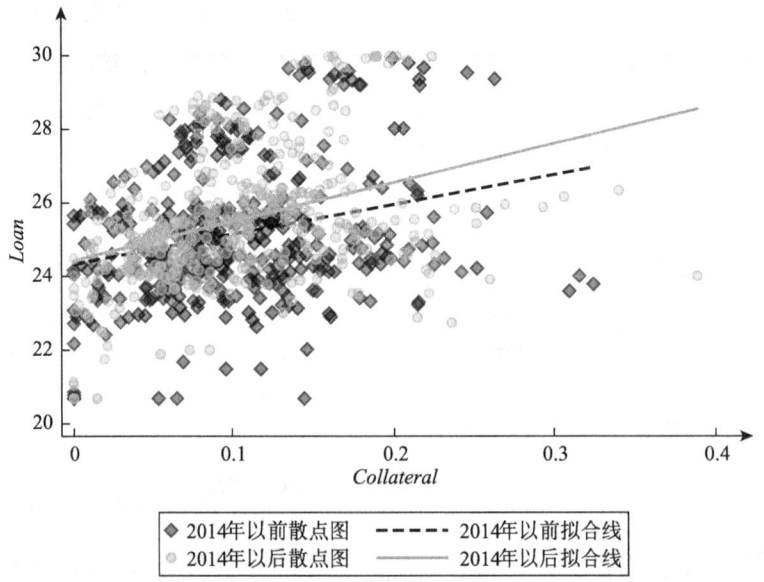

图 3-1　商业银行合格担保品规模与贷款规模（Loan）的散点图（分时间区间）

以前），Loan 与 Collate 呈现出一定的正向关系；但借贷便利创设后（2014年以后），二者拟合线呈现正向关系且斜率更大，这表明商业银行的合格担保品规模对其贷款规模产生了正向影响，即央行担保品政策有助于增加商业银行贷款规模。

当因变量为 TRR 时，从图 3-2 可以看出，借贷便利创设前（2014年以前），TRR 与 Collate 呈现出一定的负向关系；但借贷便利创设后（2014年以后），二者拟合线呈现负向关系且斜率的绝对值更大，这表明商业银行的合格担保品规模对其贷款利率产生了负向影响，即央行担保品政策有助于降低商业银行贷款利率。此外，将图 3-2 中的因变量替换为 LoanR，以及将图 3-2 中的因变量替换为 NIM 时，也可得出一致的结论。

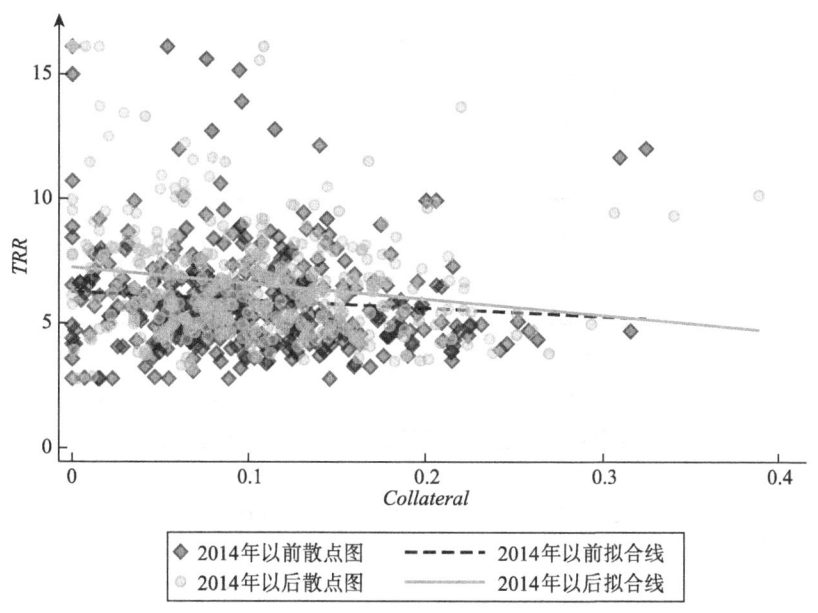

图 3-2　合格担保品与贷款平均利率（TRR）的散点图（分时间区间）

3.3　央行担保品政策对商业银行贷款利率的影响结果分析

3.3.1　央行担保品政策对商业银行贷款利率的影响检验

本章首先利用模型（3-1）考察央行担保品政策对商业银行贷款利率的影响，结果如表 3-2 所示。同时控制双向固定效应后，从表 3-2 可以看出，当因变量为商业银行的贷款平均利率（TRR）时，列（1）中交乘项 $Collate \times Post$ 的回归系数显著为负；当因变量为商业银行的净息差（NIM）

时,列(3)中交乘项 Collate×Post 的回归系数显著为负。类似地,对于仅控制个体固定效应的回归结果列(2)与列(4),也可以得出一致的结论。

表3-2 央行担保品政策对商业银行贷款利率的影响检验

变量名称	(1)贷款平均利率	(2)贷款平均利率	(3)净息差	(4)净息差
变量符号	*TRR*	*TRR*	*NIM*	*NIM*
Collate×Post	-7.778**	-3.533*	-3.486*	-2.367**
	(-2.45)	(-1.67)	(-1.82)	(-2.01)
Collate	3.339	0.637	3.644**	2.836*
	(0.96)	(0.17)	(2.14)	(1.68)
Size	4.441***	4.611***	1.420***	1.359***
	(4.69)	(5.52)	(2.98)	(3.15)
Euiq	0.091	0.106	0.026	0.022
	(0.55)	(0.63)	(0.54)	(0.48)
CAR	-0.051	-0.058	0.017	0.017
	(-1.28)	(-1.40)	(1.14)	(1.21)
NPLR	-0.050	0.012	-0.164*	-0.156*
	(-0.25)	(0.06)	(-1.88)	(-1.77)
CS	-0.054**	-0.050**	-0.004	-0.002
	(-2.61)	(-2.44)	(-0.60)	(-0.29)
CIN	-0.105***	-0.109***	-0.088***	-0.090***
	(-4.36)	(-4.35)	(-5.91)	(-5.91)
OPC	2.762***	2.742***	2.461***	2.451***
	(3.47)	(3.37)	(5.31)	(5.35)
LIR	0.042*	0.039*	0.028**	0.026**
	(1.79)	(1.67)	(2.20)	(2.21)
M2	0.096*	0.086*	0.061**	0.051**
	(1.78)	(1.80)	(2.07)	(2.06)
LR	0.961**	1.608***	0.201	0.359***
	(2.60)	(6.07)	(1.18)	(3.16)
Constant	-108.575***	-116.150***	-34.497**	-33.453***
	(-4.09)	(-4.97)	(-2.53)	(-2.69)
年度固定效应	是	否	是	否
个体固定效应	是	是	是	是
样本量	778	778	778	778
R^2	0.462	0.446	0.370	0.361

注:***、**和*分别表示在1%、5%和10%水平下显著;标准误经银行个体层面聚类处理得到稳健标准误,括号中为 *t* 值;下同,不再一一说明。

以上回归结果表明,在借贷便利工具创设后,商业银行持有的合格担保品占比越多,则其贷款利率越低。由于借贷便利工具的运用需要商业银行提供合格担保品,因此持有较多合格担保品的商业银行可以获得更多的借贷便利,从而,对其贷款利率产生更强的降低作用。央行担保品政策能够引导商业银行降低贷款利率,这与央行利用借贷便利工具向商业银行提供大规模的低成本资金有关。从实际情况来看,2016 年第 1 至第 4 季度,央行利用中期借贷便利工具分别投放了 6655 亿元、15730 亿元、10500 亿元、22350 亿元的基础货币,其中,3 个月、6 个月、12 个月的中期借贷便利利率分别为 2.75%、2.85%、3%;而同期,对应期限的 SHIBOR 利率最小值分别为 2.791%、2.886%、3.042%,均高于对应期限的中期借贷便利利率。因此,在货币政策担保品框架下,央行通过借贷便利工具向商业银行提供低成本的资金可以起到降低银行贷款利率的作用。

3.3.2 央行担保品政策对商业银行贷款利率的影响机制检验

从国外的研究现状来看,借贷便利工具能否有效影响金融机构的流动性及贷款规模仍然存在争议。次贷危机爆发后,美国的资产支持商业票据市场(ABCP)出现了明显的挤兑现象,美联储为此推出了资产支持商业票据货币市场共同基金流动性便利工具(AMLF),以缓解市场的恐慌情绪从而防止资金出逃(Covitz 等,2013)。Duygan-Bump 等(2013)对 AMLF 的效果进行研究后发现,该借贷便利工具可以改善资产支持商业票据市场的流动性,对防止货币市场共同基金的资金流出具有显著作用。Berger 等(2017)对美联储的贴现窗工具和定期拍卖便利的效果进行研究后发现,这两种工具对商业银行的贷款投放均具有正向促进作用。但也有研究认为,由于银行可以通过其他渠道获得成本更低的资金,美联储的 TAF 工具对商业银行并没有吸引力(Armantier 等,2008)。同时,危机期间商业银行可能因担心使用贴现窗工具会被外界认为是财务脆弱的表现而避免使用贴现窗工具,这也会导致借贷便利工具难以发挥作用(Armantier 等,2015)。美联储后续推出的定期拍卖便利、一级交易商信贷便利和定期证券借贷便利等工具作为贴现窗工具的补充和改进,对商业银行贷款的促进作用也十分有限(Helwege 等,2017)。

前文的研究假说分析部分提到,商业银行通过质押合格担保品的方式,利用借贷便利工具可以从央行获得大规模、低成本的资金,从而促进其贷款投放,进而起到降低商业银行贷款利率的作用。因此,本章对央行担保品政策作用机制的检验思路分为以下几个方面:一是检验是否商业银行持有的合格担保品越大其获得的借贷便利规模越大；二是检验是否商业银行持有的合格担保品越大其投放的贷款规模越大；三是检验是否商业银行持有的合格担保品越大其贷款利率越低。

本章首先利用回归分析检验商业银行合格担保品占比（$Collate$）对向央行借贷便利规模的影响。在商业银行的年报中，借贷便利信息虽未单独列示，但被包含在向央行借款这一科目中，且借贷便利占向央行借款的比重较大，因此本章以各商业银行向央行的借款额代替借贷便利。例如，从存量来看，截至 2018 年年底，我国常备借贷便利余额为 927.8 亿元，中期借贷便利余额为 49315 亿元，抵押补充贷款余额为 33795 亿元，而央行对其他存款性公司债权为 111517.46 亿元，通过上述数据可以推算出前两类借贷便利之和占商业银行向央行借款的比例约为 64.65%。如果从借贷便利流量的角度来看，借贷便利占向央行借款的比重会更高。因此，考虑到数据的可获得性，用向央行借款代替商业银行从央行获得的借贷便利是可行的。具体而言，本章用向央行借款占资产比（$FCBAsset$）和向央行借款占负债比（$FCBLia$）两种指标衡量商业银行向央行的借贷便利规模。利用回归分析考察商业银行合格担保品对向央行借贷便利规模影响的结果如表 3-3 所示。

表 3-3　商业银行合格担保品占比对借贷便利规模的影响检验

变量名称	(1) 借贷便利	(2) 借贷便利	(3) 借贷便利	(4) 借贷便利
变量符号	$FCBAsset$	$FCBAsset$	$FCBLia$	$FCBLia$
Collate × Post	4.439***	2.706***	4.767***	2.922***
	(2.95)	(2.86)	(2.95)	(2.88)
Collate	-0.126	1.048	-0.159	1.097
	(-0.11)	(0.85)	(-0.13)	(0.83)
控制变量	是	是	是	是
年度固定效应	是	否	是	否
个体固定效应	是	是	是	是
样本量	778	778	778	778
R^2	0.304	0.276	0.304	0.276

从表 3-3 可以看出，当因变量为借贷便利规模时，同时控制双向固定效应的回归结果列（1）与列（3）中，交乘项 Collate × Post 的回归系数显著为正；对于仅控制个体固定效应的回归结果列（2）与列（4），也可以得出一致的结论。这说明在借贷便利工具创设后，持有越高比例合格担

保品的商业银行从央行获得的借贷便利规模越大。从实际情况来看，2013年和2017年商业银行向央行借款占资产比分别为0.19%和0.75%，向央行借款占负债比分别为0.21%和0.81%，即借贷便利工具创设后商业银行向央行借款规模上升了近3倍。从借贷便利实际操作来看，2015—2017年常备借贷便利和中期借贷便利的操作规模持续增长。其中，常备借贷便利分别累计操作3348.35亿元、7122亿元、6069亿元，中期借贷便利分别累计操作21948亿元、55235亿元、53295亿元。因此，商业银行持有的合格担保品对其运用借贷便利工具发挥了显著的促进作用。

在此基础上，本章进一步进行中介效应检验，以此论证商业银行贷款利率的降低是通过扩大贷款规模实现的，即贷款规模是贷款利率的中介变量。为此，本章采用中介效应模型（3-2）、模型（3-3）、模型（3-4）进行检验：

$$TRR_{it} = \alpha_o + \alpha_1 Collateral_{it} \times Post_t + \alpha_2 Collateral_{it} + \alpha_3 X_{it} + FirmFE + \varepsilon_{it} \tag{3-2}$$

$$Loan_{it} = \beta_o + \beta_1 Collateral_{it} \times Post_t + \beta_2 Collateral_{it} + \beta_3 X_{it} + FirmFE + \varepsilon_{it} \tag{3-3}$$

$$TRR_{it} = \gamma_o + \gamma_1 Collateral_{it} \times Post_t + \gamma_2 Collateral_{it} + \gamma_3 Loan_{it} + \gamma_4 X_{it} + FirmFE + \varepsilon_{it} \tag{3-4}$$

模型（3-3）中，$Loan$表示商业银行贷款规模。由于纳入了$M2$和LR这两个时间序列控制变量，因此模型不再控制时间固定效应。事实上，对于中介效应模型（3-2），表3-2中已经检验，因此只需要进一步对模型（3-3）和模型（3-4）进行检验。如果存在中介效应，则预期模型（3-3）中交乘项的回归系数显著为正，且模型（3-4）的中介变量（$Loan$）的回归系数显著为负。

本章以贷款规模的对数值（$Loan$）作为银行贷款规模指标进行检验，回归结果如表3-4所示。从表3-4可以看出，对于以贷款平均利率（TRR）作为银行贷款利率指标进行检验的回归结果，列（2）交乘项的回归系数显著为正，且列（3）中介变量（$Loan$）的回归系数显著为负，这表明商业银行的贷款规模越大，则其贷款利率越低。类似地，对于以净息差（NIM）作为商业银行贷款利率指标进行检验的回归结果列（4）至列（6），也可以得出一致的结果。由此可见，商业银行通过质押合格担保品可以从央行获得大规模的借贷便利，这有助于扩大商业银行的贷款规模，从而降低贷款利率。

表 3-4　商业银行合格担保品占比对贷款规模（Loan）、
贷款利率的中介效应检验

变量名称	(1)贷款利率	(2)贷款规模	(3)贷款利率	(4)净息差	(5)贷款规模	(6)净息差
变量符号	TRR	Loan	TRR	NIM	Loan	NIM
Collate×Post	-3.533* (-1.67)	0.397*** (2.95)	-0.122 (-0.08)	-2.367** (-2.01)	0.397*** (2.95)	-1.562 (-1.45)
Collate	0.637 (0.17)	-0.403** (-2.58)	-3.047 (-1.13)	2.836* (1.68)	-0.403** (-2.58)	1.966 (1.28)
控制变量	是	是	是	是	是	是
个体固定效应	是	是	是	是	是	是
样本量	778	778	778	778	778	778
R^2	0.446	0.938	0.638	0.361	0.938	0.415

类似地，以贷款规模资产比（LoanR）作为商业银行贷款规模指标进行检验，回归结果如表 3-5 所示。通过比较可知，表 3-5 和表 3-4 结论一致。

表 3-5　商业银行合格担保品占比对贷款规模（LoanR）、
贷款利率的中介效应检验

变量名称	(1)贷款利率	(2)贷款规模	(3)贷款利率	(4)净息差	(5)贷款规模	(6)净息差
变量符号	TRR	LoanR	TRR	NIM	LoanR	NIM
Collate×Post	-3.533* (-1.67)	15.497*** (3.00)	-0.218 (-0.12)	-2.367** (-2.01)	15.497*** (3.00)	-1.558 (-1.39)
Collate	0.637 (0.17)	-14.181** (-2.49)	-2.546 (-0.83)	2.836* (1.68)	-14.181** (-2.49)	2.059 (1.29)
LoanR			-0.268*** (-9.41)			-0.065*** (-4.81)
个体固定效应	是	是	是	是	是	是
样本量	778	778	778	778	778	778
R^2	0.446	0.521	0.609	0.361	0.521	0.409

3.3.3　央行担保品政策对商业银行贷款利率的稳健性检验

为了保证结论的可靠性，基于表 3-2 的回归结果，本章从如下几个方面进行稳健性检验：①考虑内生性问题，采用双重差分模型进行检验；②调整合格担保品范围；③删除大型商业银行样本。由于篇幅限制，稳健性检验中仅展示关键变量的结果。具体做法、原因与结果如下。

(1) 考虑内生性问题：采用双重差分模型（DID）

央行担保品政策的运用一方面会对商业银行贷款利率产生影响，另一方面其作为央行货币政策调控工具，借贷便利的运用也会根据商业银行贷款利率等因素进行调整，即借贷便利工具的运用与商业银行贷款利率之间存在相互影响。此外，我国多种货币政策工具的组合操作也使不同货币政策工具的效果相互影响、相互重叠，最终形成观测到的综合调控效果，这给央行担保品政策效果的识别带来了干扰。这些因素的影响会使模型存在内生性问题，导致估计结果的有偏性，从而得出不可靠的结论。

鉴于此，本章利用借贷便利工具创新这一准自然实验，使用双重差分模型对我国央行担保品政策的政策效应进行识别和检验。需要指出的是，借贷便利创新工具是我国央行根据国内外经济与金融发展形势，并借鉴国际经验创设的。借贷便利创新工具的创设取决于央行，该工具的创设具有很强的独立性，对于本章的商业银行样本而言，借贷便利创新工具的创设是外生事件。因此，借贷便利创新工具的创设是一个难得的准自然实验。在准自然实验情形下，通过比较某一事件对实验组和对照组经济主体施加影响的差异，运用双重差分法能克服干扰因果关系的其他因素或遗漏变量的影响，从而识别出本章关注变量的因果关系（Duygan-Bump 等，2013；钱雪松和方胜，2017；黄俊威和龚光明，2019）。因此，本章采用如下控制个体固定效应和时间固定效应的双重差分模型进行研究：

$$BankRate_{it} = \alpha + \beta_1 Treat_i \times Post_t + \beta_2 X_{it} + FirmFE + YearFE + \varepsilon_{it}$$

(3-5)

模型（3-5）中，$Treat$ 是虚拟变量，当银行 i 处于实验组时该变量取值为 1，而当该银行处于对照组时该变量取值为 0。$Post$ 是政策时间虚拟变量，当样本观测值处于借贷便利工具创设年份（2014 年）及以后时，取值为 1；否则，取值为 0。其他变量与模型（3-1）中一致。本章主要关注交乘项 $Treat \times Post$ 的回归系数 β_1，它衡量了借贷便利工具的实施带来的净效应。具体而言，对于商业银行贷款利率而言，如果交乘项 $Treat \times Post$ 的回归系数显著为负，则表明央行担保品政策能够显著降低商业银行贷款利率。

对于实验组和对照组的划分，本章先计算出样本银行在借贷便利工具创设年度前 3 年内，即 2011—2013 年，持有的合格担保品占总资产比重的平均值，然后根据该占比按中位数将样本分为高、低两组，并将较低组界定为对照组，较高组界定为实验组。这是因为商业银行向央行申请借贷便利时需要提供合格担保品作为质押，即商业银行持有的合格担保品占比越大，则能够获得的借贷便利规模越大，受央行担保品政策的影响越大，因此作为实验组；而该占比越少，则能够获得的借贷便利规模越小，受央行担保品政策的影响越小，因此作为对照组。

为了确保实验组和对照组划分的合理性，本章从两方面进行论证：一是基于少数银行披露的中期借贷便利信息进行论证；二是对商业银行贷款利率进行平行趋势检验。从本章划分的实验组和对照组来看，中国农业银行、平安银行、北京银行、宁波银行、南京银行、天津银行、广州银行、大连银行、重庆农村商业银行被划分为实验组，而华夏银行、渤海银行、洛阳银行、顺德农村商业银行被划分为对照组。从这两类银行的中期借贷便利规模来看，2014—2017年，实验组的中期借贷便利余额与贷款余额之比的平均值为3.68%，而对照组为2.66%，即实验组获得的中期借贷便利规模明显高于对照组。因此，对实验组和对照组的划分是合理的。

对于商业银行贷款利率的平行趋势检验，本章借鉴黄俊威和龚光明（2019）的做法，通过设置年份虚拟变量与组别虚拟变量的交乘项，对政策发生前后的参数进行估计，绘制参数估计值与其95%置信区间的时间趋势图。对于贷款平均利率的平行趋势而言，2014年以前，交乘项的回归系数均在0附近波动且与0没有显著差异，这表明借贷便利创新工具创设前，实验组和对照组商业银行的贷款平均利率并没有显著差异；而2014年以后，交乘项的回归系数呈现明显的下降趋势，并逐渐变化为显著小于0，这表明借贷便利工具的创设对实验组商业银行的贷款利率起到了显著的降低作用。类似地，对于净息差指标而言，也可以得出与贷款平均利率完全一致的结论。因此，实验组和对照组商业银行的平行趋势假设成立[①]。直观而言，央行担保品政策对降低商业银行贷款利率发挥了促进作用。

本章进一步基于模型（3-5），利用双重差分模型检验央行担保品政策对商业银行贷款利率的影响（见表3-6）。从表3-6的列（1）可以看出，当因变量为商业银行的贷款平均利率（TRR）时，政策净效应的交乘项 $Treat \times Post$ 的回归系数显著为负；类似地，当因变量为商业银行的净息

[①] 此外，本部分还可参考钱雪松和方胜（2017）的做法，通过直接观察银行贷款规模平均值的时间趋势图，得出实验组和对照组的平均值具有共同趋势。

差（NIM）时，列（3）交乘项的回归系数也显著为负。

进一步地，本章通过设置 Treat 与政策实施后 3 年的年份虚拟变量的交乘项，考察央行担保品政策对商业银行贷款利率的动态影响，结果如表 3-6 的列（2）和列（4）所示。其中，$Year_{2014}$、$Year_{2015}$、$Year_{2016}$ 均为年份虚拟变量，当年份分别为 2014—2016 年时，对应变量取值为 1；否则，取值为 0。当因变量为 TRR 时，列（2）中 3 个交乘项的回归系数均显著为负，且显著性呈现增强趋势，回归系数的绝对值逐渐增大，这表明随着时间的推移，央行担保品政策对商业银行贷款利率的影响逐渐增强。类似地，当因变量为 NIM 时，列（4）也可以得出一致的结论。

表 3-6　　　　　　　　　采用双重差分模型检验

变量名称	(1)贷款平均利率	(2)贷款平均利率	(3)净息差	(4)净息差
变量符号	TRR	TRR	NIM	NIM
Treat × Post	-1.389*** (-3.18)		-0.750*** (-3.41)	
Treat × $Year_{2014}$		-0.701* (-1.91)		-0.354** (-2.01)
Treat × $Year_{2015}$		-1.241*** (-2.97)		-0.557** (-2.42)
Treat × $Year_{2016}$		-1.364*** (-2.95)		-0.577*** (-2.65)
控制变量	是	是	是	是
年度固定效应	是	是	是	是
个体固定效应	是	是	是	是
样本量	772	772	772	772
R^2	0.474	0.468	0.392	0.377

以上回归结果表明，在借贷便利工具创设后，实验组商业银行贷款利率的下降幅度显著大于对照组，这表明持有较多合格担保品的商业银行可以获得更多的借贷便利，对其贷款利率下降产生更强的促进作用，且随着时间的推移，央行担保品政策对商业银行贷款利率降低的促进作用逐渐增强。

（2）调整合格担保品范围

正如前文所述，对于企业债券及其他债券而言，中期借贷便利的合格担保品仅包含其中的 AAA 级公司信用类债券，但多数银行年报未披露债券的信用等级信息,从而导致无法完全剥离出其中的 AAA 级公司信用类债券。考虑到商业银行对企业债券及其他债券的持有规模较大,且其中 AAA 级债券的占比较高,因此前文中使合格担保品中包含所有企业债券及其他债券,但这对合格担保品造成了干扰。此处对前文采用的合格担保品范围进行调整,即将企业债券及其他债券排除在合格担保品之外,仍然按照模型(3-1)进行回归分析,其结果如表 3-7 所示。从表 3-7 可以看出,在同时控制双向固定效应的情况下,当因变量为商业银行的贷款平均利率(TRR)时,列(1)中交乘项 $Collate \times Post$ 的回归系数显著为负;类似地,当因变量为商业银行的净息差(NIM)时,列(2)中交乘项 $Collate \times Post$ 的回归系数也显著为负。对于仅控制个体固定效应的回归结果列(2)与列(4),也可以得出一致的结论。这一结果与表 3-6 一致,即央行担保品政策显著降低了商业银行贷款利率。

表 3-7　　将企业债券及其他债券排除在合格担保品之外

变量名称	(1)贷款平均利率	(2)贷款平均利率	(3)净息差	(4)净息差
变量符号	TRR	TRR	NIM	NIM
$Collate \times Post$	-7.778**	-3.533*	-3.486*	-2.367**
	(-2.45)	(-1.67)	(-1.82)	(-2.01)
控制变量	是	是	是	是
年度固定效应	是	否	是	否
个体固定效应	是	是	是	是
样本量	772	778	772	778
R^2	0.474	0.446	0.388	0.361

(3) 删除大型商业银行

与其他银行相比,大型商业银行的资产规模较大且持有合格担保品的比重较大,这可能对结果产生干扰。例如,2019 年全国性商业银行债券投资规模占全部银行债券投资规模的比重超过 70%,特别是大型商业银行,由于其资产规模远大于其他银行,因此其债券投资和合格担保品绝对规模也远超其他银行。鉴于此,本章删除大型商业银行样本,重新回归的结果如表 3-8 所示。从表 3-8 可以看出,在同时控制双向固定效应的情况下,对于因变量 TRR 和 NIM 而言,表 3-8 列(1)和列(3)中交乘项的回归系数均显著为负;对于仅控制个体固定效应的回归结果列(2)与列(4),也可以得出一致的结论。与表 3-2 的结果相比,交乘项回归系数的显著性均得到了增强。因此,即使删除大型商业银行的样本也可以得出央行担保品政策显著降低了商业银行贷款利率这一结论。

表3-8　　　　　　　　　删除大型商业银行

变量名称	(1)贷款平均利率	(2)贷款平均利率	(3)净息差	(4)净息差
变量符号	TRR	TRR	NIM	NIM
Collate × Post	-1.637***	-1.199***	-0.715***	-0.598***
	(-3.73)	(-3.14)	(-3.09)	(-3.25)
控制变量	是	是	是	是
年度固定效应	是	否	是	否
个体固定效应	是	是	是	是
样本量	728	728	728	728
R^2	0.482	0.463	0.379	0.369

3.4　结论与启示

经济新常态背景下，我国货币政策操作框架面临着诸多挑战，特别是传统的货币政策工具难以适应调控市场利率的需要，为此央行创设了基于合格担保品的借贷便利工具，以更好地降低社会融资成本。本章利用我国借贷便利工具创新这一准自然实验，以借贷便利工具的运用需要商业银行提供合格担保品这一独特要求为切入点，考察了央行担保品政策对商业银行贷款利率的影响。本章的主要结论概括如下。

第一，央行担保品政策可以显著影响商业银行贷款利率，央行的借贷便利操作规模越大，其对商业银行贷款利率的降低作用越强。与美联储在全球金融危机期间推出的主要用于临时性的流动性救助目的的借贷便利工具不同，我国借贷便利工具是经济新常态背景下创设的常规工具。借贷便利工具的创设为商业银行融资开辟了新的渠道，显著增加了商业银行向央行借款，有效避免了国外借贷便利工具的贴现窗污名效应。这表明央行可以利用央行担保品政策进行货币政策调控，通过扩大借贷便利操作规模的方式发挥降低商业银行贷款利率的作用，这对完善贷款市场报价利率（LPR）形成机制以及降低社会融资成本具有积极作用。

第二，央行担保品政策可以通过商业银行合格担保品渠道发挥作用。我国借贷便利工具作为一种创新型的货币政策工具，是基于合格担保品的货币政策工具，商业银行向央行获取借贷便利需要以提供合格担保品为前提。本章研究发现，商业银行持有的合格担保品规模越大，其从央行获取的借贷便利规模越大，对其贷款利率的降低作用越强。本章的研究发现对我国货币政策担保品管理框架建设以及借贷便利类货币政策的实施具有重要意义。

第三，央行应合理把握扩大货币政策合格担保品范围的力度和节奏。随着我国商业银行合格担保品不足问题的凸显，央行对货币政策担保品范围进行了扩容，其中包括将信用等级更低的债券，小微、绿色、"三农"债券，优质信贷资产等纳入合格担保品范围。合格担保品的范围直接决定着借贷便利的操作规模，进而影响商业银行的贷款利率乃至社会融资成本。一方面，央行可以通过调整合格担保品范围的方式发挥对相关企业、行业融资成本的调控作用，另一方面，扩大合格担保品范围也可能会带来逆向选择问题和道德风险，给宏观经济造成负面冲击。因此，应将哪些资产纳入合格担保品范围是我国货币政策担保品管理框架建设的关键所在，央行应合理把握扩大担保品范围的力度和节奏。

第四，央行应关注借贷便利操作利率的调控效果。借贷便利工具是一种数量型和价格型兼具的混合型货币政策工具，其既包含操作规模，也包含操作利率。本章的研究发现，央行实施的借贷便利规模越大，其对商业银行贷款利率的降低作用越强，这表明央行通过调整借贷便利操作规模可以有效影响商业银行贷款利率。从我国借贷便利操作的实际情况来看，央行主要通过调整借贷便利操作规模的方式进行借贷便利类货币政策调控，这导致借贷便利操作利率变化较小且总体呈现下降趋势，以及缺乏利率双向调控的实践经验，未能明确其对商业银行贷款利率产生影响的大小。因此，进一步探索借贷便利操作规模和操作利率在作用机制、政策效果等方面的差异，对改进我国借贷便利类货币政策的调控效果具有重要意义。

第4章 央行担保品政策对商业银行流动性创造的影响

近年来，金融服务实体经济成为一系列重要会议的高频话题。党的十九大报告明确提出，要"深化金融体制改革，增强金融服务实体经济的能力"；2018年中央经济工作会议指出，要"提高金融服务实体经济能力"；2019年中央经济工作会议进一步明确，要"着力提升金融服务实体经济质效"。流动性创造是商业银行服务实体经济的主要方式（Berger 和 Bouwman，2009），特别是在我国以银行业为主导的金融体系下，金融服务实体经济的能力能够通过商业银行流动性创造水平的高低得到体现（吕思聪，2018；Jiang 等，2019）。因此，探索创新型的货币政策工具以改善商业银行流动性创造能力，对于满足货币政策调控需要和经济高质量发展具有重大的理论和现实意义。

本章基于手工收集的中国银行业数据，从商业银行流动性创造的角度考察央行担保品政策的微观效应。本章的研究发现，央行的借贷便利工具不仅可以通过质押合格担保品的方式直接为商业银行提供流动性，还可以通过同业融资渠道间接地向其他银行输送流动性，从而增强商业银行的风险承担，共同发挥改善商业银行流动性创造的作用。

本章的研究进一步从商业银行流动性创造的角度检验了央行担保品政策的作用效果，为我国央行担保品政策的有效性及其作用机制相关研究提供了进一步的实证证据，这对于我国央行担保品政策的实施、防范化解系统性金融风险以及促进经济高质量发展具有重要启发。

4.1 央行担保品政策对商业银行流动性创造的影响机制分析

4.1.1 央行担保品政策对商业银行流动性创造的影响分析

在货币政策担保品框架下,借贷便利工具是央行向商业银行提供流动性的重要工具,直接作用于商业银行的资产负债表。本章认为我国借贷便利创新工具可以通过改善商业银行负债端和资产端的方式,促进其流动性创造,具体分析如下。

第一,从负债端来看,借贷便利工具的创设使商业银行可以通过质押合格担保品的方式从央行获得大规模、低成本的基础货币,发挥了类似降准和降息的双重作用,为商业银行的流动性创造带来了资金来源及成本方面的便利。借贷便利工具创设前,尽管商业银行可以通过再贷款的方式从央行借款,但是再贷款往往采用信用贷款的方式发放,带有流动性救助的污名效应,对商业银行的约束较多、操作流程复杂,因此实施频率低、规模小,难以对商业银行的贷款利率产生实质性的影响。借贷便利工具的创设使商业银行可以通过质押合格担保品的方式从央行获得大规模、低成本的资金,降低银行的资金成本,增加银行的贷款投放意愿(邓伟等,2021a、2021b)。从我国商业银行的贷款决策来看,央行向商业银行提供期限较长的中期借贷便利,这部分资金直接进入商业银行的资产负债部门用于发放贷款。商业银行无论是直接通过质押合格担保品的方式从央行获取借贷便利,还是间接从其他银行获取流动性,央行的借贷便利操作都能够在商业银行流动性短缺时为商业银行补充流动性,以缓解商业银行的惜贷行为。同时,在商业银行流动性充足时,借贷便利工具能减轻商业银行因预防性需求而囤积流动性的动机,缓解商业银行对流动性的过度囤积行为(牛慕鸿等,2017)。因此,借贷便利工具作为一种兼具数量型和价格型特征的创新型货币政策工具,直接增加了商业银行的低成本可贷资金,发挥类似降准和降息的双重作用,提升商业银行贷款规模,经由信贷传导渠道,起到促进商业银行流动性创造的作用。

第二,从资产端来看,借贷便利类货币政策工具能够有效促进商业银行的信贷供给,进而促进银行流动性创造。借贷便利工具为商业银行提供的大量流动性,一方面经由银行负债端提高了商业银行发放贷款的能力,另一方面提高了企业的融资意愿，商业银行融资可得性的改善降低了货币市场利率的异常波动，通过产生的流动性效应及利率引导效应，可改善银行资产负债表状况与实体经济融资环境（马理和刘艺，2014）。同时，借贷便利工具可以通过合格担保品渠道作用于实体经济，降低企业融资成本（王永钦和吴娴，2019；郭晔和房芳，2021），增加企业对商业银行信贷资金的需求，使银行资产端的贷款规模扩大，进而提高其流动性创造水平。

4.1.2 央行借贷便利操作对商业银行流动性创造的影响机制分析

（1）商业银行风险承担渠道

银行流动性创造水平是商业银行资产、负债及所有者权益等共同作用的结果，而银行风险承担行为对商业银行的资产配置与融资行为均有影响（Angeloni等，2015）。现有文献普遍认为，宽松的货币政策将会提高商业银行承担风险的意愿（方意等，2012；邓向荣和张嘉明，2018），而借贷便利作为一种结构性货币政策工具，也会对商业银行风险承担行为产生影响（Borio和Zhu，2012）。本章认为，央行的借贷便利操作可以增强银行风险承担的意愿和能力，从而改善银行流动性创造，具体原因如下。

首先，央行担保品政策能通过多种方式增强商业银行的风险承担意愿和能力。第一，借贷便利工具既是数量型也是价格型的货币政策工具，能发挥价值、收入和现金流效应，使资产的估值、收入和现金流增加，相当于增加了预期的财富水平，进而提高商业银行风险容忍度；第二，借贷便利的实施使市场保有充足的流动性（马理和刘艺，2014），银行管理者由此产生更为乐观的态度，降低风险厌恶程度，进而提升银行的风险承担意愿；第三，随着借贷便利工具的实施，银行业间的流动性逐渐充裕，资产管理者业绩竞争加剧，为满足偿债要求与目标报酬，银行往往需要选择风险较高的资产（Rajan，2006）；第四，借贷便利工具在某种程度上能够发挥保险作用，其本质上是央行发挥"最后贷款人"职能向金融机构提供流动性支持的工具，缓解商业银行对未来流动性不足的担心（潘敏和刘姗，2018），从而会降低银行对资金的预防性需求，增加其风险容忍度。

其次，商业银行风险承担的增加会进一步提升银行流动性创造水平。一般来说，银行风险承担意愿和能力增强会促进银行流动性创造，这种影响通过贷款规模扩张效应和结构调整效应发挥作用（何运信等，2021）。银行风险承担对商业银行资产端及负债端均会产生影响（Angeloni等，2015）。从银行的资产端来看，当银行承担更多风险时，其风险资产占比会提高，往往体现为银行贷款规模增加（邓向荣和张嘉明，2018），受到追逐收益效应影响,商业银行为达到目标报酬会对企业放松贷款条件,进而使贷款规模扩大,增强流动性创造。而从负债端来看,银行风险承担的增加会影响银行融资方式和杠杆率的选择(邓向荣和张嘉明,2018),银行可能会倾向于提高杠杆率以增加融资(Borio和Zhu,2012),这意味着银行资本比率会降低,从而对商业银行流动性创造产生金融脆弱挤出效应和风险吸收效应(Berger和Bouwman,2009)。金融脆弱挤出效应认为银行的资本比率越低,资本结构越脆弱,其流动性创造能力越强,这主要是因为相较于自有资本,银行所面临的存款合约会减轻银行对收款职责的不作为,迫使其积极开拓贷款业务和吸收存款,因此资本比率越低反而越有利于促进银行流动性创造水平的提高(Diamond和Rajan,2001)。风险吸收效应则认为银行的资本比率越高,则其流动性创造能力越强。这主要是因为银行资本能够提高银行吸收风险的能力从而促进流动性创造。由于我国商业银行资本结构与流动性创造的关系总体上表现为金融脆弱挤出效应(何青青等,2015),因此商业银行风险承担增加会影响银行资本结构,从而提升流动性创造水平。

(2) 商业银行同业业务渠道

同业业务是商业银行进行流动性管理的重要方式(潘彬等,2018)。从我国实际情况来看,央行的借贷便利操作可以通过影响银行同业业务渠道发挥流动性创造的作用,具体分析如下。

一方面,在货币政策担保品框架下,央行通过借贷便利工具投放的流动性可以通过银行同业业务渠道流向流动性短缺的银行,从而改善这部分银行的流动性创造能力。银行同业融资是我国商业银行调节短期流动性的重要方式(万晓莉等,2016),特别是对于合格担保品规模较小的商业银行来说,央行的借贷便利操作可以通过同业业务的方式间接地发挥促进其流动性创造的作用。合格担保品较为充足的商业银行通过质押的方式从央行获取借贷便利后,可以通过同业业务的方式向流动性不足的商业银行输送流动性,从而起到改善担保品不足的商业银行的流动性创造能力。

另一方面,央行的借贷便利操作还可以降低货币市场利率和利率风险,促进商业银行的资金投放(邓伟等,2021a),从而改善银行流动性创造能力。央行的借贷便利利率较低,具有降低货币市场利率和稳定利率波动的作用(潘敏和刘姗,2018)。王倩等(2016)比较了2014年9月至2016年2月交易期限为3个月、6个月和1年的中期借贷便利利率及与之期限相同的银行间同业拆借利率后发现,相较于同业融资,使用借贷便利工具的资金使用成本更低。此外,相对于央行传统的流动性调节工具,如公开市场操作和再贷款,借贷便利工具由于更具有针对性且实施规模较大,更有助于降低货币市场利率和稳定利率波动(潘彬等,2018)。特别是对于同业融资依赖度较高的银行而言,央行的借贷便利操作无论是向其输送流动性,还是降低同业融资成本和风险,都可以起到缓解银行流动性风险的作用,从而增强银行的资金投放意愿和能力,起到改善银行流动性创造的作用。

4.2 研究数据与研究设计

4.2.1 研究数据

本章选取2009—2017年中国商业银行的年度数据进行研究。选择这一期间主要基于如下考虑:一是新会计准则实施于2007年,使用该年份后的样本在数据统计口径上更具有一致性;二是本章需要使用借贷便利工具的合格担保品数据,由于央行于2018年对合格担保品范围进行了扩容,此次扩容加入了不低于AA级的小微企业、绿色和"三农"金融债券以及优质的小微企业贷款等,但这类企业的相关数据难以获取,因此为了避免2018年合格担保品扩容带来的干扰,本章的样本期间截止年份为2017年。

在数据来源方面,常备借贷便利与中期借贷便利数据根据央行发布的《中国货币政策执行报告》整理得到;宏观经济指标数据主要来源于国家统计局、央行官方网站;银行层面的微观指标主要来源于BankScope数据库和CSMAR数据库,部分数据基于银行年报通过手工收集整理得到。为消除极端值影响,本章对商业银行层面的连续型变量在上下1%分位数上进行缩尾处理,且所有回归结果均采用稳健标准误。最终选择的样本包括96家商业银行,其中国有大型商业银行6家、股份制商业银行12家、城市商业银行52家、农村商业银行17家及外资银行9家,共664个样本。

4.2.2 研究设计

(1) 研究模型

为检验我国央行担保品政策对商业银行流动性创造的影响,本章构建模型(4-1)进行检验:

$$LCA_{it} = \alpha_0 + \alpha_1 SMLF_t + \alpha_2 X_{it} + FirmFE + \varepsilon_{it} \quad (4-1)$$

模型(4-1)中,i表示个体商业银行,t表示年份,LCA代表i商业

银行第 t 年每单位资产的流动性创造，$SMLF$ 为借贷便利工具的代理变量，X 为相关控制变量，$FirmFE$ 表示控制商业银行个体固定效应。由于自变量 $SMLF$ 为时间序列变量，控制年度固定效应会吸收该变量的影响，因此本章不再控制年度固定效应。同时，本章的控制变量中纳入了银行微观层面的控制变量以及宏观层面的控制变量。本章预期模型（4-1）中借贷便利工具（$SMLF$）的回归系数 α_1 显著为正，即央行的借贷便利操作可以显著改善商业银行流动性创造。

本章在假说中提出，央行的借贷便利操作可以通过增加银行风险承担的渠道促进银行流动性创造，因此进一步在模型（4-1）的基础上利用模型（4-2）和模型（4-3）的中介效应模型，对借贷便利工具对商业银行流动性创造影响的风险承担渠道进行检验：

$$RWA_{it} = \beta_0 + \beta_1 SMLF_t + \beta_2 X_{it} + FirmFE + \nu_{it} \quad (4-2)$$

$$LCA_{it} = \gamma_0 + \gamma_1 RWA_{it} + \gamma_2 SMLF_t + \gamma_3 X_{it} + FirmFE + \theta_{it} \quad (4-3)$$

模型（4-2）和模型（4-3）中，RWA 表示商业银行风险承担，其余变量的含义均与模型（4-1）中一致。本章预期模型（4-2）中借贷便利的回归系数 β_1 显著为正，即央行的借贷便利操作能够显著促进商业银行的风险承担；同时，本章预期模型（4-3）中银行风险承担的回归系数 γ_1 显著为正，即央行的借贷便利操作通过促进银行风险承担发挥对商业银行流动性创造的改善作用。

当央行进行借贷便利操作时，市场的流动性供给增加，央行投放的部分流动性会通过同业业务渠道在银行间流动，从而起到改善银行流动性创造的作用。特别是对于流动性较为紧张的商业银行，对同业融资的依赖度较强，往往需要通过同业负债获得融资。因此，在货币政策担保品框架下，借贷便利工具还可能通过同业业务渠道发挥改善银行流动性创造的作用。

为了对这一影响机制进行检验，本章在模型（4-1）的基础上进一步通过模型（4-4）和模型（4-5），对借贷便利工具对商业银行流动性创造影响的同业业务渠道进行检验：

$$Interbk_{it} = \beta_0 + \beta_1 SMLF_t + \beta_2 X_{it} + FirmFE + \nu_{it} \quad (4-4)$$

$$LCA_{it} = \gamma_0 + \gamma_1 Interbk_{it} + \gamma_2 SMLF_t + \gamma_3 X_{it} + FirmFE + \theta_{it} \quad (4-5)$$

模型（4-4）和模型（4-5）中，$Interbk$ 表示商业银行的同业融资依赖度，其余变量的含义均与模型（4-1）中一致。由于央行的借贷便利工具为商业银行的流动性获取开辟了新渠道，可以发挥对同业融资的替代作用。因此，本章预期模型（4-4）中借贷便利的回归系数 β_1 显著为负，即央行的借贷便利操作能够显著降低商业银行的同业融资依赖度;同时,本章预期模型(4-5)中同业融资依赖度的回归系数 γ_1 显著为负,即央行的借贷便利操作通过降低银行同业融资依赖度发挥对商业银行流动性创造的改善作用。

(2) 变量定义

对于商业银行流动性创造指标,针对研究的问题,本章关注表内流动性创造。这是因为从作用机制来看,借贷便利是央行向商业银行提供基础货币的工具,通过直接影响商业银行的资产负债表发挥作用,因此研究商业银行表内流动性创造更符合本章针对借贷便利工具的研究。本章借鉴 Berger 和 Bouwman (2009) 以及王周伟和王衡 (2016)、郭晔等 (2018)、邓向荣和张嘉明 (2018) 的做法,同时结合我国商业银行的经营特点,首先将银行的资产、负债、所有者权益划分为流动性、半流动性、非流动性三类 (见表4-1),其次对商业银行资产负债表的各类科目依据流动性分类分别赋予相应的权重,最后根据式 (4-6) 计算出银行流动性创造变量。

$$流动性创造 = (0.5 \times 非流动性资产 - 0.5 \times 流动性资产 + 0 \times 半流动性资产) + (0.5 \times 流动性负债 - 0.5 \times 非流动性负债 + 0 \times 半流动性负债) \quad (4-6)$$

表4-1　　商业银行流动性创造科目划分及其权重

资产			
流动性(权重=-0.5)	半流动性(权重=0)	非流动性(权重=0.5)	
现金及存放中央银行款项	拆出资金	贵金属	买入返售金融资产
存放同业款项	其他应收款	应收款项类投资	发放贷款及垫款
交易性金融资产	应收利息	持有至到期投资净额	长期股权投资
衍生金融资产	应收股利	投资性房地产净额	固定资产
可供出售金融资产净额		在建工程净额	无形资产
		递延所得税资产	长期待摊费用
			其他资产
负债和权益			
流动性(权重=0.5)	半流动性(权重=0)	非流动性(权重=-0.5)	
向中央银行借款	拆入资金	卖出回购金融资产款	
同业及其他金融机构存放款项	短期借款	应付债券	
衍生金融负债	应付利息	递延收益非流动负债	
活期存款	应付股利	递延所得税负债	
递延收益流动负债	定期存款	其他负债	
交易性金融负债	其他应付款	所有者权益合计	

对于自变量借贷便利指标，在本章的研究期间内，借贷便利工具包括常备借贷便利（SLF）、中期借贷便利（MLF）和抵押补充贷款（PSL），而抵押补充贷款的操作对象为政策性银行和开发性金融机构，并不包含商业银行。由于本章旨在考察借贷便利工具对商业银行的影响，因此借鉴邓伟等（2021a、2021b）的做法，利用 SLF 和 MLF 二者年累计操作金额之和的自然对数值（$SMLF$）作为借贷便利工具的代理变量①。对于银行风险承担指标，本章借鉴方意等（2012）的做法，采用风险加权资产比率（$RWAW$）进行衡量②。对于银行同业融资依赖度指标，本章借鉴郭晔等（2018）对同业业务参与深度的度量方式，从同业负债的角度采用商业银行的拆入资金与卖出回购两种同业负债之和占总负债之比（$Interbk$）表示。

对于控制变量，本章引入了银行个体层面和宏观层面的多个控制变量。具体而言，银行个体层面的控制变量包括银行资产规模（$Asset$）、资产回报率（ROA）、运营效率（$Efficiency$）、杠杆率（$Leverage$）、存贷比（$Liquid$）、银行同业融资依赖度（$Interbk$）、不良贷款率（$NPLR$）、存款比例（CS）；宏观层面的控制变量包括 GDP 增速（GDP）、M2 增速（$M2$），宏观层面的控制变量不仅可以控制传统货币政策工具等因素的影响，还有助于消除因变量可能存在的时间趋势。各变量的具体定义如表 4-2 所示。

表 4-2　　　　　　　　　　变量定义

变量类型	变量名称	变量符号	变量定义
因变量	流动性创造	LCA	银行流动性创造/银行总资产
自变量	借贷便利	$SMLF$	常备借贷便利（SLF）与中期借贷便利（MLF）的年累计操作规模之和的自然对数
中介变量	银行风险承担	RWA	（总权益/资本充足率）/总资产
	银行同业融资依赖度	$Interbk$	（拆入资金＋卖出回购金融资产款）/负债总额
控制变量	资产规模	$Asset$	银行资产的自然对数
	资产回报率	ROA	净利润/总资产
	不良贷款率	$NPLR$	不良贷款总额/贷款总额
	运营效率	$Efficiency$	银行运营成本/总收入
	杠杆率	$Leverage$	所有者权益/总资产
	存贷比	$Liquid$	贷款/存款
	存款比例	CS	存款总额/总资产
	GDP 增速	GDP	GDP 年增长率
	M2 增速	$M2$	广义货币供应量 M2 同比增长率

---

① 本章进一步基于借贷便利的年末余额值的自然对数进行了稳健性检验，结论保持不变。
② 本章进一步采用 Z 值作为商业银行风险承担的度量指标，结论保持不变。

4.3 央行担保品政策对商业银行流动性创造的影响结果分析

4.3.1 央行担保品政策对商业银行流动性创造的影响检验

本章首先利用模型（4-1）检验央行担保品政策对商业银行流动性创造的影响，结果如表4-3所示。其中，列（1）为未控制银行个体固定效应的回归结果，列（2）为控制了银行个体固定效应的回归结果。从表4-3可以看出，借贷便利工具（SMLF）的回归系数均显著为正，这表明央行的借贷便利操作能够显著促进商业银行的流动性创造。

表4-3 央行担保品政策对商业银行流动性创造的影响检验

变量名称 变量符号	（1）流动性创造 LCA	（2）流动性创造 LCA
SMLF	0.308***	0.483***
	(2.99)	(4.60)
Asset	0.023***	-0.011
	(5.86)	(-0.36)
ROA	7.352***	8.022***
	(3.98)	(2.69)
NPLR	-0.411	0.157
	(-0.46)	(0.23)
Efficiency	0.054	-0.018
	(1.07)	(-0.27)
Leverage	-1.988***	-1.083***
	(-9.33)	(-3.92)
Liquid	0.237***	0.184***
	(3.89)	(3.11)
CS	0.017*	0.016***
	(1.73)	(2.92)
GDP	1.398***	0.942
	(2.65)	(1.62)
M2	0.439***	0.276
	(3.69)	(1.54)

续表

变量名称 变量符号	(1) 流动性创造 LCA	(2) 流动性创造 LCA
Constant	-0.612***	0.306
	(-5.37)	(0.36)
个体固定效应	否	是
样本量	664	664
R^2	0.543	0.125
F 值	34.28	7.66

注：括号内数值为回归系数 t 值；*、** 和 *** 分别表示在 10%、5% 和 1% 的显著性水平下统计显著；下同。

这主要是因为央行的借贷便利操作可以灵活地为商业银行补充流动性，促进银行贷款投放，从而改善银行流动性创造。为此，本章借助金融机构新增信贷月度增长率（gLoan）指标，以此说明央行担保品政策对商业银行信贷的影响。考虑到中期借贷便利（MLF）的操作规模远大于常备借贷便利（SLF），本章主要对比 MLF 实施前与实施后，金融机构新增信贷增长率的变化情况，其中，央行首次 MLF 操作发生在 2014 年 9 月。MLF 首次操作前的当年内（2014 年 1—8 月），金融机构新增信贷月度增长率（gLoan）的平均值为 4.04%；MLF 实施前 2 年内（2013 年 1 月—2014 年 8 月），gLoan 的平均值为 7.37%；MLF 实施前 3 年内（2012 年 1 月—2014 年 8 月），gLoan 的平均值为 9.43%。而 MLF 实施后 1 年内（2014 年 9 月—2015 年 12 月），gLoan 的平均值上升到 19.74%；MLF 实施后 2 年内（2014 年 9 月—2016 年 12 月），gLoan 的平均值达 14.13%；MLF 实施后 3 年内（2014 年 9 月—2017 年 12 月），gLoan 的平均值为 16.8%。由此可见，MLF 实施后金融机构新增信贷的增长率显著高于实施前，这表明央行的借贷便利操作确实发挥了促进银行信贷增长从而改善银行流动性创造的作用。

4.3.2 央行担保品政策对商业银行流动性创造的影响机制检验

(1) 基于银行风险承担渠道的影响机制检验

在得出央行担保品政策对商业银行流动性创造的影响后，本章在此基础上进一步基于模型（4-2）和模型（4-3），从银行风险承担的角度对央行担保品政策对商业银行流动性创造的影响机制进行检验，回归结果如表 4-4 所示。其中，列（1）展示了央行担保品政策对商业银行流动性创造的影响结果。

表4-4　　基于银行风险承担渠道的影响机制检验

变量名称	（1）流动性创造	（2）风险承担	（3）流动性创造
变量符号	LCA	RWA	LCA
RWA			0.263 ***
			(4.05)
SMLF	0.483 ***	0.641 ***	0.314 **
	(4.60)	(7.94)	(2.48)
控制变量	是	是	是
个体固定效应	是	是	是
样本量	664	664	664
R^2	0.125	0.348	0.150
F值	7.66	24.94	13.26

从表4-4可以看出，当因变量为银行风险承担时，列（2）借贷便利（SMLF）的回归系数显著为正，这表明央行的借贷便利操作可以显著增加银行风险承担。进一步地，列（3）中因变量为银行流动性创造，同时引入了借贷便利（SMLF）和银行风险承担（RWA）作为自变量，其中银行风险承担为中介变量，列（3）中中介变量银行风险承担的回归系数也显著为正。综合表4-4列（1）至列（3）的回归结果可以得出，央行的借贷便利操作可以通过促进商业银行风险承担的方式改善其流动性创造。

（2）基于银行同业业务渠道的影响机制检验

关于央行借贷便利操作对商业银行流动性创造的影响机制，前文基于银行风险承担渠道进行了检验，本章进一步对同业业务渠道这一影响机制进行检验。本章基于模型（4-4）和模型（4-5）并以银行同业融资依赖度（Interbk）作为中介变量进行检验，回归结果如表4-5所示。

表4-5　　基于银行同业业务渠道的影响机制检验

变量名称	（1）流动性创造	（2）同业融资依赖度	（3）流动性创造
变量符号	LCA	Interbk	LCA
Interbk			-0.407 ***
			(-5.84)
SMLF	0.483 ***	-0.227 **	0.391 ***
	(4.60)	(-2.21)	(4.01)

续表

变量名称	（1）流动性创造	（2）同业融资依赖度	（3）流动性创造
变量符号	LCA	Interbk	LCA
控制变量	是	是	是
个体固定效应	是	是	是
样本量	664	664	664
R^2	0.125	0.115	0.180
F 值	7.66	3.41	19.32

从列（2）可以看出，当因变量为银行同业融资依赖度时，借贷便利的回归系数显著为负；同时，当因变量为商业银行流动性创造，并在自变量中同时纳入借贷便利（SMLF）和银行同业融资依赖度（Interbk）时，列（3）中 SMLF 的回归系数显著为正，而 Interbk 的回归系数显著为负。这表明央行的借贷便利操作可以通过减少银行同业负债依赖度的方式促进银行的流动性创造。

这主要是因为同业业务既是商业银行获取流动性的方式，也是其规避监管约束以谋求盈利的手段（郭晔等，2018）。一方面，资金短缺的银行在面临流动性缺口时往往会通过同业渠道获取资金，以缓解自身所面临的流动性困境。借贷便利工具的创设为商业银行提供了新的融资来源，这使商业银行资金可得性增强，对同业负债融资的依赖度降低，从而使银行资金从同业业务中被释放出来，避免资金在银行体系内空转，更多地投放于支持实体经济的信贷业务当中，进而改善商业银行流动性创造。另一方面，央行的借贷便利操作降低了商业银行对同业负债融资的依赖度，有助于降低商业银行的流动性风险，提升其风险承担能力，从而改善其流动性创造。2013 年我国银行间市场出现的"钱荒"事件就是近年来同业业务大规模扩张导致流动性风险集聚的重要体现（肖崎和阮健浓，2014），借贷便利工具的创设使商业银行在获得央行流动性支持上有了更强的可得性，降低其对同业负债的依赖，通过降低银行的流动性风险改善了其流动性创造能力。

（3）基于银行合格担保品渠道的进一步分析

在前文的分析和检验中，对于央行的借贷便利操作如何影响商业银行的流动性创造，本章作出了推断，即商业银行可以通过质押合格担保品的方式从央行获取借贷便利，从而改善自身的流动性创造能力。因此，本章引入商业银行的合格担保品作为自变量，以央行创设借贷便利工具为准自然实验，并利用如下的双重差分模型（DID）检验央行担保品政策对商业银行流动性创造的影响：

$$LCA_{it} = \mu_0 + \mu_1 Treat_i \times Post_t + \mu_2 Treat_i + \mu_3 X_{it} + FirmFE + \kappa_{it} \quad (4-7)$$

在模型（4-7）中，$Treat$ 为虚拟变量，当样本为实验组时取值为1；否则，取值为0。类似地，$Post$ 为政策发生年份虚拟变量，当所在年份位于政策发生年份之后时取值为1；否则，取值为0，其他变量均与模型（4-1）一致。本章主要关注交乘项 $Treat \times Post$ 的回归系数 μ_1，它衡量了央行担保品政策的实施对商业银行流动性创造的净效应。如果交乘项 $Treat \times Post$ 的回归系数显著为正，则表明央行担保品政策能够显著促进商业银行流动性创造。

需要指出的是，借贷便利创新工具是央行根据我国货币政策调控以及宏观经济发展需要创设的，该创新工具的创设取决于央行，对于本章研究的商业银行样本而言，央行担保品政策的创设是外生事件。因此，央行担保品政策的创设是一个难得的准自然实验，通过比较央行担保品政策对实验组和对照组商业银行影响的差异，可以较好地解决干扰因果关系的其他因素以及遗漏变量造成的内生性问题。

要考察央行担保品政策对商业银行流动性创造的影响，就要对其政策效果进行科学的识别。本章将中期借贷便利（MLF）的创设年份，即2014年作为政策起始年。这是因为与常备借贷便利（SLF）相比，中期借贷便利（MLF）具有实施规模大、覆盖范围广的特点，且其与贷款市场报价利率（LPR）相挂钩，被赋予中期政策利率的重要地位，对商业银行流动性创造具有不可忽视的影响。因此，模型（4-7）中，当年份位于2014年及之后时，$Post$ 取值为1；反之，$Post$ 取值为0。

对于实验组与对照组的划分，本章借鉴邓伟等（2021a、2021b）的做法，以商业银行持有的合格担保品规模作为分组依据。这是因为从央行获取借贷便利需要提供合格担保品（王永钦和吴娴，2019；郭晔和房芳，2021；黄振和郭晔，2021）。例如，中期借贷便利要求提供国债、央行票据、政策性金融债、高等级信用债等优质债券作为合格担保品。因此，纳入商业银行的合格担保品信息可以较好地刻画央行担保品政策对商业银行流动性创造的影响机制。但值得考虑的问题是，持有合格担保品越多的商业银行，央行担保品政策对其流动性创造的促进作用是越强还是越弱？一方面，对于持有合格担保品较多的商业银行，其可以通过质押合格担保品的方式从央行获得较多的借贷便利，这可能更有利于提高其流动性创造水平。但从实际情况来看，由于持有合格担保品较多的商业银行往往是规模较大、流动性较充足的银行，这部分商业银行经营更为稳健，受货币政策的影响往往较小（田国强和李双建，2020），借贷便利工具作为一种货币政策工具对其产生的影响可能较小。另一方面，对于合格担保品持有规模较小的商业银行而言，尽管难以从央行获取借贷便利，但当央行进行借贷便利操作后，会增加向银行体系的流动性供给，持有合格担保品较少的商业银行可以通过同业融资的方式从其他银行获取流动性，从而改善自身的流动性，降低流动性风险，进而起到改善自身流动性创造的作用。由于持有合格担保品规模较小的商业银行流动性往往更为短缺，且其规模较小、经营策略更为激进、受货币政策的影响相对较大。因此，对于合格担保品规模较小的商业银行而言，其对央行流动性供给的需求更为迫切，央行的借贷便利操作更有助于降低其流动性风险，增强其风险承担的意愿和能力，从而提升其流动性创造能力。

基于以上分析，由于持有合格担保品规模较小的商业银行流动性创造受央行担保品政策的影响更大，因此本章将持有合格担保品规模较小的商业银行划分为实验组，而持有合格担保品规模较大的商业银行划分为对照组。具体而言，本章先计算出政策实施前3年，即2011—2013年各商业银行持有的合格担保品占总资产比的均值，再依据其中位数将商业银行样本分为两组，其中较低组为实验组，较高组为对照组。其中，合格担保品范围与该期间央行规定的一致，包括国债及地方政府债、央行票据、政策性金融债、公司债券①，商业银行的合格担保品数据是基于每家商业银行的年报通过手工收集、整理得到。

基于模型（4-7）的检验结果如表4-6所示。其中，列（1）采用普通最小二乘回归，列（2）则采用控制个体固定和年度固定效应的双向固定效应模型。考虑到控制年度固定效应可能会与控制变量中的时间序列变量产生多重共线性问题，在列（2）回归中删除了 $M2$ 及 GDP 这两个时间序列变量。从回归结果来看，交乘项的回归系数展示了借贷便利对商业银行流动性创造的净影响，列（1）和列（2）均显示交乘项的回归系数显著为正，这表明借贷便利的实施显著提高了商业银行的流动性创造水平。

基于以上回归结果，可以得出如下结论：当央行进行借贷便利操作时，持有合格担保品较多的商业银行尽管可以从央行获取较多的借贷便

---

① 该期间央行规定的合格担保品仅包含公司信用类债券中的AAA级债券，但个体商业银行年报中并未披露其持有债券的信用等级，这导致难以剥离出其中的AAA级债券，但考虑到商业银行的债券投资大部分均为AAA级债券的现实情况，因此将公司债券全部计入合格担保品。

表4-6　　　　　　　基于银行合格担保品渠道的进一步分析

变量名称	(1) 流动性创造	(2) 流动性创造
变量符号	LCA	LCA
Treat × Post	0.043**	0.033*
	(2.35)	(1.87)
Treat	0.020	
	(1.43)	
Post	−0.014	
	(−0.93)	
Asset	0.026***	−0.008
	(7.58)	(−0.23)
ROA	6.903***	7.648**
	(3.95)	(2.51)
NPLR	−0.634	0.146
	(−0.81)	(0.21)
Efficiency	0.038	−0.004
	(0.81)	(−0.06)
Leverage	−1.978***	−1.094***
	(−8.78)	(−3.66)
Liquid	0.216***	0.181***
	(3.63)	(3.04)
CS	0.012	0.016***
	(1.42)	(2.72)
GDP	0.619	
	(1.13)	
M2	0.422***	
	(3.47)	
Constant	−0.591***	0.411
	(−5.96)	(0.42)
个体固定效应	否	是
年度固定效应	否	是
样本量	645	645
R^2	0.587	0.152
F 值	30.67	5.18

利,但由于这些银行往往流动性充足、经营策略较为稳健、在资金投放上较为保守,借贷便利操作对其流动性创造的影响较小。而对于持有合格担

保品较少的商业银行而言,其不仅可以通过质押的方式从央行获取流动性,由于市场上的流动性增加,也便于通过同业融资的方式从其他银行获取流动性,降低自身的流动性风险,增强风险承担意愿和能力,从而改善自身的流动性创造水平。

4.3.3 央行担保品政策对商业银行流动性创造影响的异质性检验

(1) 基于银行性质的异质性检验

在我国银行体系中,不同类型的银行在规模、资金实力以及资源可获得性方面存在巨大差异,而这种差异可能会导致其对货币政策有不同的敏感性(田国强和李双建,2020),从而采取不同的行为决策。因此,本章按照银行性质进行分组,检验央行担保品政策对商业银行流动性创造是否存在异质性影响。

本章按照银行性质,将银行分为国有大型商业银行、股份制商业银行、城市商业银行、农村商业银行、外资银行5类,考察央行担保品政策对商业银行流动性创造的影响差异,结果如表4-7所示。从表4-7可以看出,列(1)和列(5)中借贷便利($SMLF$)的回归系数不显著,而列(2)至列(4)中借贷便利($SMLF$)的回归系数均显著为正,这表明央行担保品政策能显著提高股份制商业银行、城市商业银行、农村商业银行等规模较小的商业银行流动性创造水平,而对国有大型商业银行和外资银行流动性创造的促进作用不明显,这一发现与李明辉等(2014)、王周伟和王衡(2016)以及Berger和Bouwman(2017)的研究类似。同时,这一结论也与前文的研究推论相一致。尽管规模较大的商业银行持有的合格担保品通常较多,可以获得更多的借贷便利,但规模较大的商业银行经营更为稳健,受货币政策的影响往往较小,因此央行担保品政策作为一种货币政策工具对其流动性创造的影响较小。相反,规模较小的商业银行流动性通常较为紧张,经营策略更为激进,当央行进行借贷便利操作后,其不仅可以从央行获取流动性,还可以通过同业融资的方式从其他银行获取流动性,从而改善自身的流动性,降低流动性风险,进而起到改善自身流动性创造的作用。

而外资银行由于业务范围受限,特别是在流动性管理影响较大的债券投资业务方面受限,因此央行担保品政策对其流动性创造的影响较小。例如,2010年8月央行发布了《关于境外人民币清算行等三类机构运用人民币投资银行间债券市场试点有关事宜的通知》,对相关境外机构进入银行间债券市场投资进行试点,境外机构可在核准的额度内在银行间债券市

表 4-7　　　　　　　　基于银行性质的异质性检验

变量名称	(1)流动性创造	(2)流动性创造	(3)流动性创造	(4)流动性创造	(5)流动性创造
变量符号	LCA	LCA	LCA	LCA	LCA
商业银行类型	国有大型商业银行	股份制商业银行	城市商业银行	农村商业银行	外资银行
SMLF	0.529	0.780***	0.649***	0.745**	0.331
	(1.40)	(4.27)	(3.27)	(2.14)	(1.18)
控制变量	控制	控制	控制	控制	控制
个体固定效应	控制	控制	控制	控制	控制
样本量	48	103	349	102	52
R^2	0.738	0.405	0.133	0.216	0.744
F 值	9.01	5.52	4.37	5.65	9.58

场从事债券投资业务。2015 年 2 月，中国银监会发布《关于外资银行在银行间债券市场投资和交易企业债券有关事项的通知》，允许外资银行在全国银行间债券市场投资和交易企业债券。

(2) 基于同业融资依赖度的异质性检验

我国商业银行在银行同业业务参与深度上存在较明显的差异。据统计，已经申请破产的包商银行 2017 年第 3 季度末同业负债规模接近总负债的 50%，而同期整个银行业的同业负债占比平均值约为 20%，大型国有商业银行的同业负债占比平均值仅为 10% 左右。因此，本章从同业融资依赖度的角度，检验央行担保品政策对商业银行流动性创造是否存在异质性影响。为此，本章根据银行同业融资依赖度的中位数，将样本银行分为高同业融资依赖度、低同业融资依赖度两组，考察央行担保品政策对商业银行流动性创造的影响，结果如表 4-8 所示。

表 4-8　　　　基于银行同业融资依赖度的异质性检验

变量名称	(1) 流动性创造	(2) 流动性创造
变量符号	LCA	LCA
同业融资依赖度	高同业融资依赖度银行	低同业融资依赖度银行
SMLF	0.639***	0.228
	(3.95)	(1.44)
控制变量	是	是
个体固定效应	是	是
样本量	321	324
R^2	0.179	0.166
F 值	7.75	6.51
经验 P 值	0.03**	

从表 4-8 可以看出,列(1)中 *SMLF* 的回归系数显著为正,而列(2)中 *SMLF* 的回归系数不显著,且二者系数差异的费舍尔组合检验 P 值为 0.03,这表明高同业融资依赖度组的回归系数显著大于低同业融资依赖度组。由此可见,与低同业融资依赖度的银行相比,央行担保品政策能显著促进高同业融资依赖度的银行流动性创造。这主要是因为同业融资依赖度高的银行对流动性的需求更为迫切,当央行进行借贷便利操作时,其更有动力从央行获取流动性。同时,央行投放的借贷便利还可以通过同业业务渠道输送到流动性短缺的小规模银行,从而起到改善其流动性创造的作用。

(3) SLF 与 MLF 对商业银行流动性创造的差异检验

本章的研究样本区间内,操作对象包含商业银行的借贷便利工具包括常备借贷便利(SLF)与中期借贷便利(MLF)两种,因此本章使用这两种借贷便利操作金额之和来度量央行的借贷便利操作力度大小,以此考察央行的借贷便利操作的政策效应。

为考察上述两种借贷便利工具政策效果的差异,本章在模型(4-1)中同时纳入自变量 SLF 和 MLF,其中,SLF 和 MLF 分别表示常备借贷便利和中期借贷便利,并分别用常备借贷便利和中期借贷便利的年累计操作规模的对数值度量,该模型的回归结果如表 4-9 所示。从表 4-9 可以看出,无论是否控制个体固定效应,SLF 的回归系数均不显著,而 MLF 的回归系数显著为正,这表明与 SLF 相比,MLF 更能发挥促进银行流动性创造的作用。

表 4-9　SLF 和 MLF 对商业流动性创造影响的差异检验

变量名称	(1) 流动性创造	(2) 流动性创造
变量符号	LCA	LCA
SLF	-0.079	0.033
	(-0.53)	(0.24)
MLF	0.334***	0.476***
	(3.16)	(4.51)
控制变量	是	是
个体固定效应	否	是
样本量	664	664
R^2	0.543	0.125
F 值	31.36	6.94

上述结果与 MLF 的投放规模较大、操作频率较高、操作期限较长、覆盖面较广有关。例如，从实施规模来看，2015—2017 年，SLF 累计实施 3348.35 亿元、7122 亿元、6069 亿元，而 MLF 累计实施 21948 亿元、55235 亿元、53259 亿元，后者的实施规模远大于前者。从操作期限来看，SLF 的操作期限较短，定位于 3 个月以内，实际操作中，大多以隔夜、7 天和 1 个月为主；而 MLF 的操作期限较长，包括 3 个月、6 个月、1 年，且近年来以 1 年期为主，并已形成了每月实施的常态化操作。而从交易对象的覆盖面来看，SLF 的交易对象主要为全国性商业银行，而 MLF 的交易对象更为广泛，不仅包含全国性商业银行，还包括区域性商业银行。因此，MLF 对商业银行流动性创造的促进作用更强。

4.4 结论与启示

本章利用 2009—2017 年中国 96 家商业银行的非平衡面板数据，研究了基于合格担保品的借贷便利创新工具对商业银行流动性创造的影响及其作用机制。研究发现，央行担保品政策可以显著提升商业银行流动性创造能力，这一政策效应在规模较小、同业融资依赖度较高的商业银行上表现得更为显著，且中期借贷便利对商业银行流动性创造的促进作用更强。进一步研究表明，央行的借贷便利工具不仅可以通过质押合格担保品的方式直接为商业银行提供流动性，还可以通过同业融资渠道间接地向其他银行输送流动性，增强商业银行的风险承担能力，共同发挥改善商业银行流动性创造的作用。

在传统的货币政策工具无法适应央行流动性管理需要的背景下，本章研究发现，央行通过借贷便利创新工具可以发挥改善商业银行流动性创造的作用，这对于我国央行担保品政策的实施、防范化解系统性金融风险以及促进经济高质量发展具有重要启发。基于此，本章提出如下政策建议。

第一，我国央行可以运用央行担保品政策更好地进行流动性管理。长期以来，我国央行依赖公开市场操作和再贷款操作进行流动性管理，但经济新常态背景下，银行系统流动性的结构性问题日益突出，传统的货币政策工具越来越无法适应央行流动性管理的需要，抑制了商业银行流动性创造能力的发挥，不利于实体经济融资。借贷便利创新工具不仅可以及时地通过质押合格担保品的方式向大型商业银行提供流动性，还可以通过同业融资的方式向规模较小的商业银行输送流动性，从而发挥改善商业银行流动性创造的作用，特别是对于规模较小、同业融资依赖度较高的商业银行能起到显著的流动性创造改善作用。由于中小微企业大多通过规模较小的商业银行融资，改善小规模商业银行的流动性创造能力对于缓解企业"融资难、融资贵"问题具有重要意义。因此，央行可以借助借贷便利创新工具更好地进行流动性管理，特别是要充分发挥大型商业银行在流动性管理中的引领作用，这不仅有助于降低小规模商业银行个体的流动性风险，增强其风险承担的意愿和能力，起到改善银行流动性创造能力的作用，对于防范、化解系统性金融风险，促进实体经济融资和经济高质量发展也具有积极作用。

第二，央行借贷便利操作应注重商业银行流动性风险和信用风险的平衡。一方面，央行的借贷便利工具为商业银行获取流动性开辟了新渠道，因为其不仅可以直接为商业银行提供流动性，还可以通过同业业务渠道输送到流动性短缺的银行，这对于降低中小银行的流动性风险乃至系统性金融风险具有重要意义。另一方面，央行的借贷便利操作作为一种宽松的货币政策，属于流动性注入型的调控方式，因此会增加基础货币投放，从而对商业银行的资产负债表起到扩张作用，使商业银行风险承担增加，并可能提升其贷款投放量导致信用风险增加。特别是对于规模较小、同业融资依赖度较高的商业银行，其信用风险本身较高，央行担保品政策的运用在改善其流动性创造的同时也增加了其风险承担。因此，央行应注重把握借贷便利操作的节奏和力度，保持银行流动性风险和信用风险的平衡。

企 业 篇

第5章　央行担保品政策对企业信贷融资的影响
第6章　央行担保品政策对企业商业信用融资的影响
第7章　央行担保品政策对企业现金持有的影响
第8章　央行担保品政策对企业投资的影响

  企业也是央行担保品政策的重要参与者和调控落脚点。货币政策担保品框架创设值得关注的举措是央行首次将在银行间债券市场交易的公司信用类债券纳入了央行合格担保品范围。央行通过设定可用于质押的合格担保品范围，增强了担保品债券的稀缺性，并以国家信用为担保品债券的发行主体公司背书，释放了明确的政策信号。这不仅有利于增强企业信用，引导金融机构信贷配置，促进市场参与者改变预期，还有助于增强担保品债券发行主体公司的融资能力，促进企业融资成本的降低和投资水平的增长。因此，鉴于公司债券首次被纳入合格担保品范围这一制度设计，本篇从企业融资、现金持有、投资等方面考察央行担保品政策对企业财务行为的影响，这不仅可以进一步揭示央行担保品政策的作用效果，还可以完整地展示其作用机制。

第5章 央行担保品政策对企业信贷融资的影响

货币政策如何更有效地改善企业融资一直是中国经济面临的难题。特别是经济新常态以来，在我国流动性总体宽裕的情况下，2013年银行体系仍然出现了"钱荒"事件。但即使在央行有针对性地采用公开市场操作和再贷款操作提供流动性后，货币市场利率并未逐步回落，而是出现了明显的利率回滞现象。这表明对于经济转型时期的中国而言，传统的货币政策调控模式已越来越难以满足经济高质量发展的需要（徐忠，2018）。因此，探索创新型的货币政策调控模式，对于改善企业融资问题从而促进经济高质量发展具有重要的现实意义。

经济新常态以来，我国货币政策调控模式发生了根本性变革。其中，具有代表性的举措是央行创设了以常备借贷便利（SLF）和中期借贷便利（MLF）为代表的一系列借贷便利工具（邓伟和袁小惠，2016；邓伟等，2021b；邓伟等，2022），并基于此构建了货币政策担保品框架。在担保品框架下，央行首次将企业部门发行的公司信用类债券纳入SLF、MLF担保品范围，通过将央行信用与企业信用相挂钩的方式引导银行信贷配置，并以此改善企业融资。更为重要的是，2019年8月央行决定完善贷款市场报价利率（LPR）形成机制，明确指出将LPR与中期借贷便利（MLF）利率直接挂钩，并要求各银行在新发放的贷款中主要参考LPR定价，这意味着MLF利率被正式赋予了中期政策利率的地位（易纲，2021），基于MLF等借贷便利工具的央行担保品政策成为我国货币政策调控的核心内容。在寻求经济高质量发展的现实背景下，将公司信用类债券纳入货币政策担保品范围这一央行担保品政策能否发挥信贷融资效应，是政策制定和学术研究中亟须解决的重要问题。

事实上，欧洲央行于2016年推出的企业部门购买计划（CSPP）与我国央行首次将公司信用类债券纳入央行担保品范围在制度设计上具有较大的相似之处。为应对全球金融危机和欧洲债务危机的冲击，欧洲央行自

2008 年以来推出了一系列资产购买计划，其中以 2016 年 3 月宣布推出的企业部门购买计划最为独特。与欧洲央行推出的担保债券购买计划（CBPP）、资产支持证券购买计划（ABSPP）以及公共部门购买计划（PSPP）不同的是，这些资产购买范围仅限于央行、政府部门等国家主体发行的主权债券，而企业部门购买计划则首次将资产购买范围扩大到企业部门发行的 BBB－级以上的公司债券（Grosse－Rueschkamp 等，2019；Todorov，2020；Arce 等，2021；De Santis 和 Zaghini，2021；Adelino 等，2023）。从作用机理来看，欧洲央行通过资产购买计划直接购买市场中的债券资产不仅可以向市场释放流动性，还可以拉低国债等债券的信用利差以降低中长期市场利率。而将企业部门发行的公司债券纳入资产购买范围的企业部门购买计划则进一步向市场释放出央行支持企业融资的积极信号，从而对债券发行企业的融资和发展产生促进作用。类似地，我国央行将企业部门发行的公司信用类债券纳入货币政策担保品范围，不仅会扩大商业银行的可用担保品规模，还会释放出央行支持企业投融资的积极信号。

然而，我国在经济新常态背景下创设的货币政策担保品框架，尤其是首次将公司信用类债券纳入央行担保品范围这一重要制度设计，尽管早于 2016 年 3 月欧洲央行推出的企业部门购买计划，但目前关于这一基于担保品的货币政策的实施效果还缺乏针对性的研究，特别是针对将公司信用类债券纳入货币政策担保品范围这一央行担保品政策能否改善企业信贷融资这一问题仍有待探索。

本章以公司信用类债券被首次纳入合格担保品范围为切入点，从企业信贷融资的角度考察央行担保品政策的微观效应。本书的研究表明，公司信用类债券被首次纳入合格担保品范围后，与非担保品债券发行企业相比，担保品债券发行企业的信贷融资规模显著增加，且融资成本显著降低。进一步研究发现，在货币政策担保品框架下，央行可以通过调整借贷便利操作规模、操作利率的方式，有效影响商业银行信贷投放进而改善企业信贷融资。本章从企业信贷融资的微观视角为央行担保品政策的有效性检验提供了经验证据，对于更好地实施基于担保品的货币政策以促进经济高质量发展具有重要的现实意义。

5.1　央行担保品政策对企业信贷融资的影响机制分析

事实上，在货币政策担保品框架正式创设之前，央行通过公开市场操作这一货币政策工具也可以实现向商业银行提供流动性的目的。而从商业银行的角度来看，将国债等有价证券出售给央行可达到向央行融资的目的。但与公开市场操作相比，在货币政策担保品框架下商业银行通过借贷便利工具向央行融资的显著区别在于，公开市场操作中允许商业银行使用的合格担保品通常为国债、央行票据、政策性金融债等国家主体发行的债券，并未包含企业部门发行的 AAA 级公司信用类债券。因此，央行首次将 AAA 级公司信用类债券纳入货币政策合格担保品范围，实际上是将央行货币发行这一国家信用与企业部门的债券发行这一公司信用相挂钩，这不仅会提升公司信用类债券的稀缺性，还有可能通过增信效应、信号效应等渠道对担保品债券发行企业产生影响。

从商业银行视角来看，将公司信用类债券纳入货币政策合格担保品范围可以改善商业银行的流动性，有利于商业银行增加对企业的贷款投放。我国央行担保品框架主要是基于借贷便利工具创设的，而借贷便利工具的创设为商业银行获取流动性开辟了新的渠道，央行利用借贷便利工具可以向商业银行投放低成本的基础货币。借贷便利工具创设前，尽管商业银行可以通过再贷款等方式从央行借款，但是再贷款往往采取信用贷款的方式发放（黄振和郭晔，2021），带有流动性救助甚至贴现窗污名的属性，因此实施频率低、规模小，难以对商业银行的资金来源产生实质性影响。而借贷便利工具的创设使商业银行可以通过质押合格担保品的方式从央行获得大规模的基础货币，直接增加了商业银行的可贷资金，从而增加对企业的贷款投放（邓伟等，2021a；邓伟等，2022）。此外，公司信用类债券被纳入货币政策合格担保品范围可以扩大担保品规模，缓解金融市场上担保品不足造成的流动性紧张问题，促进银行对企业的贷款投放（Koulischer 和 Struyven，2014；Van Bekkum 等，2018）。

从企业视角来看，央行将公司信用类债券纳入合格担保品范围提升了此类债券的稀缺性，并进一步通过信号效应、增信渠道缓解公司融资约束，从而促进企业获取信贷融资。首先，公司信用类债券被纳入央行合格担保品范围，意味着央行货币发行这一国家信用行为已与企业的债券发行这一公司信用相挂钩，这会对该企业形成直接的增信作用，有利于企业获取信贷融资。其次，将公司信用类债券纳入合格担保品范围本身就代表着央行对该类企业的政策支持，因此会释放出积极的信号，并通过信号效应扩大企业的信贷融资规模。最后，公司信用类债券被纳入央行合格担保品范围会增强该类债券的稀缺性，对于发行了被纳入合格担保品范围债券的企业而言，商业银行出于从央行融资的需要会加大对该类债券的购买以获得合格担保品，从而增加对担保品债券发行企业的贷款投放规模（Van Bekkum 等，2018；Mésonnier 等，2022）。基于以上分析，本章提出如下研究假说：

H1：将公司信用类债券纳入货币政策担保品范围这一央行担保品政策能显著增加企业信贷融资规模。

然而，由于央行将公司信用类债券纳入合格担保品范围有助于降低担保品债券的信用利差（Macaire 和 Naef，2021；王永钦和吴娴，2019；黄振和郭晔，2021；陈国进等，2021），这可能导致企业更倾向于发行债券融资，从而减少银行信贷规模。从债券融资成本的角度来看，央行将公司信用类债券纳入合格担保品范围可以显著降低发行担保品债券的融资成本。而从融资期限来看，我国中期票据、企业债券等担保品债券的期限较长。因此，央行将公司信用类债券纳入合格担保品范围可能会使公司更倾向于使用债券融资，从而对银行信贷融资产生替代作用。基于以上分析，本章提出如下研究假说：

H2：将公司信用类债券纳入货币政策担保品范围这一央行担保品政策会显著降低企业信贷融资规模。

5.2 研究数据与研究设计

5.2.1 研究数据

本章选取 2007—2017 年的数据进行研究，主要是基于如下考虑：其一，2007 年我国开始实行新会计准则，选择 2007 年以后的数据进行研究能够保证各公司财务数据的纵向可比性；其二，2018 年 6 月央行扩大了中期借贷便利（MLF）的担保品范围，进一步将 AA 级、AA+级公司信用类债券纳入央行担保品范围，选择 2018 年以前的样本可以避免本次担保品扩容的干扰。

在样本选取方面，根据研究的需要，本章选取在银行间债券市场发行了公司信用类债券（包含企业债和中期票据）的公司作为研究样本，这一选择具有如下优势：其一，本章依据公司是否是 AAA 级担保品债券发行企业识别央行担保品框架对企业的影响，因此，选择发行了公司信用类债券的公司为样本可以与央行将 AAA 级公司信用类债券纳入央行担保品范围的制度设计相匹配；其二，统一选择发行了公司信用类债券的公司作为研究样本可以保持样本公司在债券发行这一融资行为上的一致性,减少了样本选择偏误问题;其三,在银行间债券市场发行了公司信用类债券的公司既包含上市公司也包含非上市公司,样本更具有多样性和代表性。债券发行和交易的数据以及公司层面的其他财务数据均来源于 Wind 数据库,其他控制变量数据来源于央行网站及国家统计局网站。

为保证样本选取的合理性和有效性,本章进一步对样本做了如下处理:①剔除了发行债券类型为城投债的企业样本,因为企业发行城投债的目的在于为地方政府融资,与一般企业发行债券的目的存在较大差异;②剔除金融行业的企业样本;③剔除了数据缺失的样本;④为了消除极端值对回归结果的影响,对所有连续变量进行上下1%分位数的缩尾处理,最终得到1355家公司和10056个有效样本。

5.2.2 研究设计

(1) 研究模型

本章基于货币政策担保品框架的创设这一制度背景,并以 AAA 级公司信用类债券被首次纳入合格担保品范围为切入点,采用双重差分(DID)模型研究央行担保品政策对企业信贷融资的影响。需要指出的是,货币政策担保品框架是央行根据我国货币政策调控等方面的需要创设的,该框架的创设取决于央行,对于本章研究的公司样本而言,货币政策担保品框架的创设是外生事件。因此,AAA 级公司信用类债券被首次纳入合格担保品范围是一个难得的准自然实验。在准自然实验情形下,双重差分法通过比较某一事件对实验组和对照组经济主体施加影响的差异,可以较好地克服干扰因果关系的其他因素以及遗漏变量的影响。本章采用如下控制双向固定效应的双重差分模型进行研究,且回归标准误在公司层面进行了聚类调整:

$$Debt_{it} = \alpha_0 + \alpha_1 Treat_i \times Post_t + FirmFE + YearFE + \alpha_2 X_{it} + \varepsilon_{it} \quad (5-1)$$

模型(5-1)中,i 表示企业个体,t 表示年份,因变量 $Debt_{it}$ 表示企业信贷融资规模,$Treat_i$ 表示是否为实验组的虚拟变量,$Post_t$ 表示是否为政策实施后的年份虚拟变量,$FirmFE$ 表示公司个体固定效应,$YearFE$ 表示年份固定效应,X_{it} 为控制变量,各变量的具体定义如表 5-1 所示。本章主要关注交乘项 $Treat_i \times Post_t$ 的回归系数 α_1,它衡量了央行担保品政策带来的净效应。对于企业信贷融资规模而言,如果交乘项的回归系数显著为正,则表明将 AAA 级公司信用类债券纳入合格担保品范围这一央行担保品政策显著增加了企业的信贷融资。

表 5-1　　　　　　　　　　　　变量定义

变量类型	变量名称	变量符号	变量定义
因变量	信贷融资规模	Debt	（长期借款+短期借款）/总资产
	信贷期限结构	LTloan	长期借款/（短期借款+长期借款）
自变量	实验组	Treat	当公司为实验组时，$Treat=1$；否则，为对照组，$Treat=0$
	政策起始年	Post	2013年及以后年份 Post 取值为1；否则，取值为0
控制变量	企业规模	Size	总资产的对数值
	净资产收益率	ROE	净利润/净资产
	资产负债率	Lev	总负债/总资产
	固定资产比率	PPE	固定资产/总资产
	现金资产比率	Cashratio	货币资金/总资产
	营业收入增长率	Growth	（当期营业收入-上期营业收入）/上期营业收入
	经营现金流比率	CFO	经营活动现金流量净额/总资产

（2）识别策略及其有效性

为准确度量央行担保品政策对公司融资的影响，首先需要对研究模型和参数进行科学的识别，其中包括公司信用类债券被首次纳入合格担保品范围起始年的确定，以及实验组和对照组的划分。对于公司信用类债券被首次纳入合格担保品范围起始年的确定，根据《中国人民银行再贷款与常备借贷便利抵押品管理指引（试行）》（银发〔2015〕42号）以及黄振和郭晔（2021）等文件和文献，本章可以确定AAA级公司信用类债券被首次实质性地纳入货币政策担保品范围始于2013年。具体而言，根据《2017年第四季度中国货币政策执行报告》披露的相关信息，央行在2012年年底初步构建了多层次的货币政策担保品框架，而在此之前，可以作为货币政策担保品的资产仅包含国债、央行票据、政策性金融债等国家主体发行的债券，并未包含企业部门发行的AAA级公司信用类债券。我国货币政策担保品框架主要是基于常备借贷便利（SLF）、中期借贷便利（MLF）等创新型货币政策工具构建的，其中创设时间最早的为SLF，其创设于2013年。自SLF创设起，AAA级公司信用类债券就被允许作为SLF的合格担保品。因此，2013年最适合作为AAA级公司信用类债券被纳入货币政策担保品范围的起始年。综上所述，本章在双重差分模型中将2013年作为政策起始年，即模型（7-1）中当年份位于2013年及以后时，Post 取值为1；否则，取值为0。

对于本章实验组和对照组的划分，本章借鉴国内外文献的做法，以政策发生时公司是否属于担保品债券发行企业，即公司在银行间债券市场是否有存续的AAA级公司信用类债券为标准划分实验组与对照组。2016年3月，欧洲央行宣布将不低于BBB-级的公司债券纳入央行资产购买范围。国外研究利用双重差分模型就这一货币政策对企业的影响进行了考察，并利用公司是否发行了不低于BBB-级的公司债券为标准对实验组和对照组进行识别（Grosse–Rueschkamp等，2019；Todorov，2020；Adelino等，2020；De Santis和Zaghini，2021）。由于在我国银行间债券市场发行的公司信用类债券主要是企业债和中期票据，因此依据央行的制度设计，本章选取在央行担保品框架创设之前，即2012年年底在银行间债券市场已发行了且有存续的AAA级企业债或中期票据的公司为实验组（$Treat=1$），没有存续的AAA级企业债或中期票据的公司为对照组（$Treat=0$）。

本章的识别策略具有如下优势：其一，央行创设央行担保品框架时，首次将在银行间债券市场发行的AAA级公司信用类债券纳入合格担保品范围，即满足这一要求的公司信用类债券可以作为合格担保品向央行融资，不满足这一要求的债券则不能作为合格担保品。从央行货币政策实施的角度来看，央行的这一政策将发行了此类债券的公司圈定为合格担保品的供给者，而非担保品债券发行公司则不满足这一要求。因此，以公司是否在银行间债券市场发行了AAA级信用类债券为标准划分实验组与对照组与央行担保品框架的制度设计相匹配，便于区分央行担保品框架是否会对公司产生影响[①]。其二，这一识别策略可以较好地排除公开市场操作和再贴现等传统货币政策工具的影响。在央行担保品框架创设之前，我国货币政策操作过程中涉及担保品的货币政策工具包含公开市场操作和再贷款两种，但利用双重差分模型可以较好地消除这两类传统货币政策工具的干扰。具体而言，公开市场操作中可用于交易的有价证券发挥着合格担保品的作用，但其范围通常包括国债、央行票据、政策性金融债等国家主体发行的债券，并未包含公司信用类债券。而我国再贷款包含流动性再贷款、信贷政策支持再贷款、金融稳定再贷款和专项政策再贷款四类，虽然原则

---

① 本章还考虑了央行将AAA级公司信用类债券纳入合格担保品范围后，持有此类债券的公司，即此类债券的购买者而非发行者是否会受到影响。研究发现，AAA级公司信用类债券的购买者大多为金融企业，非金融企业极少购买公司债券，且极少有关于其购买公司债券的信用级别的信息。因此，无论是从理论还是从研究数据获取方面，都难以从债券购买者的角度研究央行这一担保品政策的影响。

上央行要求申请再贷款时需要提供合格担保品,但实际中一般采用信用方式发放,并不需要合格担保品(郭晔和房芳,2021)。总之,尽管公开市场操作和再贷款这两种传统的货币政策工具也涉及合格担保品,但由于均不包含公司信用类债券,且这两种传统工具并非在央行担保品框架创设之后产生,因此本章以公司是否属于AAA级公司信用类债券发行人为标准划分实验组与对照组,并借助双重差分模型,可以较好地排除传统货币政策工具的干扰,从而有效地识别出央行担保品框架创设对企业的影响。

(3) 变量定义

本章的因变量为企业信贷融资规模($Debt$)和企业信贷期限结构($LTloan$)。其中,企业信贷融资规模用长期借款和短期借款之和除以总资产表示,企业信贷期限结构用企业长期借款除以长期借款和短期借款之和来表示(刘海明和李明明,2020)。对于自变量$Treat$,当样本企业属于实验组时,$Treat$取值为1;否则,取值为0。对于政策实施年份虚拟变量$Post$,当年份处在2013年及以后时,$Post$取值为1;否则,取值为0。

本章的控制变量参照刘海明和李明明(2020)、黄振和郭晔(2021)等的做法,引入企业规模($Size$)、净资产收益率(ROE)、资产负债率(Lev)、固定资产比率(PPE)、现金资产比率($Cashratio$)、营业收入增长率($Growth$)和经营现金流比率(CFO)等公司层面变量。本章的主要变量定义如表5–1所示。

5.3 央行担保品政策对企业信贷融资的影响结果分析

5.3.1 央行担保品政策对企业信贷融资规模的影响检验

双重差分模型的适用前提是实验组和对照组满足平行趋势假设,因此本章需要进行平行趋势检验。本章按照文献中的一般做法,选取政策实施前一年,即2012年作为基年,在模型(5–1)中加入其他年份的虚拟变量与公司分组变量的交乘项进行回归,对企业信贷融资规模进行平行趋势检验。

结果表明,对于企业信贷融资规模($Debt$),在央行将AAA级公司信用类债券纳入货币政策担保品范围之前,即2013年之前,交乘项的回归系数均位于0附近,且在95%的置信水平上不显著,这表明实验组和对照组不存在显著差异,即平行趋势假设成立。检验结果进一步表明,2013

年之后，交乘项的回归系数呈现上升趋势，且在95%的置信水平上总体显著，这表明在 AAA 级公司信用类债券被纳入担保品范围后，与对照组公司相比，实验组公司的信贷融资规模显著增加，这初步验证了本章的研究假说 H1。

在平行趋势检验的基础上，本章进一步利用模型（5-1）就央行担保品政策对企业信贷融资规模的影响进行检验，结果如表5-2所示。从表5-2列（1）可以看出，当因变量为企业信贷融资规模时，交乘项的回归系数显著为正；为了排除时间趋势的影响，本章进一步在列（2）中控制时间趋势。同时，考虑到年份固定效应会部分吸收时间趋势，因此本章在回归模型中纳入 $Treat$、$Post$ 两个变量。可以看出，在控制时间趋势的情况下，列（2）中交乘项的回归系数仍然显著为正。这表明与非担保品债券发行企业相比，在央行将 AAA 级公司信用类债券纳入货币政策担保品范围之后，担保品债券发行企业的信贷融资规模显著增加，即央行担保品政策显著促进了企业信贷融资规模的增加。

进一步地，本章考察了央行担保品政策对企业信贷融资的动态影响，结果如表5-2列（3）所示。从表5-3可以看出，公司信用类债券被纳入担保品范围后的第一年，即2013年的交乘项回归系数不显著，但此后年份交乘项的回归系数均显著为正，且总体呈现增加趋势，这表明央行担保品政策自实施后第二年开始产生显著的政策效应，且效果逐渐增强。

表5-2 央行担保品政策对企业信贷融资规模的影响检验

变量名称	（1）信贷融资规模	（2）信贷融资规模	（3）信贷融资规模
变量符号	$Debt$	$Debt$	$Debt$
$Treat \times Post$	0.013**	0.012**	
	(2.43)	(2.31)	
$Treat$		-0.026***	
		(-3.23)	
$Post$		-0.016***	
		(-5.64)	
$Treat \times year2013$			0.004
			(0.85)
$Treat \times year2014$			0.011**
			(1.98)
$Treat \times year2015$			0.015**
			(2.42)

续表

变量名称	（1）信贷融资规模	（2）信贷融资规模	（3）信贷融资规模
变量符号	Debt	Debt	Debt
Treat × year2016			0.014 **
			(2.25)
Treat × year2017			0.019 ***
			(3.04)
Size	0.000	-0.001	0.000
	(0.05)	(-0.19)	(0.11)
ROE	-0.032 ***	-0.034 ***	-0.032 ***
	(-2.58)	(-2.95)	(-2.60)
Lev	0.490 ***	0.470 ***	0.490 ***
	(26.87)	(31.66)	(26.84)
PPE	0.073 ***	0.130 ***	0.073 ***
	(3.79)	(9.61)	(3.77)
Cashratio	-0.047 **	-0.080 ***	-0.047 **
	(-2.07)	(-3.96)	(-2.08)
Growth	0.004	0.006 ***	0.004
	(1.61)	(2.67)	(1.60)
CFO	-0.237 ***	-0.232 ***	-0.236 ***
	(-14.01)	(-13.88)	(-13.91)
Constant	-0.018	15.001 ***	-0.024
	(-0.19)	(12.39)	(-0.25)
个体固定效应	是	否	是
年份固定效应	是	否	是
时间趋势	否	是	否
样本量	10056	10056	10056
R^2	0.349	0.338	0.350

注：括号内数值为 t 值，*、** 和 *** 分别表示回归系数在 10%、5% 和 1% 的显著性水平上统计显著；下表同，不再一一说明。

上述发现与我国借贷便利的操作情况以及货币信贷的总体实际情况相吻合。央行担保品政策作用的产生与增强依赖于央行借贷便利的操作规模，尤其是中期借贷便利（MLF）的操作规模。在货币政策担保品框架下，央行利用借贷便利工具向商业银行以及政策性银行注入了大量流动性，从而促进了企业信贷融资规模的增长。2014—2020 年，常备借贷便利

(SLF)和抵押补充贷款（PSL）的年均操作规模分别为4522亿元和5485亿元，而MLF的年均操作规模则达到近4万亿元，商业银行在货币政策担保品框架下借助借贷便利工具从央行获取了大规模的资金，从而发挥了促进企业信贷融资规模增长的作用。据央行公布的统计数据，在2013—2017年，我国金融机构对实体经济发放的人民币贷款占社会融资规模增量的比例从51.4%增长至71.2%，这表明实体经济部门从金融机构可获得的信贷资金增长显著。

5.3.2 央行担保品政策的影响机制检验

（1）基于商业银行贷款投放的影响机制检验

在货币政策担保品框架下，商业银行利用借贷便利工具向央行借款需要提供合格担保品，即商业银行持有的合格担保品规模越大，从央行获取借贷便利的能力越强，则其向实体经济部门投放的信贷规模越大。因此，本章预期，货币政策担保品框架创设后，商业银行对实体经济的信贷投放会显著增加。为此，本章以商业银行所持有的公司信用类债券担保品规模（$CorpBond_{it}$）作为自变量并利用回归模型（5-2）进行检验：

$$Bank_{it} = \alpha + \beta_1 CorpBond_{it} \times Post_t + \beta_2 CorpBond_{it} + YearFE \\ + FirmFE + \beta_3 X_{it} + \varepsilon_{it} \quad (5-2)$$

模型（5-2）中，因变量$Bank_{it}$表示商业银行i在t年的贷款规模，包括商业银行总贷款规模和商业银行向实体经济部门的贷款规模两类。具体而言，商业银行总贷款规模（BankLoan）用银行贷款规模的自然对数表示；商业银行向实体经济部门的贷款规模（BankLoanReal）用向实体经济部门贷款的自然对数表示。其中，向实体经济部门贷款用银行企业贷款总量减去对金融业和房地产行业的企业贷款表示。自变量$CorpBond_{it}$表示商业银行持有的公司信用类债券担保品规模，采用各商业银行持有的公司信用类债券与银行资产之比表示。需要指出的是，尽管本章研究期间，央行规定的公司信用类债券担保品仅包含其中的AAA级债券，但由于商业银行年报中并未披露其持有债券的信用等级，而我国公司信用类债券中AAA级债券占比较大且商业银行持有的债券信用等级通常较高，因此本章将公司信用类债券全部计入合格担保品。自变量$Post_t$的定义与前文一致。模型（5-2）中还纳入了银行资产规模、资产收益率、资本充足率、不良贷款率、存款比率、成本收入比、非利息收入资产比、流动性资产比率等银行层面的控制变量。商业银行的贷款数据和合格担保品数据是基于各家商业银行的年报通过手工收集、整理获取，其他数据来自BankScope、Wind等数据库,样本包括 2009—2017 年 95 家商业银行的数据。

模型(5-2)的回归结果如表 5-3 所示。从表 5-3 可以看出,当因变量为银行贷款规模时,列(1)中交乘项的回归系数显著为正,表明货币政策担保品框架创设后,持有合格担保品规模越大的商业银行贷款投放越多,这意味着央行担保品政策通过合格担保品渠道促进了商业银行的贷款投放。进一步地,当因变量为银行向实体经济部门的贷款时,列(2)中交乘项的回归系数也显著为正,这表明央行担保品政策显著促进了商业银行向实体经济部门的贷款投放。因此,表 5-3 的结果表明,将 AAA 级公司信用类债券纳入担保品范围这一央行担保品政策显著增加了商业银行的贷款投放,尤其是向实体经济部门的信贷投放,从而促进了企业的信贷融资规模增长。

表 5-3　　　央行担保品政策对银行贷款规模的影响检验

变量名称	(1) 银行贷款规模	(2) 银行向实体经济部门贷款规模
变量符号	*BankLoan*	*BankLoanReal*
CorpBond × *Post*	0.448 *	45.505 **
	(1.79)	(2.11)
CorpBond	-0.233	-27.226 *
	(-0.79)	(-1.83)
控制变量	是	是
个体固定效应	是	是
年份固定效应	是	是
样本量	721	721
R^2	0.939	0.550

(2) 基于央行借贷便利操作规模的影响机制检验

前文的分析中指出,在货币政策担保品框架下,央行进行借贷便利操作可以向商业银行投放大规模的基础货币,进而起到促进企业信贷融资规模增长的作用,即央行投放借贷便利可以发挥数量型效应。因此,本章基于央行借贷便利操作规模,就央行担保品政策对企业信贷融资的影响机制进行检验。为此,本章在模型(5-1)的基础上引入央行借贷便利的操作规模变量(*SMLF*),并用该变量与交乘项相乘作为解释变量。其中,*SMLF* 用常备借贷便利(SLF)和中期借贷便利(MLF)的年投放总额的自然对数表示,且回归前对 *SMLF* 数据进行去中心化处理,回归结果如表 5-4 所示。从表 5-4 可以看出,无论是否加入控制变量,交乘项 *SMLF* ×

$Treat \times Post$ 的回归系数均显著为正，这表明在货币政策担保品框架下，央行扩大借贷便利操作可以起到促进企业信贷融资规模增加的作用。

表 5-4　基于央行借贷便利操作规模的作用机制检验

变量名称 变量符号	（1）信贷融资规模 Debt	（2）信贷融资规模 Debt
$SMLF \times Treat \times Post$	0.0011**	0.0011**
	(2.04)	(2.41)
$Treat \times Post$	0.0059	0.0093*
	(0.96)	(1.86)
控制变量	否	是
个体固定效应	是	是
年份固定效应	是	是
样本量	10056	10056
R^2	0.065	0.350

（3）基于央行借贷便利操作利率的影响机制检验

在货币政策担保品框架下，央行还可以通过调整借贷便利操作利率的方式影响企业信贷融资规模，即央行借贷便利操作具有价格型效应。由于我国存在 SLF、MLF、PSL 等多种借贷便利工具，每种借贷便利工具的操作期限、操作利率各不相同，且操作利率的调整幅度较小，利用回归分析的方法通常难以捕捉借贷便利操作利率变动的影响。为此，本章运用事件研究法来检验借贷便利操作利率调整的市场反应。

央行 2015 年 11 月 19 日发布公告称，将于第二日将常备借贷便利（SLF）的隔夜利率由 4% 调整为 2.75%，7 天利率由 5.5% 调整为 3.25%。因此，本章选取 2015 年 11 月 19 日央行发布下调分支行常备借贷便利利率事件作为研究对象。图 5-1 展示了在政策公告日前与公告日后各 10 天的时间段内，关键词"常备借贷便利"的百度搜索指数变化趋势。从图 5-1 可以看出，在政策公告后关键词"常备借贷便利"的百度搜索指数在短时间内达到峰值。因此，本章选取该事件公告当天，即 2015 年 11 月 19 日作为事件发生日。

在市场利率的指标选取方面，本章以上海银行间同业拆放利率（Shibor）作为度量指标。首先，本章用常数均值模型来估计事件窗口期内的正常利率水平，事件日为 2015 年 11 月 19 日，估计窗口为事件发生前 40 个交易日至前 5 个交易日，事件窗口则确定为事件发生前 3 个交易日至发生后 3

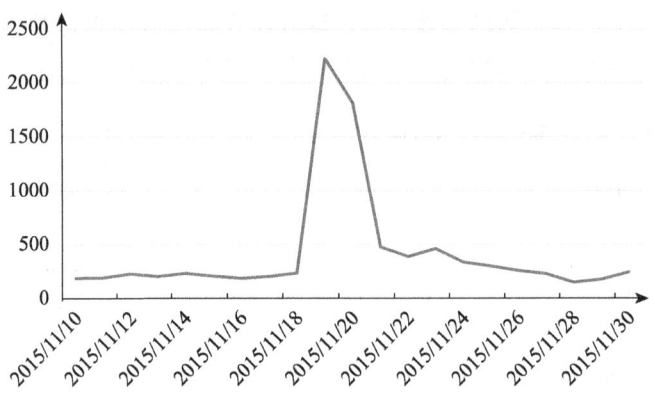

图 5-1　关键词"常备借贷便利"的百度搜索指数

个交易日,基于此计算 Shibor 累计异常收益率(CAR),结果如表 5-5 列(1)所示。

表 5-5　　　　　　　　Shibor 累计异常收益率

利率指标	CAR [-3, 3]	CAR [-2, 2]
Shibor (O/N)	-0.500% ** (-2.61)	-0.357% ** (-2.24)
Shibor (1W)	-0.803% *** (-3.49)	-0.574% *** (-3.00)
Shibor (2W)	-0.541% * (-1.96)	-0.388% * (-1.69)
Shibor (1M)	-1.668% *** (-3.90)	-1.188% *** (-3.33)
Shibor (3M)	-0.431% *** (-3.19)	-0.307% *** (-2.73)
Shibor (6M)	-0.588% *** (-3.66)	-0.421% *** (-3.15)
Shibor (9M)	-0.430% *** (-3.91)	-0.307% *** (-3.36)
Shibor (1Y)	-0.323% *** (-4.91)	-0.230% *** (-4.21)

从表 5-5 可以看出,事件窗口期内各个期限的 Shibor 利率均显著降低,其中期限为 1 周和 1 月的 Shibor 利率下降最为明显,且相较于长期利率,短期利率下降幅度更大,这与常备借贷便利操作主要向金融机构提供

短期的大额流动性实际情况相一致。为了增强结论的稳健性，本章将事件窗口缩短为事件前 2 个交易日至事件后 2 个交易日，对 Shibor 累计异常收益率进行重新估计和检验，结果如列（2）所示，仍然可以得出一致的结论。由此可见，在货币政策担保品框架下，央行下调借贷便利操作利率可以有效引导市场利率的下降，进而起到扩大企业信贷融资规模的作用。

5.3.3 稳健性检验

本章以货币政策担保品框架的创设为制度背景，运用双重差分模型考察央行担保品政策的信贷融资效应，可以有效地减轻内生性问题的影响，但仍然可能存在一定的内生性问题。为保证结论的可靠性，本章从以下几个方面进行稳健性检验，具体原因、做法和结果如下。

（1）安慰剂检验：改变政策发生年份

为避免随机因素的干扰，本章选取货币政策担保品管理框架体系尚未构建的 2007—2012 年作为样本区间，并将 2010 年设定为公司信用类债券被纳入担保品范围年份进行检验，结果如表 5-6 列（1）所示。从列（1）可以看出，交乘项 $Treat \times Post$ 的回归系数不显著，这表明随机政策时间未对实验组和对照组产生显著的具有差异的影响，即表 5-2 的研究结论是可信的。

表 5-6　　　　　　　稳健性检验的回归结果

变量符号	（1）检验1 Debt	（2）检验2 Debt	（3）检验3 Debt	（4）检验4 Debt	（5）检验5 Debt
$Treat \times Post$	0.001	0.013**	0.011*	0.014***	0.013**
	(0.19)	(2.45)	(1.72)	(2.59)	(2.43)
控制变量	是	是	是	是	是
个体固定效应	是	是	是	是	是
年份固定效应	是	是	是	是	是
样本量	4140	9694	6247	8509	10056
R^2	0.369	0.350	0.351	0.349	0.349

变量符号	（6）检验6 Debt	（7）检验7 Debt	（8）检验8 Debt	（9）检验9 Debt	（10）检验10 Debt
$Treat \times Post$	0.013*	0.011**	0.010*	0.013**	0.085**
	(1.92)	(2.11)	(1.85)	(2.45)	(2.37)
控制变量	是	是	是	是	是
个体固定效应	是	是	否	是	是
年份固定效应	是	是	否	是	是
样本量	4529	7722	10056	8481	10056
R^2	0.371	0.343	0.331	0.345	0.567

(2) 排除公司债券发行行为变化的影响

考虑到实验组公司在政策实施前与实施后的债券发行行为有所变化，为了避免因企业的债券发行变化对检验结果的影响，本章在原有实验组的基础上，对实验组公司进行进一步筛选，即将实验组样本限定为在政策发生后，即2013—2017年发行过AAA级公司信用类债券的企业。重新筛选样本后的回归结果如表5-6列（2）所示。从列（2）可以看出，排除公司债券发行行为变化的影响后，交乘项的回归系数仍然显著为正，因此表5-2的研究结论是可信的。

(3) 重新匹配对照组

考虑到对照组公司和实验组公司可能具有一定的差异，为了保证实验组公司和对照组公司的可比性，本章运用倾向得分匹配法（PSM）为实验组匹配更为合适的对照组样本进行再检验。具体匹配规则为：①限定对照组公司与实验组公司处于同一行业；②将企业规模作为基准模型的协变量，并运用最近邻匹配法选择对照组中倾向得分最接近实验组的企业作为匹配样本。重新匹配对照组后，再采用模型（5-1）进行回归分析，结果如表5-6列（3）所示。从列（3）可以看出，交乘项的回归系数仍然显著为正，即原回归结果是稳健的。

(4) 基于主体信用评级不低于AA级公司样本的检验

由于债项评级很大程度上依赖于公司主体信用评级，而本章依据公司是否发行了AAA级公司信用类债券这一债项评级划分实验组和对照组，因此发行的债项评级较高的公司很可能公司主体信用评级也较高。为了尽量缓解这一因素带来的内生性问题，本章将样本限定为主体信用评级不低于AA级的公司，即删除公司主体信用评级为BB+级、A-级、A级、A+级、AA-级的公司样本，而仅保留公司主体信用评级为AA级、AA+级和AAA级的公司，这使实验组企业和对照组公司均为主体信用评级较高的公司，缓解了因公司主体信用评级差异较大而带来的内生性问题。将样本限定为公司主体信用评级不低于AA级的公司后，重新回归的结果如表5-6列（4）所示。从列（4）可以看出，基于主体信用评级不低于AA级的公司样本仍然可以得出一致的结论。因此，本章的研究结论是稳健的。

(5) 基于熵平衡法的检验

考虑到实验组样本和对照组样本在其他方面可能存在的差异，本章利用熵平衡法进行稳健性检验（Chahine等，2020；Madsen和McMullin，2020）。首先，选择本章回归模型中所有的控制变量作为特征变量，其中包括企业规模（*Size*）、净资产收益率（*ROE*）、资产负债率（*Lev*）、固定资产比率（PPE）、现金资产比率（Cashratio）、营业收入增长率（Growth）和经营现金流比率（CFO），这些变量是衡量企业特征的关键变量；其次，本章利用熵平衡法计算出使实验组样本和控制组样本在所有特征变量上实现多维平衡性的权重，并同时考虑特征变量的一阶矩条件（均值）、二阶矩条件（方差）、三阶矩条件（偏度）；最后，基于获取的权重最大限度使实验组样本和控制组样本实现精确匹配，并采用加权最小二乘法估计回归模型。

表5-7报告了熵平衡法的平衡效果检验，可以看出，在使用熵平衡法调整之前，实验组和对照组在特征变量的一阶矩条件（均值）、二阶矩条件（方差）和三阶矩条件（偏度）上并不完全相同，而经熵平衡法加权调整后，相关特征变量的各阶矩条件均接近一致。

表5-7　　　　　　　熵平衡法的平衡效果检验

实验组和对照组统计信息：使用熵平衡法调整前						
	实验组			对照组		
变量	均值	方差	偏度	均值	方差	偏度
Size	24.770	1.773	-0.205	23.320	0.998	0.074
ROE	0.078	0.011	-0.204	0.082	0.013	0.052
Lev	0.623	0.023	-0.573	0.599	0.023	-0.496
PPE	0.275	0.043	0.700	0.234	0.036	0.823
Cashratio	0.125	0.006	0.929	0.130	0.006	1.174
Growth	0.169	0.123	3.168	0.199	0.154	2.676
CFO	0.043	0.003	-0.026	0.038	0.004	0.079
实验组和对照组统计信息：使用熵平衡法调整后						
	实验组			对照组		
变量	均值	方差	偏度	均值	方差	偏度
Size	24.770	1.773	-0.205	24.770	1.774	-0.206
ROE	0.078	0.011	-0.204	0.078	0.011	-0.204
Lev	0.623	0.023	-0.573	0.623	0.023	-0.573
PPE	0.275	0.043	0.700	0.275	0.043	0.700
Cashratio	0.125	0.006	0.929	0.125	0.006	0.929
Growth	0.169	0.123	3.168	0.169	0.123	3.168
CFO	0.043	0.003	-0.026	0.043	0.003	-0.026

表5-6列（5）报告了采用熵平衡法调整后的回归结果。从列（5）可以看出，对企业信贷融资规模（Debt）而言，回归结果与未经调整前保

持一致。由此可知，当采用熵平衡法缓解选择性偏误后，本章的研究结论依然是稳健的。

(6) 排除同一个公司发行了多种信用评级债券的影响

考虑到部分公司同时发行了非 AAA 级债券，因此本章挑选只发行了 AAA 级债券的公司样本作为实验组，剔除同时发行了非 AAA 级债券的公司样本。重新筛选样本后的回归结果如表 5-6 列（6）所示。从列（6）可以看出，排除同一个公司发行了多种信用评级债券的影响后，交乘项的回归系数仍然显著为正，因此本章的研究结论是稳健的。

(7) 排除公司不再属于担保品债券发行企业的可能

考虑到债券具有一定的期限，部分 AAA 级债券在政策实施后会陆续到期，进而导致该公司没有存续的 AAA 级债券，本章对政策实施后的时间区间进行压缩，并删除样本期间截止前 AAA 级债券已经到期的公司样本，以保证公司的 AAA 级债券一直存续到研究区间终止年份。重新筛选样本后的回归结果如表 5-6 列（7）所示。从列（7）可以看出，排除公司不再属于担保品债券发行企业的可能后，交乘项的回归系数仍然显著为正，因此本章的研究结论是稳健的。

(8) 排除传统货币政策的干扰

为了排除传统货币政策的潜在影响，本章进一步在回归模型中加入了广义货币政策供应量增长率（$M2$）作为控制变量，同时，本章还加入了 GDP 增长率作为控制变量，以减轻传统货币政策和经济增长方面的因素造成的影响。考虑到控制年份固定效应会吸收 $M2$ 和 GDP 增长率这一时间序列变量的影响，本章在双重差分模型中加入 $Treat$ 和 $Post$，并不再控制年份固定效应和个体固定效应，重新回归结果如表 5-6 列（8）所示。从列（8）可以看出，排除传统货币政策的影响后，交乘项的回归系数仍然显著为正，因此本章的研究结论是稳健的。

(9) 缩短样本区间

为了降低噪声的影响，本章在原有样本区间的基础上前后各减少一年，即将样本区间调整为 2008—2016 年，回归结果如表 5-6 列（9）所示。从列（9）可以看出，交乘项的回归系数仍然显著为正，因此表 5-2 的研究结论是可信的。此外，在原有样本的基础上前后各减少 2 年的样本量，即将调整样本区间为 2009—2015 年，结论也保持不变。受篇幅限制，未对该结果进行展示。

(10) 替换因变量的度量方式

为了缓解因被解释变量度量偏误对回归结果的影响，本章以替换被解释变量的度量方式进行再检验。对企业信贷融资规模的衡量由相对指标替换为绝对值，即采用企业长期借款和短期借款总和的自然对数作为替代指标，回归结果如表5-6列（10）所示。从列（10）可以看出，交乘项的回归系数仍然显著为正，因此主回归的研究结论是可信的。

（11）随机分组检验

为了排除同期出台的其他经济政策的干扰，本章采用随机划分实验组的方法进行重新回归和检验。具体而言，首先，生成随机数以随机抽取实验组和对照组；其次，根据随机分组的总样本采用模型（5-1）重新进行回归分析；最后，根据回归结果判断是否通过了原检验。在原样本观测值中，实验组数量为364家企业，样本量约占全部企业样本的27%，因此每次随机抽取27%的样本企业作为实验组，余下的为对照组。我们通过500次随机分组并进行回归分析，考察交乘项回归系数及其P值的分布情况。

结果表明，回归系数总体满足均值为0的正态分布，且与原回归系数0.013相比，只有较少的回归系数位于其右侧。从回归系数的P值可以进一步发现，回归系数在5%的水平上显著为正的次数为11，即随机分组检验犯第二类错误的概率仅为2%，因此表5-2的结论是稳健的。

5.3.4 进一步研究

（1）央行担保品政策对企业信贷期限结构的影响检验

债务期限偏短一直是我国企业发展面临的严峻问题。过短的债务期限会迫使企业短贷长投（钟凯等，2016），导致金融危机期间大量企业陷入债务续借危机（刘海明和曹廷求，2018），引发企业投资水平大幅下降。对于经济转型中的中国经济而言，债务期限过短的问题尤为突出。从国际经验来看，发达国家企业的短期借款占总借款比重平均为39%，发展中国家的这一比例为64%，而中国却高达90%（Fan等，2012），这不仅阻碍了实体经济部门的投资活动，还对中国的创新活动形成了显著的抑制效应，并进一步抑制了中国经济的增长速度和增长质量（张杰等，2017）。那么在货币政策担保品框架下，央行将公司信用类债券首次纳入合格担保品范围能否缓解企业债务期限过短的问题？为此，本章以企业长期借款占总借款的比重作为因变量（$LTloan$），进一步利用模型（5-1）考察央行担保品政策对企业信贷期限结构的影响。

从表5-8列（1）可以看出，当因变量为企业信贷期限结构时，交乘项的回归系数显著为正；考虑到时间趋势的影响，在进一步控制时间趋势的情况下，列（2）中交乘项的回归系数仍然显著为正。这表明在央行将

AAA级公司信用类债券纳入合格担保品范围后，与非担保品债券发行企业相比，担保品债券发行企业的信贷期限显著增加。进一步地，表5-8列（3）展示了央行担保品政策对企业信贷融资的动态影响。从列（3）可以看出，公司信用类债券被纳入担保品范围后的样本区间内所有年份，交乘项的回归系数均显著为正，这表明央行担保品政策自实施后就对企业的信贷期限结构产生了显著的正向影响。

表5-8 　　央行担保品政策对企业信贷期限结构的影响检验

变量名称	（1）信贷期限结构	（2）信贷期限结构	（3）信贷期限结构
变量符号	LTloan	LTloan	LTloan
Treat × Post	0.055***	0.049***	
	(3.82)	(3.54)	
Treat		-0.066***	
		(-3.33)	
Post		-0.026***	
		(-3.32)	
Treat × year2013			0.033**
			(2.17)
Treat × year2014			0.070***
			(4.45)
Treat × year2015			0.071***
			(4.29)
Treat × year2016			0.059***
			(3.38)
Treat × year2017			0.038**
			(2.20)
控制变量	是	是	是
个体固定效应	是	否	是
年份固定效应	是	否	是
时间趋势	否	是	否
样本量	10056	10056	10056
R^2	0.046	0.034	0.047

央行担保品政策之所以能起到缓解企业信贷期限偏短的问题，主要有如下原因：其一，借贷便利工具操作有利于金融机构形成稳定利好的长期市场预期，从而增加其长期贷款资金规模。货币政策担保品框架创设后，央行通过借贷便利工具操作投放了大量基础货币，从而使商业银行向实体

企业提供长期信贷资金的能力和意愿增强。其二，央行担保品框架的创设缓解了金融机构与实体企业间的信息不对称程度，增强了商业银行发放长期贷款的意愿。央行通过设定担保品框架下的合格担保品范围，以国家信用间接为发行了担保品债券的企业背书，缓解了商业银行通过缩短贷款期限以控制风险的行为，使更多的长期信贷资金能够流向特定企业。其三，央行借贷便利的操作期限，尤其是MLF操作期限的不断延长也有利于企业获得期限更长的信贷融资。从实际情况来看，MLF创设之初，操作期限仅为3个月，2015年第3季度，央行首次进行了期限为6个月的MLF操作。自2016年第1季度以来，央行又推出了期限为1年的MLF操作，自此之后，MLF的操作期限均以1年为主。央行通过延长借贷便利操作期限的方式，提高了商业银行资金来源的稳定性，促使商业银行对企业发放期限更长的贷款，从而起到了缓解企业信贷期限结构偏短的问题。

（2）央行担保品政策对企业信贷融资成本的影响检验

进一步地，本章考察央行担保品政策对企业信贷融资成本的影响。为此，本章用企业利息支出与长期借款和短期借款之和的比值度量企业信贷融资成本（*DebtCost*），该变量作为因变量基于模型（5-1）的回归结果如表5-9所示。从表5-9可以看出，列（1）中交乘项的回归系数显著为负；考虑到时间趋势的影响，在进一步控制时间趋势的情况下，列（2）中交乘项的回归系数仍然显著为负。这表明在AAA级公司信用类债券被纳入担保品范围后，与非担保品债券发行公司相比，担保品债券发行公司的信贷融资成本显著降低，即央行担保品政策能显著降低公司的信贷融资成本。此外，本章考察了央行担保品政策对企业信贷融资成本影响的动态效应。从表5-9列（3）可以看出，除2013年的交乘项回归系数为负不显著外，其他年份的交乘项回归系数均显著为负，这进一步表明央行担保品政策发挥了降低企业信贷融资成本的作用。

表5-9　　央行担保品政策对企业信贷融资成本的影响检验

变量名称 变量符号	（1）信贷融资成本 *DebtCost*	（2）信贷融资成本 *DebtCost*	（3）信贷融资成本 *DebtCost*
Treat × Post	-0.017*** (-3.71)	-0.013*** (-3.15)	
Treat		0.022*** (5.25)	
Post		0.015*** (5.22)	

续表

变量名称 变量符号	(1) 信贷融资成本 $DebtCost$	(2) 信贷融资成本 $DebtCost$	(3) 信贷融资成本 $DebtCost$
$Treat \times year2013$			−0.003
			(−0.47)
$Treat \times year2014$			−0.019***
			(−3.50)
$Treat \times year2015$			−0.022***
			(−3.85)
$Treat \times year2016$			−0.018**
			(−2.54)
$Treat \times year2017$			−0.023***
			(−3.75)
控制变量	是	是	是
个体固定效应	是	否	是
年份固定效应	是	否	是
时间趋势	否	是	否
样本量	10056	10056	10056
R^2	0.084	0.070	0.086

5.4 结论与启示

货币政策如何更有效地改善企业融资一直是中国经济面临的难题。经济新常态以来，我国央行创设了货币政策担保品框架，首次将AAA级公司信用类债券纳入合格担保品范围，通过将央行信用与企业信用相挂钩的方式支持企业融资。本章以货币政策担保品框架的创设为制度背景，以AAA级公司信用类债券被首次纳入合格担保品范围这一重要制度设计为切入点，运用双重差分模型从企业微观视角考察央行担保品政策的信贷融资效应及其影响机制。本章从企业信贷融资的微观视角为央行担保品政策的有效性检验提供了实证证据，对于更好地实施基于担保品的货币政策、改善企业融资问题以及促进经济高质量发展具有重要的启示。

央行可以通过调整合格担保品范围的方式有效影响企业融资。本章的研究表明，AAA级公司信用类债券被纳入担保品范围后，与非担保品债券发行企业相比，担保品债券发行企业的信贷融资规模显著增加、信贷期限显著提升且信贷融资成本显著降低。央行2018年对MLF担保品范围进行扩容，进一步将合格担保品范围扩展至小微企业、绿色和"三农"金融债券以及优质的小微企业贷款,绿色贷款等。本章的研究发现为央行担保品扩容政策的有效性检验提供了实证依据,可以预期,这一扩容政策将会对相关行业和领域的融资产生积极影响。因此,央行可以根据政策需要,合理地调整合格担保品范围,以实现对相关领域融资乃至投资的结构性调控。

央行可以考虑将合格担保品范围扩展至在交易所债券市场发行的公司信用类债券。2018 年 MLF 担保品范围扩容至不低于 AA 级的公司信用类债券后,货币政策担保品范围已覆盖了绝大部分的公司信用类债券,再从信用等级上进行担保品扩容已缺乏操作空间。但就目前而言,公司信用类债券作为货币政策合格担保品还仅限于在银行间债券市场发行的债券,尚未包含在上海证券交易所和深圳证券交易所(以下简称"交易所")发行的公司债和企业债。近年来,在交易所发行的公司债和企业债规模不断扩大,且从发行条件、监管规则等方面来看,交易所债券市场和银行间债券市场逐渐趋同,这为将在交易所发行的公司信用类债券纳入货币政策担保品范围创造了有利条件①。因此,将交易所发行的公司债和企业债纳入货币政策担保品范围,不仅可以进一步扩大合格担保品规模,缓解担保品不足问题,还可以对进一步改善相关企业的融资问题起到积极作用。

央行应关注债券信用评级膨胀及可能加剧的金融风险问题。央行将 AAA 级债券纳入担保品范围本身就是将货币发行这一国家信用行为与企业的债券发行行为相挂钩,是央行以国家信用为企业背书的一种信用行为,这无疑会给央行带来信用风险,这也是央行要求担保品具有较高信用评级的主要原因。但央行担保品政策可能会诱导企业通过评级购买、评级包装等各种方式提高债券评级从而达到担保品要求以便于企业融资,这不仅会给企业造成信用风险,也会给投资者和央行造成风险。特别是在央行进一步将 AA 级、AA + 级这些信用等级相对较低的债券纳入担保品范围后,更可能诱导企业通过不正当方式提高债券信用等级以满足央行担保品要求,从而导致低信用等级债券市场的膨胀。因此,在实施担保品政策的同时,要加强对债券评级的监管,这对于防范金融风险具有重要意义。

---

① 2022 年 1 月 20 日,上海证券交易所、深圳证券交易所、全国银行间同业拆借中心、银行间市场清算所股份有限公司、中国证券登记结算有限责任公司共同发布《银行间债券市场与交易所债券市场互联互通业务暂行办法》,将银行间债券市场与交易所债券市场的投资者通过两个市场相关基础设施机构相连接,以实现买卖两个市场交易流通的债券。

第6章　央行担保品政策对企业商业信用融资的影响

尽管我国央行担保品政策的推出时间较早，但其政策有效性仍然未被深入研究。从推出年份来看，银行间市场的 AAA 级公司信用类债券被实质性纳入我国央行担保品范围始于 2013 年，早于 2016 年 3 月欧洲央行推出的企业部门购买计划（CSPP），但除黄振和郭晔（2021）从债券信用利差的角度对其进行了考察外，鲜有文献对其政策效果和作用机制进行过研究。更为重要的是，虽然商业信用在货币政策传导渠道中扮演着重要角色（陆正飞和杨德明，2011；饶品贵和姜国华，2013；王彦超，2014），放开贷款利率上限和下限这一利率市场化改革（陈胜蓝和马慧，2018）、定向降准这一结构性货币政策（孔东民等，2021）以及数字普惠金融（钟凯等，2022）均会通过商业信用渠道进行传导，但现有研究结论仅适用于传统的货币政策，在我国央行担保品政策这一新型货币政策如何通过商业信用渠道传导方面仍然有待探索。

鉴于此，本章基于公司信用类债券被纳入央行担保品范围这一制度设计，从企业商业信用融资的角度考察央行担保品政策的微观效应。具体地，本章基于银行间市场的 AAA 级公司信用类债券被首次纳入货币政策担保品范围这一制度背景，通过在银行间债券市场发行了公司信用类债券的公司样本，依据政策冲击发生时公司是否属于担保品债券发行企业构造实验组和对照组，运用双重差分模型并以企业商业信用融资为主线，研究央行担保品政策的作用效果及其影响机制。研究发现，央行将银行间市场的 AAA 级公司信用类债券纳入货币政策担保品范围显著促进了企业的商业信用融资，且这一结论对于多种稳健性检验而言都成立。对商业信用融资进行进一步分解发现，将银行间市场的 AAA 级公司信用类债券纳入货币政策担保品范围后，担保品债券发行企业不仅通过延迟支付货款的方式从上游供应商获取了更多的商业信用，还压缩了对下游客户的商业信用供给，从而显著提升了商业信用融资规模。此外，本章还对企业销售规模、存货规模等产品市场的变化情况进行了检验,排除了企业增加赊销从而增加对下游客户商业信用供给的可能。

进一步地,本章从债券市场渠道、银行信贷市场渠道以及产品市场渠道检验了央行担保品政策的作用机制和经济后果。研究表明,首先,央行担保品政策可以通过债券市场渠道传导,促进企业发行新增 AAA 级担保品债券;其次,央行担保品政策可以通过银行信贷市场渠道发挥作用,扩大企业信贷融资规模,降低信贷融资成本;最后,央行担保品政策还会通过产品市场发挥作用,提升企业市场地位,增强商业信用融资能力。进一步研究表明,央行担保品政策在改善企业融资的同时还改善了企业投资,企业盈利水平也因此得以提升。

6.1 央行担保品政策对企业商业信用融资的影响机制分析

事实上,在我国货币政策正式创设之前,央行借助公开市场操作这一货币政策工具也可以达到向商业银行提供流动性的目的。从商业银行的角度来看,将国债等有价证券出售给央行则达到了向央行融资的目的。但与公开市场操作相比,商业银行通过借贷便利工具向央行融资的显著区别在于,公开市场操作中商业银行能使用的合格担保品通常为国债、央行票据、政策性金融债等国家主体发行的债券,并未包含企业部门发行的公司信用类债券。因此,央行首次将银行间市场的 AAA 级公司信用类债券纳入货币政策担保品范围,意味着公司信用类债券正式成为央行合格担保品,这会提升公司信用类债券的稀缺性。同时,央行的这一举措使公司信用与央行信用相挂钩,这会通过增信效应、信号效应等方式,以及债券市场、信贷市场、产品市场渠道,最终对企业商业信用融资产生影响,具体分析如下。

第一,将银行间市场的 AAA 级公司信用类债券纳入担保品范围,可以通过债券市场和银行信贷市场渠道缓解企业融资约束,起到降低企业对商业信用融资依赖的作用。首先,将银行间市场的 AAA 级公司信用类债券纳入担保品范围,可以通过债券市场降低债券融资成本,缓解企业融资约束,减少企业对商业信用融资的依赖。这是因为央行将银行间市场的 AAA 级公司信用类债券纳入担保品范围不仅提升了该类债券的稀缺性,还会对该类债券产生增信效应,降低该类债券的违约风险,从而降低该类债券的融资成本（王永钦和吴娴，2019；黄振和郭晔，2021）。其次，将银行间市场的 AAA 级公司信用类债券纳入担保品范围，还可以通过银行信贷市场缓解企业融资约束（邓伟等，2023）。这是因为央行将银行间市场的 AAA 级公司信用类债券纳入担保品范围等同于扩大了合格担保品规模，这可以缓解金融市场上担保品不足造成的流动性紧张问题，并释放央行货币政策转向宽松的积极信号，引导商业银行增加对企业的信贷投放（Koulischer 和 Struyven，2014；Van Bekkum 等，2018），从银行信贷市场上缓解企业融资约束。

进一步地，受央行担保品政策的积极影响，企业甚至可能放松对下游客户的信用条件，通过增加商业信用供给的方式将富余资金转移给下游客户（Lin 和 Ye，2018；Adelino 等，2023）。另外，从该企业上游供应商的角度来看，由于向下游客户提供信用不仅承担着资金被占用的成本，还承担着账款无法收回的风险，在客户融资约束缓解的情况下，上游供应商会要求客户及时付款，减少对客户的商业信用供给以降低资金被占用的风险。

因此，受央行担保品政策的积极影响，在债券市场和银行信贷市场上面临的融资约束均得到改善的情况下，企业对商业信用融资的依赖度自然会降低。同时，随着企业从上游供应商获取的商业信用减少，对下游客户商业信用供给的增加，企业的商业信用融资规模会显著降低。基于以上分析，本章提出如下研究假说：

H3：将公司信用类债券纳入担保品范围这一央行担保品政策会显著降低企业的商业信用融资规模。

第二，央行将银行间市场的 AAA 级公司信用类债券纳入担保品范围，使企业有动机和能力进一步获取商业信用融资。

首先，我国央行担保品政策是在经济新常态的背景下推出的，而非在危机的背景下实施的，因此企业面临着较强的融资和投资需求，这使企业有动机增加商业信用融资。欧洲央行的企业部门购买计划（CSPP）是在全球金融危机和欧洲债务危机背景下推出的，在这一危机背景下，企业的融资需求和投资需求并不强烈（Todorov，2020；De Santis 和 Zaghini，2021），因此企业有动机将富余的资金通过商业信用的形式转移给下游企业。同时，与欧元区的金融发展程度相比，我国企业面临的融资约束较强，融资需求更为强烈。因此，在经济新常态背景下，当我国央行将银行间市场的 AAA 级公司信用类债券纳入担保品范围时，企业面临的融资和投资需求较为强烈，将资金转移给下游客户的动机较弱。

其次，将银行间市场的 AAA 级公司信用类债券纳入货币政策担保品范围属于较为温和的扩张性货币政策，这使企业仍有必要获取商业信用融资。与欧洲央行的企业部门购买计划相比，我国央行将银行间市场的 AAA 级公司信用类债券纳入货币政策担保品范围尽管同属扩张性的货币政策，但后者效果更为温和。这是因为欧洲央行的企业部门购买计划属于一种资产购买行为，是典型的量化宽松货币政策，央行通过直接购买标的资产，主动向金融市场投放基础货币，可以迅速增加金融市场的流动性供给，更便于企业通过金融市场融资，这会使企业再利用商业信用融资的必要性降低。而我国央行的担保品政策只是扩大了商业银行可用于向央行融资的担保品类型，央行并没有直接向市场投放基础货币。此外，从实际情况来看，我国商业银行持有的公司信用类债券尽管以 AAA 级为主，但公司信用类债券的规模并不大，2014 年仅占商业银行债券投资规模的 10% 左右，近年来下降至 5% 左右（类承曜，2023）。因此，央行将银行间市场的 AAA 级公司信用类债券纳入担保品范围，尽管对缓解市场流动性问题具有积极作用，但效果较温和，企业仍有必要增加商业信用融资。

最后，央行将银行间市场的 AAA 级公司信用类债券纳入担保品范围会释放出积极的信号，有助于提高合格担保品债券发行企业的买方市场地位，从而更有利于其获取商业信用。将银行间市场的 AAA 级公司信用类债券纳入担保品范围，使担保品债券发行企业的公司信用行为与央行货币发行这一国家信用行为相挂钩，会释放出积极的政策信号，改善企业市场地位，使供应商更愿意和这类企业建立良好的合作关系（江伟等，2021），增加对企业的商业信用供给。此外，由于商业信用融资属于无息负债，企业大量获取商业信用可以达到以经营风险微弱上升为代价，换取企业总盈利水平大幅上升的目的（彭俞超等，2022），因此，即使是在企业融资约束得到改善的情况下，企业也有动力利用政策创造的优势进一步获取商业信用融资，以便提升盈利水平。

由此可见，央行将银行间市场的 AAA 级公司信用类债券纳入货币政策担保品范围有助于提高合格担保品发行企业的买方市场地位，有利于企业获取商业信用。而且在经济新常态背景下企业的融资和投资需求较为强烈，企业有必要利用这一政策优势增加商业信用融资。因此，本章提出如下研究假说：

H4：将公司信用类债券纳入担保品范围这一央行担保品政策会显著提升企业的商业信用融资规模。

6.2 样本选取与研究设计

6.2.1 样本选取

对于样本区间的选择,本章选取 2008—2017 年作为研究区间。这主要基于以下原因:一是公司信用类债券被实质性地纳入担保品范围始于 2013 年,该区间包含这一政策实施前与实施后各 5 年的数据;二是新会计准则实施于 2007 年,使用该年份以后的样本可使研究在数据统计口径上更具有一致性;三是 2018 年 6 月央行扩大了中期借贷便利(MLF)的担保品范围,进一步将 AA 级、AA + 级公司信用类债券纳入央行担保品范围,选择 2018 年以前的数据可以避免该担保品扩容事件产生的干扰。

本章选取在银行间债券市场发行了公司信用类债券的公司作为研究样本。具体而言,本章首先从 Wind 数据库下载银行间债券市场的债券发行数据,选取其中的企业债券和中期票据作为债券样本;其次根据债券发行情况匹配发行公司及其财务数据;最后,在此基础上进一步对数据进行以下处理:①剔除主要财务数据缺失的样本;②剔除金融行业的样本。经上述处理,本章最终得到 2936 家公司共计 24234 个有效样本。本章在回归前,对所有连续变量进行了上下 1% 分位数的缩尾处理以减轻异常值的影响。

6.2.2 研究设计

(1) 研究模型

银行间市场的 AAA 级公司信用类债券被纳入货币政策担保品范围是一个难得的准自然实验,利用双重差分法研究央行担保品政策对实验组公司和对照组公司影响的差异,可以较好地克服干扰因果关系的其他因素以及遗漏变量的影响。具体而言,本章采用控制双向固定效应的模型 (6 - 1) 开展实证研究:

$$Credit_{it} = \alpha_0 + \alpha_1 Treat_i \times Post_t + \sum Controls + YearFE + FirmFE + \varepsilon_{it}$$

(6 - 1)

模型 (6 - 1) 中,因变量 $Credit_{it}$ 是待研究的企业变量,包括企业商业信用获取、商业信用供给和商业信用融资等指标,$Treat$ 是公司分组虚拟变量,$Post$ 是政策实施年份虚拟变量,$Controls$ 为企业层面的控制变量,$YearFE$ 和 $FirmFE$ 分别表示年份固定效应和个体固定效应。本章主要关注交乘项的回归系数，它衡量了央行担保品政策带来的净效应。具体而言，对于企业商业信用融资而言，如果交乘项的回归系数显著为正，则表明央行担保品政策能发挥改善企业商业信用融资的作用。

(2) 识别策略

对于政策推出起始年份，根据《中国人民银行再贷款与常备借贷便利抵押品管理指引（试行）》（银发〔2015〕42号）以及黄振和郭晔（2021）等文件和文献，本章将2013年作为银行间市场的AAA级公司信用类债券被首次纳入合格担保品范围的起始年。对于实验组和对照组的划分标准，本章借鉴相关文献中的一般做法，以政策推出时公司是否属于担保品债券发行企业为标准（Grosse - Rueschkamp 等，2019；Todorov，2020；De Santis 和 Zaghini，2021；Adelino 等，2023）。具体而言，本章将2012年年底在银行间债券市场有存续的AAA级企业债或中期票据的公司划分为实验组，没有存续的AAA级企业债或中期票据的公司划分为对照组。

这一识别策略可以较好地捕捉央行担保品政策的作用效果。这是因为央行担保品政策将发行了担保品债券的企业圈定为合格担保品的供给者，而非担保品债券发行企业则不满足这一要求。因此，本章对实验组和对照组的划分符合央行担保品政策的制度设计①。除此之外，该识别策略还可以较好地排除公开市场操作和再贴现等传统货币政策工具的干扰。这是因为尽管公开市场操作和再贷款两种传统的货币政策工具也涉及合格担保品，但由于这两种传统货币政策工具均不包含公司信用类债券，且它们并非是在央行担保品政策推出后创设的，因此时间维度上的差分可以消除该干扰。

(3) 变量定义

本章借鉴相关文献中的一般做法，对于商业信用的获取，采用 $UpCredit1 = (应付账款 + 应付票据)/总资产$（Peterson 和 Rajan，1997；Giannetti 等，2011；Wu 等，2014；Yan 等，2016；王永进和盛丹，2013；孙浦阳和李飞跃，2014；何威风和刘巍，2018），以及 $UpCredit2 = (应付账款 + 应付票据 + 预收账款)/总资产$（陆正飞和杨德明，2011）两种指标衡量；对于商业信用供给，采用 $DownCredit1 = (应收账款 + 应收票据)/总资产$，以及 $DownCredit2 = (应收账款 + 应收票据 + 预付账款)/总资产$（Long 和

---

① 本章还考虑了央行将AAA级公司信用类债券纳入合格担保品范围后，持有此类债券的公司，即此类债券的购买者而非发行者是否会受到影响。研究发现，AAA级公司信用类债券的购买者大多为金融企业，非金融企业极少购买公司债券，且极少有关于其购买公司债券的信用级别的信息。因此，无论是从理论还是从研究数据获取方面，都难以从债券购买者的角度研究央行这一担保品政策的影响。

Zhang, 2011) 两种指标衡量; 对于商业信用融资, 采用商业信用获取与商业信用供给之差表示, 即 $NetCredit1 = UpCredit1 - DownCredit1$, 以及 $NetCredit2 = UpCredit2 - DownCredit2$ 两种指标衡量 (胡悦和吴文锋, 2022)。

本章的主要自变量是公司分组虚拟变量 ($Treat$) 与政策实施年份虚拟变量 ($Post$) 的交乘项 $Treat \times Post$。按照本章的分组标准, 当公司为实验组时, $Treat = 1$; 而当公司为对照组时, $Treat = 0$。$Post$ 为央行将银行间市场的 AAA 级公司信用类债券纳入货币政策担保品范围起始时间的虚拟变量, 即当年份为 2013 年及以后时, $Post = 1$; 否则, $Post = 0$。

对于控制变量, 本章采用相关文献中的一般做法, 控制了现金及现金等价物增长率 ($Cash$)、固定资产比率 (PPE)、公司规模 ($Size$)、资产负债率 (Lev)、资产收益率 (ROA)、营业收入增长率 ($Growth$) 以及经营现金流比率 (CFO) 这些公司层面的重要变量 (陆正飞和杨德明, 2011; 陈胜蓝和刘晓玲, 2018; Adelino 等, 2023)。主要变量定义如表 6-1 所示。在回归前, 本章对所有百分数变量均乘以了 100。

表 6-1　　变量定义

变量类型	变量符号	变量名称	变量定义
因变量	$UPCredit1$	商业信用获取	(应付账款 + 应付票据)/期末总资产
	$UPCredit2$		(应付账款 + 应付票据 + 预收账款)/期末总资产
	$DownCredit1$	商业信用供给	(应收账款 + 应收票据)/期末总资产
	$DownCredit2$		(应收账款 + 应收票据 + 预付账款)/期末总资产
	$NetCredit1$	商业信用融资	(应付账款 + 应付票据 − 应收账款 − 应收票据)/期末总资产
	$NetCredit2$		(应付账款 + 应付票据 + 预收账款 − 应收账款 − 应收票据 − 预付账款)/期末总资产
自变量	$Treat$	实验组	当公司为实验组时, $Treat = 1$; 否则, 为对照组, $Treat = 0$
	$Post$	政策实施起始年	2013 年及以后年份, $Post$ 取值为 1; 否则, 取值为 0
控制变量	$Cash$	现金及现金等价物增长率	现金及现金等价物增加额/总资产
	PPE	固定资产比率	固定资产/总资产
	$Size$	公司规模	总资产的自然对数
	Lev	资产负债率	总负债/总资产
	ROA	资产收益率	净利润/总资产
	$Growth$	营业收入增长率	(本年营业收入 − 上年营业收入)/上年营业收入
	CFO	经营现金流比率	经营活动现金流量净额/总资产

6.3 央行担保品政策对企业商业信用融资的影响结果分析

6.3.1 央行担保品政策对企业商业信用融资的影响检验

在利用双重差分模型进行回归分析前,本章检验了实验组和对照组的商业信用融资是否满足平行趋势要求。为此,本章以政策实施的前一年,即 2012 年为基期,对实验组和对照组进行平行趋势检验。结果表明,对于 $NetCredit1$ 而言,在政策实施前的 2008—2011 年,交乘项的回归系数均不显著,这表明实验组和对照组的商业信用融资不存在显著差异,即实验组与对照组在政策实施前满足平行趋势假设。类似地,对于 $NetCredit2$ 而言,也可以得出一致的结论。

在平行趋势检验的基础上,本章利用双重差分模型就央行担保品政策对企业商业信用融资的影响进行检验,回归结果如表 6-2 所示。从表 6-2 列(1)和列(2)可以看出,对于商业信用融资而言,交乘项的回归系数均显著为正,这表明央行担保品政策发挥了促进企业商业信用融资的作用。

表 6-2 央行担保品政策对企业商业信用融资的影响

变量名称	(1)商业信用融资	(2)商业信用融资	(3)商业信用融资	(4)商业信用融资
变量符号	$NetCredit1$	$NetCredit2$	$NetCredit1$	$NetCredit2$
$Treat \times Post$	0.706***	0.541***		
	(6.24)	(3.66)		
$Treat \times Year2013$			0.350**	0.122
			(2.11)	(0.55)
$Treat \times Year2014$			0.597***	0.459**
			(3.67)	(2.27)
$Treat \times Year2015$			0.576***	0.381*
			(3.40)	(1.74)
$Treat \times Year2016$			1.063***	0.910***
			(5.84)	(3.94)
$Treat \times Year2017$			1.033***	0.936***
			(5.09)	(3.55)

续表

变量名称	(1)商业信用融资	(2)商业信用融资	(3)商业信用融资	(4)商业信用融资
变量符号	NetCredit1	NetCredit2	NetCredit1	NetCredit2
Cash	0.020***	0.022**	0.020***	0.022**
	(3.21)	(2.56)	(3.20)	(2.55)
PPE	0.013***	0.027***	0.013***	0.027***
	(3.27)	(4.57)	(3.30)	(4.59)
Size	0.143	-0.101	0.168	-0.073
	(1.38)	(-0.73)	(1.61)	(-0.52)
Lev	0.055***	0.084***	0.055***	0.084***
	(15.31)	(16.54)	(15.38)	(16.60)
ROA	-0.136***	-0.141***	-0.137***	-0.141***
	(-6.46)	(-4.97)	(-6.47)	(-4.99)
Growth	0.001*	0.002**	0.001*	0.002**
	(1.87)	(2.44)	(1.85)	(2.43)
CFO	0.067***	0.178***	0.068***	0.178***
	(10.93)	(20.78)	(10.97)	(20.81)
Constant	-5.685**	-2.058	-6.296**	-2.747
	(-2.34)	(-0.63)	(-2.57)	(-0.84)
年份固定效应	是	是	是	是
个体固定效应	是	是	是	是
样本量	24234	24234	24234	24234
R^2	0.766	0.780	0.766	0.780

注：括号内数值为经聚类标准误调整的 t 值；*、** 和 *** 分别表示在 10%、5% 和 1% 的显著性水平上统计显著；下表同，不再一一说明。

进一步地，表 6-2 还考察了央行担保品政策实施的动态效应。具体而言，本章在模型（6-1）的基础上引入政策实施后年份与分组变量 Treat 的交乘项，结果如列（3）和列（4）所示。从表 6-2 可以看出，当因变量为 NetCredit1 时，列（3）中政策实施后交乘项的回归系数显著为正，且系数大小呈现上升趋势。类似地，当因变量为 NetCredit2 时，基于列（4）的回归结果也可以得出一致的发现。由此可见，央行担保品政策确实发挥了促进企业商业信用融资的作用，且政策效果随时间推移呈现增强趋势。

尽管央行担保品政策可以显著提升企业的商业信用融资规模，但一个值得思考的问题是企业商业信用融资规模的增加是来自上游供应商还是下游客户？为此，本章将商业信用融资分解为从上游供应商获取的商业信用（应付账款和应付票据）和对下游客户提供的商业信用（应收账款和应收票据），并分别对企业的商业信用获取和商业信用供给进行回归分析。

首先，从上游供应商的角度考察央行担保品政策对企业商业信用获取的影响，结果如表 6-3 列（1）和列（2）所示。从列（1）可以看出，当因变量为商业信用获取时（$UpCredit1$），交乘项的回归系数显著为正，这表明央行担保品政策发挥了促进企业获取商业信用的作用。类似地，当因变量为 $UpCredit2$ 时，基于列（2）的回归结果也可以得出一致的结论。

表 6-3　　　　央行担保品政策对企业商业信用获取的影响

变量名称	(1)商业信用获取	(2)商业信用获取	(3)商业信用供给	(4)商业信用供给
变量符号	$UpCredit1$	$UpCredit2$	$DownCredit1$	$DownCredit2$
$Treat \times Post$	0.595***	0.323**	-0.266***	-0.322**
	(5.91)	(2.52)	(-2.90)	(-2.53)
控制变量	是	是	是	是
年份固定效应	是	是	是	是
个体固定效应	是	是	是	是
样本量	24234	24234	24234	24234
R^2	0.886	0.897	0.842	0.823

其次，从下游客户的角度考察央行担保品政策对企业商业信用供给的影响，结果如表 6-3 列（3）和列（4）所示。从列（3）可以看出，当因变量为商业信用供给时（$DownCredit1$），交乘项的回归系数显著为负，这表明担保品债券发行企业向下游客户提供的商业信用显著减少。类似地，当因变量为 $DownCredit2$ 时，基于列（4）的回归结果也可以得出一致的结论。

综上所述，央行将银行间市场的 AAA 级公司信用类债券纳入货币政策担保品范围后，担保品债券发行企业不仅从上游供应商获取了更多的商业信用，还显著减少了对下游客户的商业信用供给，从而提升了自身的商业信用融资规模，这表明央行担保品政策可以通过供应链有效影响企业的商业信用融资。

6.3.2　稳健性检验

为了保证研究结论的可靠性，本章基于表 6-2 的回归结果，从如下几个方面进行稳健性检验：①调整实验组的分组标准；②随机分组检验；

③剔除 AA 级以下的公司样本；④使用 PSM – DID 方法；⑤采用熵平衡法调整对照组；⑥利用交易所样本公司构造对照组；⑦剔除信用评级下调的债券；⑧剔除"踩线"发行的 AAA 级债券；⑨基于 MLF 担保品扩容的稳健性检验；⑩控制时间趋势的影响；⑪控制货币政策的影响；⑫缩短样本区间。具体做法、原因与结果如下。

(1) 调整实验组分组标准

考虑到实验组中部分公司虽然发行了 AAA 级债券，但可能即将到期，因此本章将实验组定义为在政策推出前与推出后 2 年均有存续的 AAA 级债券的公司，即担保品债券发行年度早于 2011 年且到期年度晚于 2015 年的公司，重新对主回归模型（6–1）进行检验，结果如表 6–4 所示。可以看出，列（1）和列（2）交乘项的回归系数均显著为正，因此表 6–2 的研究结论是稳健的。

表 6–4　　　　　　　　　　调整实验组的分组标准

变量符号	(1) $NetCredit1$	(2) $NetCredit2$
$Treat \times Post$	0.295 ***	0.281 **
	(2.92)	(2.11)
控制变量	是	是
年份固定效应	是	是
个体固定效应	是	是
样本量	24234	24234
R^2	0.766	0.780

(2) 随机分组检验

为了充分说明依据公司是否有存续的 AAA 级债券划分实验组和对照组这一识别策略的有效性，本章对实验组和对照组进行随机分组，并基于随机分组后的样本重新进行回归。如果随机分组的结果不显著，则表明基于公司是否有存续的 AAA 级债券进行分组这一识别策略是有效的。为了便于对检验结果进行分析，我们通过 500 次随机分组并进行重复回归，考察交乘项回归系数及其 t 值的分布情况。

结果表明，当因变量为 $NetCredit1$ 时，交乘项的回归系数总体位于 0 附近，且回归系数的 t 值分布也位于 0 附近。在 500 次重复回归中，交乘项回归系数的 t 值大于 2 的次数为 15，随机分组检验犯第二类错误的概率仅为 3%，即可以拒绝交乘项回归系数显著为正的假设。类似地，基于 $NetCredit2$ 为因变量的随机分组检验结果也可以得出一致的结论。由此可知,本章对实验组和对照组的识别策略是有效的。

(3) 剔除 AA 级以下的公司样本

考虑到债券信用评级很大程度上取决于发债公司的主体信用评级,即有存续的 AAA 级债券的实验组公司的主体信用评级可能整体高于对照组公司,本章剔除主体信用评级较低的公司样本,仅保留主体信用评级较高的公司样本进行重新回归。具体而言,本章剔除主体信用评级为 AA 级以下的公司样本,仅保留公司主体信用评级为 AA 级及以上的公司样本。重新回归的结果如表 6-5 所示,可以看出,列 (1) 和列 (2) 交乘项的回归系数均显著为正,因此表 6-2 的研究结论是稳健的。

表 6-5　　　　　剔除主体评级低于 AA 级的公司样本

变量符号	(1) $NetCredit1$	(2) $NetCredit2$
$Treat \times Post$	0.816***	0.419***
	(6.64)	(2.64)
控制变量	是	是
年份固定效应	是	是
个体固定效应	是	是
样本量	19946	19946
R^2	0.768	0.783

(4) 使用 PSM-DID 方法

为了减少实验组和对照组的差异,本章采用 PSM-DID 方法进行稳健性检验。具体地,本章对对照组变量进行 Logit 回归得到倾向得分值,考虑到在本章的原始样本中,对照组样本约占 90%,因此本章按照 1∶9 的比例筛选倾向得分值最接近的对照组进行近邻匹配。从表 6-6 可以看出,匹配后各控制变量的标准化偏差都控制在 10% 的范围内,且除 $Size$ 外,所有控制变量的 t 值检验结果均表明实验组和对照组不存在显著性差异。

表 6-6　　　　　PSM 的匹配效果检验

变量	未匹配 (U) 匹配 (M)	均值 实验组	均值 对照组	偏差%	减少值	t-test	p>t
cash	U	1.0661	1.458	-10.4	92.0	-5.17	0.000
	M	1.0668	1.0982	-0.8		-0.37	0.715
Fixed	U	27.327	15.847	65.8	88.8	34.94	0.000
	M	27.32	28.605	-7.4		-2.66	0.008

续表

变量	未匹配（U）匹配（M）	均值 实验组	均值 对照组	偏差%	减少值	t-test	p>t
Size	U	24.863	23.414	148.6	98.3	78.90	0.000
	M	24.863	24.838	2.6		1.03	0.304
Lev	U	62.567	54.315	53.5	95.7	26.63	0.000
	M	62.572	62.927	-2.3		-0.99	0.321
ROA	U	2.263	2.4132	-6.8	36.5	-3.53	0.000
	M	2.2611	2.3565	-4.3		-1.63	0.103
Growth	U	18.698	34.324	-31.9	95.0	-14.57	0.000
	M	18.713	19.491	-1.6		-0.81	0.419
CFO	U	3.8204	1.6884	41.1	93.7	19.98	0.000
	M	3.8176	3.9526	-2.6		-1.14	0.255

进一步地，本章利用匹配的样本进行稳健性检验，结果如表6-7所示。从表6-7可以看出，交乘项的回归系数仍然显著为正，与原回归结果保持一致。

表6-7　　　　　　　使用PSM-DID方法

变量符号	（1）*NetCredit*1	（2）*NetCredit*2
Treat × *Post*	0.697***	0.520***
	(6.16)	(3.51)
控制变量	是	是
年份固定效应	是	是
个体固定效应	是	是
样本量	23873	23873
R^2	0.770	0.784

（5）采用熵平衡法调整对照组

本章参考相关文献中的一般做法，进一步采用熵平衡法调整对照组，该方法的优势在于可以实现实验组和对照组在多个维度上的平衡，并避免样本删失（Chahine等，2020；McMullin和Schonberger，2020；杨国超等，2022）。具体而言，本章首先选择回归模型（6-1）中所有的控制变量作为特征变量；其次利用熵平衡法计算出使实验组样本和对照组样本的特征变量达到均值、方差、偏度三个维度无差异的权重，以使实验组样本和对照组样本实现精确匹配；最后采用加权最小二乘法进行回归。

表 6-8 报告了熵平衡法的平衡效果检验结果。从表 6-8 可以看出，在采用熵平衡法调整之前，实验组和对照组的特征变量的均值、方差、偏度确实存在一定的差异，而经熵平衡法加权调整后，相关特征变量的均值、方差、偏度之间的差异被消除。表 6-9 进一步展示了采用熵平衡法调整对照组后的回归结果。从表 6-9 可以看出，列（1）和列（2）交乘项的回归系数都在 1% 的水平上显著为正，这表明表 6-2 的研究结论是稳健的。

表 6-8　　　　　　　　熵平衡法平衡效果检验

调整前	实验组			对照组		
	均值	方差	偏度	均值	方差	偏度
Cash	1.066	12.240	0.552	1.458	16.330	0.431
PPE	27.330	315	0.388	15.850	293.800	1.132
Size	24.860	0.983	-0.912	23.410	0.918	0.421
Lev	62.570	202.400	-0.684	54.310	272.800	-0.222
ROA	2.263	4.769	1.154	2.413	5.008	1.246
Growth	18.700	1376	2.707	34.320	3425	1.665
CFO	3.820	20.890	-0.099	1.688	32.830	-0.140

调整后	实验组			对照组		
	均值	方差	偏度	均值	方差	偏度
Cash	1.066	12.240	0.552	1.066	12.240	0.552
PPE	27.330	315	0.388	27.330	315	0.388
Size	24.860	0.983	-0.912	24.860	0.983	-0.912
Lev	62.570	202.400	-0.684	62.570	202.400	-0.684
ROA	2.263	4.769	1.154	2.263	4.769	1.154
Growth	18.700	1376	2.707	18.700	1376	2.707
CFO	3.820	20.890	-0.099	3.820	20.890	-0.099

表 6-9　　　　　　　采用熵平衡法后的回归结果

变量符号	（1）$NetCredit1$	（2）$NetCredit2$
$Treat \times Post$	0.529***	0.368***
	(4.54)	(2.64)
控制变量	是	是
年份固定效应	是	是
个体固定效应	是	是
样本量	24234	24234
R^2	0.922	0.937

（6）利用交易所样本公司构造对照组

为了消除因实验组和对照组在债项评级上的差异造成的内生性问题，本章借鉴王永钦和吴娴（2019）的思路，选取仅在交易所有存续的AAA级公司信用类债券的公司作为对照组。由于央行规定可用作合格担保品的公司信用类债券仅限于银行间市场发行的债券，而交易所发行的公司信用类债券则不满足要求，因此在交易所有存续的AAA级公司信用类债券的公司是合适的对照组。

具体地，本章选取只在交易所发行且在2012年年底仍然存续的AAA级公司信用类债券（公司债券和企业债券）的公司作为对照组。表6–10是利用了交易所样本公司构造对照组的回归结果。从表6–10可以看出，列（1）和列（2）中交乘项的回归系数都在1%的水平上显著为正，这表明表6–2的研究结论是稳健的。

表6–10　利用交易所样本公司构造对照组

变量符号	（1）$NetCredit1$	（2）$NetCredit2$
$Treat \times Post$	0.934 ***	1.258 ***
	(2.89)	(3.25)
控制变量	是	是
年份固定效应	是	是
个体固定效应	是	是
样本量	3660	3660
R^2	0.758	0.816

（7）剔除信用评级下调的债券

考虑到部分AAA级债券会发生评级被下调的情况，本章剔除实验组样本中存在被下调情况的债券样本。具体地，3158个AAA级实验组债券样本中，评级被下调为AA+级的有151个、被下调为AA级的有80个、被下调为AA–级的28个、被下调为C级的9个，共268个实验组债券样本被降级，占实验组样本的8.49%。本章剔除了实验组中债券评级被下调的样本，重新进行回归，结果如表6–11所示。从表6–11可以看出，列（1）和列（2）中交乘项的回归系数都在1%的水平上显著为正，这表明表6–2的研究结论是稳健的。

（8）剔除"踩线"发行的AAA级债券

考虑到部分公司可能因提前了解央行担保品政策等原因，会对债券进行增信以达到符合AAA级债券发行要求的目的，即部分公司会提前"踩

表 6-11　　　　　　　　剔除评级下调的实验组债券

变量符号	（1）NetCredit1	（2）NetCredit2
Treat × Post	0.870***	0.741***
	(7.68)	(5.00)
控制变量	是	是
年份固定效应	是	是
个体固定效应	是	是
样本量	23966	23966
R^2	0.767	0.780

线"发行 AAA 级担保品债券。为此，本章剔除政策推出前 1 年发行 AAA 级担保品债券的公司样本，即从实验组样本中剔除 2012 年发行 AAA 级担保品债券的公司样本（共 190 个样本），重新回归的结果如表 6-12 所示。从表 6-12 可以看出，交乘项的回归系数仍然显著为正，与原回归结果保持一致。

表 6-12　　　　　　　剔除"踩线"发行的 AAA 债券

变量符号	（1）NetCredit1	（2）NetCredit2
Treat × Post	0.719***	0.546***
	(6.30)	(3.63)
控制变量	是	是
年份固定效应	是	是
个体固定效应	是	是
样本量	24044	24044
R^2	0.766	0.779

（9）基于 MLF 担保品扩容的稳健性检验

2018 年 6 月，央行决定适当扩大 MLF 担保品范围。在此次 MLF 担保品扩容前，MLF 的合格担保品仅包含公司信用类债券中的 AAA 级债券，此次 MLF 担保品扩容则进一步将 AA 级、AA+级的公司信用类债券纳入担保品范围①。为此，本章进一步利用 MLF 担保品扩容这一准自然实验，就央行担保品政策对企业商业信用融资的影响进行稳健性检验。具体而言，本章将 2018 年作为 MLF 担保品扩容的起始年，即当年份为 2018 年及

---

① 事实上，央行还将 AA 级、AA+级的公司信用类债券纳入 SLF 担保品范围，具体信息可查阅央行 2018 年 6 月 27 日发布的银办发〔2018〕110 号通知。

以后时，Post 取值为 1；否则，取值为 0。对于实验组对照组的划分，本章将新增担保品发行企业，即将 2017 年年底在银行间债券市场有存续的 AA 级、AA+级公司信用类债券的公司定义为实验组（Treat=1）；否则，定义为对照组（Treat=0）。

基于双重差分模型的回归结果如表 6-13 所示。从表 6-13 可以看出，对于商业信用融资而言，列（1）中交乘项的回归系数仍然显著为正，这表明将 AA+级、AA 级债券纳入担保品范围同样也会显著促进新增担保品债券发行企业的商业信用融资。进一步地，本章将商业信用融资分解为商业信用获取（UpCredit2）和商业信用供给（DownCredit2），回归结果分别如列（2）和列（3）所示。结果表明当因变量为商业信用获取时，交乘项的回归系数显著为正；而当因变量为商业信用供给时，交乘项的回归系数不显著。由此可见，与央行将银行间市场的 AAA 级公司信用类债券纳入担保品范围类似，基于将 AA+级、AA 级债券纳入担保品范围这一准自然实验也可以得出一致的结论。

表 6-13　　　　　　基于 MLF 担保品扩容的稳健性检验

变量符号	（1）NetCredit2	（2）UpCredit2	（3）DownCredit2
Treat×Post	0.614***	0.805***	0.185
	(3.22)	(5.45)	(1.25)
控制变量	是	是	是
个体固定效应	是	是	是
年份固定效应	是	是	是
样本量	24362	24362	24362
R^2	0.041	0.075	0.020

（10）控制时间趋势的影响

考虑到时间趋势的潜在影响，本章在原回归模型的基础上，进一步控制时间趋势，即在回归模型中引入 Treat 和年份变量 Year 的交乘项作为自变量，对原主回归结果进行稳健性检验。

从表 6-14 可以看出，对于企业商业信用融资规模而言，在控制时间趋势的情况下，交乘项 Treat×Post 的回归系数仍然显著为正，这表明本章的回归结果是稳健的。此外，直接在回归模型中加入年份这一时间趋势变量，基于 OLS 的回归结果也可以得出一致的结论。

（11）控制货币政策的影响

在原回归模型的基础上，进一步考虑货币政策的影响，即在回归模型

表 6-14　　　　　　　　控制时间趋势的稳健性检验

变量符号	(1) NetCredit1	(2) NetCredit2
Treat × Post	0.601***	0.380**
	(4.70)	(2.27)
Treat × Year	0.034	0.053*
	(1.48)	(1.74)
控制变量	是	是
年份固定效应	是	是
个体固定效应	是	是
样本量	24234	24234
R^2	0.766	0.779

中引入 Treat 和货币政策变量 M2 的交乘项作为自变量，对原主回归结果进行稳健性检验，回归结果如表 6-15 所示。从表 6-15 可以看出，在控制货币政策的情况下，交乘项的回归系数仍然显著为正，研究结论保持不变。此外，直接在回归模型中加入货币政策变量 M2，基于 OLS 的回归结果也可以得出一致的结论。

表 6-15　　　　　　　　考虑货币政策的影响

变量符号	(1) NetCredit1	(2) NetCredit2
Treat × Post	0.684***	0.486***
	(5.49)	(2.97)
Treat × M2	-0.005	-0.011
	(-0.38)	(-0.71)
控制变量	是	是
年份固定效应	是	是
个体固定效应	是	是
样本量	24234	24234
R^2	0.766	0.779

(12) 缩短样本区间

为减少噪声对研究结果的影响，本章将样本区间由政策前与政策后 5 年缩短为政策前与政策后 4 年，采用主回归模型 (6-1) 进行再检验，回归结果如表 6-16 所示。从表 6-16 可以看出，列 (1) 和列 (2) 中交乘项的回归系数仍然显著为正，这表明表 6-2 的研究结论是稳健的。

表 6-16　　　　　　　　　　　　　缩短样本期间

变量名称	（1）商业信用融资	（2）商业信用融资
变量符号	NetCredit1	NetCredit2
Treat × Post	0.635 ***	0.492 ***
	(5.47)	(3.27)
控制变量	是	是
年份固定效应	是	是
个体固定效应	是	是
样本量	20186	20186
R^2	0.791	0.804

6.3.3　央行担保品政策对企业商业信用融资的作用机制检验

（1）债券市场渠道检验

央行将银行间市场的 AAA 级公司信用类债券纳入货币政策担保品范围会先作用于债券市场，因此本章先对央行担保品政策作用机制的债券市场渠道进行检验。央行将银行间市场的 AAA 级公司信用类债券纳入货币政策担保品范围，不仅增强了 AAA 级债券的稀缺性，还可以对该类债券产生增信作用。因此，如果央行担保品政策可以通过债券市场渠道进行传导，从而发挥提升新增担保品债券稀缺性和增信的作用，本章预期，企业有动力发行 AAA 级担保品债券以获得政策效应，特别是信用评级较低的公司。为此，本章从企业新增 AAA 级担保品债券发行的角度，对央行担保品政策作用机制的债券市场渠道进行检验。具体地，本章利用模型（6-2）进行检验：

$$AAAbond_{it} = \beta_0 + \beta_1 FirmRating_i \times Post_t + \beta_2 FirmRating_i + \beta_3 Post_t + \beta_4 X_{it} + \varepsilon_{it} \tag{6-2}$$

模型（6-2）中，因变量 $AAAbond_{it}$ 表示 AAA 级担保品债券发行。具体地，本章用企业当年是否发行新增 AAA 级担保品债券（$AAAbondIssue$）和发行规模（$AAAbondAmount$）两种指标进行度量。其中，当年发行了新增 AAA 级担保品债券时，$AAAbondIssue$ 取值为 1，发行规模用债券发行金额除以总资产表示。自变量 $FirmRating_i$ 表示公司 i 的主体信用评级，若公司信用评级为 AA 级（包含 AA+级、AA 级、AA-级），$FirmRating_i$ 取值为 1；若信用评级为 AAA 级，则取值为 0。其他变量与前文一致。由于 AAA 级（高评级）公司大多已经发行了 AAA 级债券，而 AA 级（低评级）公司发行 AAA 级债券的占比较低，本章预期，在 AAA 级公司信用类债券纳入货币政策担保品范围后，AA 级（低评级）公司更有动力发行 AAA 级担保品债券以获得政策红利，即模型（6-2）中交乘项的回归系数预期为正。

基于模型（6-2）的回归结果如表 6-17 所示。从表 6-17 可以看出，当因变量（*AAAbondIssue*）为企业是否发行新增 AAA 级担保品债券时，列（1）中基于 Logit 模型的交乘项的回归系数显著为正，这表明相对于 AAA 级的高评级公司而言，信用评级较低的 AA 级公司在政策推出后更可能发行 AAA 级担保品债券。类似地，当因变量（*AAAbondAmount*）为企业新增 AAA 级担保品债券发行规模时，列（2）的回归结果也可以得出一致的结论。由此可知，将银行间市场的 AAA 级公司信用类债券纳入货币政策担保品范围这一央行担保品政策，可以通过债券市场渠道影响担保品债券发行。

表 6-17　　　　　　　　　债券市场渠道检验

变量符号	（1）*AAAbondIssue*	（2）*AAAbondAmount*
FirmRating × *Post*	0.140*	0.566***
	(1.91)	(10.61)
FirmRating	0.388***	
	(6.08)	
Post	-0.068	
	(-0.89)	
控制变量	是	是
年份固定效应	否	是
个体固定效应	否	是
样本量	23498	23498
R^2	0.335	0.155

(2) 银行信贷市场渠道检验

央行担保品政策还会进一步通过银行信贷市场发挥作用。这是因为将银行间债券市场的 AAA 级公司信用类债券纳入担保品范围不仅直接扩大了合格担保品规模，可以缓解金融市场上担保品不足造成的流动性紧张问题，而且释放了央行货币政策走势宽松的积极信号，引导商业银行增加对企业的信贷投放，并降低贷款利率。因此，本章用借款与总资产之比作为企业信贷融资规模（*LoanScale*）的度量指标，用财务费用与借款之比作为企业信贷融资成本（LoanCost）的度量指标，以此检验央行担保品政策可以通过银行信贷市场发挥作用，回归结果如表 6-18 所示。

表 6-18　　　　　　　　　　银行信贷市场渠道检验

变量符号	(1) LoanScale	(2) LoanCost
$Treat \times Post$	2.434***	-0.636***
	(10.48)	(-6.48)
控制变量	是	是
年份固定效应	是	是
个体固定效应	是	是
样本量	24234	24234
R^2	0.811	0.627

从表 6-18 可以看出，对于企业信贷融资规模而言，列（1）中交乘项的回归系数显著为正。类似地，对于信贷融资成本而言，列（2）中交乘项的回归系数显著为负，这表明央行担保品政策不仅显著扩大了企业的信贷融资规模，还降低了企业信贷融资成本，即央行担保品政策可以通过银行信贷市场渠道影响企业信贷融资规模和融资成本。

（3）产品市场渠道检验

央行担保品政策还会通过产品市场发挥作用。进一步地，本章考察了企业市场地位的变化，以论证央行担保品有助于提高企业的市场地位，从而使上游供应商更愿意提供赊销。为此，本章将勒纳指数（Lerner）和市场份额（MarketShare）作为企业市场地位的度量指标（陈志斌和王诗雨，2015；袁靖波等，2019），以考察企业市场地位的变化，回归结果如表 6-19 所示。其中，勒纳指数利用（营业收入 - 营业成本 - 销售费用 - 管理费用）/营业收入计算，市场份额用企业营业收入除以行业所有企业营业收入总和计算。从表 6-19 可以看出，当因变量为 Lerner 时，列（1）中交乘项的回归系数显著为正，这表明央行担保品政策显著提升了企业市场地位。类似地，当因变量为 MarketShare 时，列（2）的回归结果也可以得出一致的结论。由此可知，央行将银行间市场的 AAA 级公司信用类债券纳入货币政策担保品范围这一央行担保品政策释放了积极的信号，有利于提高企业市场地位，从而使上游供应商更愿意在产品市场上为企业提供赊销，从而改善了企业的商业信用融资。

表 6-19　　　　　　　　产品市场渠道检验

变量符号	（1）Lerner	（2）MarketShare
Treat × Post	1.110 ***	0.130 ***
	(4.13)	(7.11)
控制变量	是	是
年份固定效应	是	是
个体固定效应	是	是
样本量	24204	24204
R^2	0.739	0.945

6.3.4　央行担保品政策对企业商业信用融资影响的异质性分析

央行担保品政策有助于提高合格担保品发行企业的买方市场地位，有利于企业获取商业信用。特别是对于融资和投资需求较为强烈的企业而言，更有必要利用这一政策优势增加商业信用融资。那么对于成立时间较短、规模较小、议价能力较弱、非上市，且融资约束较强、投资需求较大的企业而言，央行担保品政策是否有助于改善其商业信用融资？为此，本章进一步从企业年龄、规模、议价能力和上市与否等方面，就央行担保品政策对企业商业信用融资的异质性影响展开分析。

（1）基于企业年龄的异质性检验

本章从企业年龄大小的角度，考察央行担保品政策对企业商业信用融资的异质性影响。为此，本章以公司存续年限的自然对数作为公司年龄的基准度量指标，并根据政策实施前一年该指标是否大于当年所有公司的年龄中位数，将公司分为成熟企业和年轻企业两组。本章利用模型（6-1），基于企业年龄大小进行分组回归和检验，结果如表 6-20 所示。

表 6-20　　　　　　　　基于企业年龄的异质性检验

变量符号	（1）NetCredit1	（2）NetCredit1	（3）NetCredit2	（4）NetCredit2
分组标准	成熟企业	年轻企业	成熟企业	年轻企业
Treat × Post	0.494 ***	1.038 ***	0.254	0.915 ***
	(3.54)	(5.37)	(1.35)	(3.80)
控制变量	是	是	是	是
年份固定效应	是	是	是	是
个体固定效应	是	是	是	是
样本量	12500	11734	12500	11734
R^2	0.770	0.751	0.785	0.761
经验 P 值	P = 0.000		P = 0.000	

从表 6-20 可以看出，列（1）和列（2）中交乘项的回归系数均显著为正，这表明央行担保品政策对成熟企业和年轻企业的商业信用融资均具有促进作用。进一步地，组间系数差异检验表明，对于年轻企业而言，列（2）中交乘项的回归系数显著大于列（1）成熟企业的回归系数。这表明，央行担保品政策对年轻企业的商业信用融资促进作用更强，这与央行担保品政策主要发挥信号效应，有利于年轻企业获取商业信用融资的逻辑相一致。类似地，表 6-20 列（3）和列（4）是基于企业商业信用融资指标 NetCredit2 的回归结果，通过该回归结果也可以得出一致的结论。因此，表 6-20 的回归结果表明，央行担保品政策更有效地改善了年轻企业的商业信用融资。

（2）基于企业规模的异质性检验

本章从企业规模的角度，检验央行担保品政策对企业商业信用融资的异质性影响。为此，本章以公司总资产的自然对数作为公司规模的度量指标，并根据政策实施前一年该指标是否大于当年所有公司规模的中位数，将公司分为大规模企业和小规模企业两组。本章利用模型（6-1），基于企业规模大小进行分组回归和检验，结果如表 6-21 所示。

表 6-21　　　　　　　基于企业规模的异质性检验

变量符号	（1）NetCredit1	（2）NetCredit1	（3）NetCredit2	（4）NetCredit2
分组标准	大规模企业	小规模企业	大规模企业	小规模企业
$Treat \times Post$	0.305 **	1.289 ***	-0.149	2.330 ***
	(2.25)	(5.09)	(-0.84)	(6.70)
控制变量	是	是	是	是
年份固定效应	是	是	是	是
个体固定效应	是	是	是	是
样本量	11942	12292	11942	12292
R^2	0.775	0.749	0.802	0.748
经验 P 值	P = 0.000		P = 0.000	

从表 6-21 可以看出，列（1）和列（2）中交乘项的回归系数均显著为正，这表明央行担保品政策对大规模企业和小规模企业的商业信用融资均具有促进作用。进一步地，组间系数差异检验表明，对于小规模企业而言，列（2）交乘项的回归系数显著大于列（1）大规模企业的回归系数。这表明，央行担保品政策对小企业的商业信用融资促进作用更强，这与央行担保品政策主要发挥信号效应，有利于小规模企业获取商业信用融

资的逻辑相一致。类似地，列（3）和列（4）是基于企业商业信用融资指标 $NetCredit2$ 的回归结果，通过该回归结果也可以得出一致的结论。因此，表6-21的结果表明，央行担保品政策更有效地改善了小规模企业的商业信用融资。

（3）基于企业议价能力的异质性检验

本章从企业议价能力的角度，检验央行担保品政策对企业商业信用融资的异质性影响。为此，本章以公司销售收入行业占比作为公司议价能力的度量指标，并根据政策实施前一年该指标是否大于当年该行业所有公司的销售收入行业占比中位数，将公司分为高议价能力企业和低议价能力企业两组。本章利用模型（6-1），基于公司议价能力进行分组回归和检验，结果如表6-22所示。

表6-22　　　　　基于企业议价能力的异质性检验

变量符号 分组标准	（1）$NetCredit1$ 高议价能力企业	（2）$NetCredit1$ 低议价能力企业	（3）$NetCredit2$ 高议价能力企业	（4）$NetCredit2$ 低议价能力企业
$Treat \times Post$	0.366***	1.164***	0.049	1.508***
	(2.79)	(3.82)	(0.29)	(3.27)
控制变量	是	是	是	是
年份固定效应	是	是	是	是
个体固定效应	是	是	是	是
样本量	13347	10887	13347	10887
R^2	0.761	0.720	0.782	0.723
经验P值	P=0.000		P=0.000	

从表6-22可以看出，列（1）和列（2）中交乘项的回归系数均显著为正。进一步地，组间系数差异检验表明，对于低议价能力企业而言，列（2）中交乘项的回归系数显著大于列（1）低议价能力企业的回归系数。这表明，央行担保品政策对低议价能力企业的商业信用融资促进作用更强，这与央行担保品政策主要发挥信号效应，有利于低议价能力企业获取商业信用融资的逻辑相一致。类似地，列（3）和列（4）是基于企业商业信用融资指标 $NetCredit2$ 的回归结果，通过该回归结果也可以得出一致的结论。因此，表6-22的回归结果表明，央行担保品政策更有效地改善了低议价能力企业的商业信用融资。

（4）基于企业上市与否的异质性检验

本章从企业上市与否的角度，检验央行担保品政策对企业商业信用融资的异质性影响。为此，本章以公司是否上市为标准，将公司分为上市企业与非上市企业两组。本章利用模型（6-1），基于企业是否上市进行分组回归和检验，结果如表6-23所示。

表6-23　　　　　　　基于企业上市与否的异质性检验

变量符号	（1）$NetCredit1$	（2）$NetCredit1$	（3）$NetCredit2$	（4）$NetCredit2$
分组标准	上市公司	非上市公司	上市公司	非上市公司
$Treat \times Post$	0.471 *	0.718 ***	0.409	0.489 ***
	(1.74)	(5.79)	(1.23)	(2.95)
控制变量	是	是	是	是
年份固定效应	是	是	是	是
个体固定效应	是	是	是	是
样本量	3553	20681	3553	20681
R^2	是	是	是	是
经验 P 值	P = 0.000		P = 0.131	

从表6-23可以看出，列（1）和列（2）中交乘项的回归系数均显著为正。进一步地，组间系数差异检验表明，对于非上市企业而言，列（2）中交乘项的回归系数显著大于列（1）上市企业的回归系数。这表明，央行担保品政策对非上市企业的商业信用融资促进作用更强，这与央行担保品政策主要发挥信号效应，有利于非上市企业获取商业信用融资的逻辑相一致。类似地，列（3）和列（4）是基于企业商业信用融资指标 NetCredit2 的回归结果，通过该回归结果也可以得出一致的结论。因此，表6-23的回归结果表明，央行担保品政策更有效地改善了非上市企业的商业信用融资。

6.3.5　进一步讨论

（1）央行担保品政策是否改善了企业投资

研究表明，在银行间市场的公司信用类债券被纳入担保品范围后，担保品债券发行企业一方面利用央行背书这一有利政策制度设计在市场中占据了优势地位，从上游供应商获取了大量的商业信用，另一方面减少了对客户的商业信用供给，从而形成两端占利的局面，达到提升商业信用融资规模的目的。同时，担保品债券发行企业还利用政策优势增加银行信贷融资，这表明我国企业确实面临着较强的融资需求。但由此而提出的问题是，企业增加的融资究竟用在了何处？是否也同欧洲央行的企业部门购买计划

(CSPP) 一样,在扩大企业融资规模的同时并未改善企业投资(Todorov,2020)?为此,本章从企业投资的角度考察央行担保品政策的作用效果。

具体地,本章用实体资产(固定资产、在建工程、工程物资、开发支出和无形资产)占总资产的比例作为企业实体投资(PIhold)的度量指标,以 PIhold 作为因变量的回归结果如表 6-24 列(1)所示。列(1)中交乘项的回归系数显著为正,这表明央行担保品政策促进了企业实体投资的增长。进一步地,对于企业金融投资(FIhold)而言①,列(2)中交乘项的回归系数显著为负,这表明央行担保品政策降低了企业的金融投资。由此可知,我国央行担保品政策不仅缓解了企业融资约束,还对企业投资产生了积极影响。

表 6-24　　　　　　　央行担保品政策与企业投资

变量名称 变量符号	(1) 实体投资 PIhold	(2) 金融投资 FIhold
Treat × Post	1.900 *** (8.00)	-0.431 *** (-6.72)
控制变量	是	是
年份固定效应	是	是
个体固定效应	是	是
样本量	24234	24234
R^2	0.914	0.775

(2) 央行担保品政策是否提升了企业经营盈利水平

央行首次将公司债券纳入担保品范围,这一举措使公司信用与央行信用相挂钩,促进了企业资金成本的降低和融资规模的扩大,有利于提升企业市场地位和改善企业投资。前文研究假说提出,企业有动力利用政策创造的优势进一步获取商业信用融资,以便提升盈利水平。那么央行担保品政策是否促进了企业盈利水平的提升?为此,本章以资产收益率(ROA)和净利润增长率(Earning)作为企业盈利水平的度量指标,从企业盈利水平的角度考察央行担保品政策作用效果,回归结果如表 6-25 所示。回归结果显示,资产收益率和净利润增长率交乘项的回归系数均显著为正,这表明央行担保品政策显著提高了企业的盈利水平。

---

① 本章采用交易性金融资产、衍生金融资产、买入返售金融资产、可供出售金融资产、持有至到期投资、投资性房地产和总资产指标进行度量。

表 6-25　　　　　　　　央行担保品政策与企业盈利水平

变量名称	（1）资产收益率	（2）净利润增长率
变量符号	ROA	Earning
Treat × Post	0.094*	0.110***
	(1.84)	(3.44)
控制变量	是	是
年份固定效应	是	是
个体固定效应	是	是
样本量	24234	22180
R^2	0.701	0.304

（3）央行担保品政策是否促进了商业信用供给

与 Adelino 等（2023）发现，欧洲央行的企业部门资产购买计划（CSPP）这一非常规的货币会使企业通过商业信用将富余资金转移给下游客户企业不同，本章发现，将 AAA 级债券纳入货币政策担保品范围这一央行担保品政策，不仅促进企业从上游供应商获取了更多的商业信用，而且降低了对下游客户的商业信用供给。

为了进一步验证我国央行的担保品政策没有使企业通过商业信用将富余资金转移给下游客户企业，本章考察央行担保品政策对企业产品销售的影响。这样做的理论依据是，在存货规模以及经营风险未发生明显变化的情况下，如果企业确实通过商业信用将富余资金转移给下游客户，则意味着企业增加了赊销，这往往会促进产品销售。因此，可以通过检验企业销售规模的变化，论证企业是否通过商业信用将富余资金转移给下游客户。为此，本章用销售收入与总资产之比作为企业销售规模（Sales）的度量指标，考察央行担保品政策对企业销售规模的影响，回归结果如表 6-26 列（1）所示。回归结果表明，对于企业销售规模（Sales）而言，列（1）中交乘项的回归系数为负且不显著。由此可知，央行担保品政策并未显著促进企业销售规模增长，即企业并未通过商业信用将富余资金转移给下游客户企业。

表 6-26　　　　　　　　央行担保品政策与企业产品销售

变量名称	（1）销售规模	（2）存货规模	（3）经营风险
变量符号	Sales	Inventory	Risk
Treat × Post	-0.302	-0.139	-0.024
	(-0.69)	(-0.59)	(-0.80)
控制变量	是	是	是
年份固定效应	是	是	是
个体固定效应	是	是	是
样本量	24234	23833	24234
R^2	0.936	0.876	0.569

此外，本章还对企业的存货规模和经营风险进行了考察，以排除这些因素对销售规模的影响。具体而言，本章用存货与总资产之比作为企业存货规模（*Inventory*）的度量指标，回归结果如表 6-26 列（2）所示。回归结果表明，对于企业存货规模而言，列（2）中交乘项的回归系数不显著，即企业的存货规模并没有发生显著变化。最后，本章还考察了企业经营风险的变化情况，并将资产收益率（ROA）连续3年的滚动标准差作为经营风险的度量指标（彭俞超等，2022），回归结果如表 6-26 列（3）所示。回归结果表明，当因变量为企业经营风险（*Risk*）时，列（3）中交乘项的回归系数也不显著，这表明企业的经营风险没有发生显著变化。

综上所述，央行将 AAA 级债券纳入货币政策担保品范围这一央行担保品政策通过债券市场和银行信贷市场改善了企业融资。此外，在经济新常态背景下，我国企业由于具有着较强的融资和投资需求，担保品债券发行企业还可利用该政策优势增加商业信用融资。进一步地，在融资得到改善后，企业减少金融投资并增加实体投资，盈利水平也得到了改善。

6.4 结论与启示

经济新常态以来，为满足货币政策服务实体经济高质量发展的需要，我国货币政策调控模式发生了根本性变革，基于合格担保品的新型货币政策成为我国常态化的货币政策调控方式。本章基于银行间市场的 AAA 级公司信用类债券被首次纳入货币政策担保品范围这一重要制度设计，利用在银行间市场发行了公司信用类债券的公司样本，运用双重差分模型从企业商业信用的视角，对央行担保品政策的作用效果和传导机制进行研究。研究表明，央行担保品政策可以显著改善企业的商业信用融资，且这一结论对于一系列稳健性检验都成立。进一步研究发现，央行担保品政策可以通过债券市场渠道、银行信贷市场渠道以及产品市场渠道发挥作用，促进企业发行担保品债券，扩大企业信贷融资规模，降低信贷融资成本，提升企业市场地位，进而发挥改善企业投资和盈利水平的作用。本章的研究发现从企业微观层面为央行担保品政策的有效性检验提供了实证证据，对于建设现代中央银行制度，促进经济高质量发展具有重要启示。

第一，央行可以基于担保品的货币政策工具进行货币政策调控，提高货币政策的有效性，推动现代中央银行制度建设。央行担保品政策会对企业融资、投资等财务活动产生系统性的影响，担保品范围的调整不仅会对企业债券融资产生显著影响，还会对企业商业信用融资、银行信贷融资产生影响，进而影响企业投资和盈利水平。但值得注意的是，基于担保品的货币政策工具通过调整央行的货币供给发挥作用，属于数量型的货币政策；同时基于担保品的新型货币工具（如 MLF 利率）属于央行的政策利率，属于价格型的货币政策。相较于传统的货币政策工具，央行担保品政策的作用机制更加复杂，可以通过债券市场渠道、银行信贷市场渠道以及产品市场渠道等多种渠道发挥作用。因此，央行在构建基于担保品的货币政策框架进程中，应全面考虑央行担保品政策对金融市场的全局影响，以提高货币政策的有效性。

第二，央行应合理把握基于担保品的货币政策操作力度和节奏，提高资金配置效率。一方面，央行担保品政策可以发挥较好的结构性调控效果。包括中小微企业在内的弱势企业融资难、融资贵问题一直是我国货币政策要着力解决的问题，但本章的研究结论表明，扩大担保品范围这一央行担保品政策更有利于成立时间较短、规模较小、议价能力较低、非上市的企业进行融资。另一方面，调整央行担保品范围这一央行担保品政策会产生"赢者通吃"的政策效果。传统总量货币政策往往对银行信贷和商业信用产生互补作用，但本章的研究结论表明，扩大担保品范围不仅会促进企业的商业信用融资，还会扩大企业的银行信贷融资规模，降低融资成本，产生"赢者通吃"的政策效果。因此，央行应把握好担保品政策的实施节奏和力度，避免资金过度流向某些领域，从而提高资金配置效率。

第三，央行应进一步厘清新型货币政策和传统货币政策的关系，注意政策间的协调配合，促进经济高质量发展。一方面，经济新常态以来，我国货币政策调控模式亟须转型，构建基于担保品的货币政策调控模式正是我国货币政策转型的重要体现，也是我国建设现代中央银行制度的重要举措。与此同时，近年来，我国央行越来越注重结构性货币政策工具的开发和使用，碳减排支持工具等新型货币政策工具具有直达实体企业、缩短货币政策的传导路径、发挥结构性调控效果、增强货币政策有效性等优势。另一方面，包括基于担保品在内的新型货币政策在政策定位、适用范围以及适用条件等方面仍然处于探索阶段。特别是我国在大力推进经济高质量发展的进程中，应该厘清新型货币政策的适用范围和适用条件，明确主要政策目标，注重和传统货币政策的协调和配合，以避免产生政策扭曲效应。

第 7 章　央行担保品政策对企业现金持有的影响

企业现金持有水平是宏观经济发展状况的良好反映（Favara 等，2021）。近 30 年来，美国企业的现金持有水平持续上升（Graham 和 Leary，2018），而这正是美国投资需求不足和宏观经济增长乏力的体现（Summers，2015；Gruber 和 Kamin，2016）。货币政策是央行拉动投资需求、促进经济增长的重要方式，但宽松的货币政策未必能发挥促进投资和经济增长的作用（王伟等，2018）。从企业现金持有水平的角度来看，全球金融危机爆发后，尽管以美联储为代表的央行实施了宽松的货币政策，但美国企业的现金持有水平与全球金融危机爆发前相比反而上升了 0.87%（Pinkowitz 等，2012），我国企业现金持有水平也表现出类似的上升趋势（于泽等，2017）。因此，从企业现金持有的视角对我国在经济新常态背景下实施的央行担保品政策的微观效应进行考察，对于揭示我国央行担保品政策的有效性，促进经济高质量发展具有重要启示。

本章以 AAA 级公司信用类债券被首次纳入央行担保品范围这一重要制度设计为切入点，从企业现金持有的角度考察央行担保品政策的微观效应。研究发现，央行将 AAA 级公司信用类债券纳入央行担保品范围后，与非担保品债券发行企业相比，担保品债券发行企业的现金持有水平显著降低。进一步研究表明，央行担保品政策通过扩大企业融资规模的方式改善了企业的融资可得性，这有助于降低企业对现金的预防性需求，同时促进企业债务偿还和股利分配，从而进一步提升企业实体投资和现金持有价值。

7.1　央行担保品政策对企业现金持有的影响机制分析

从企业现金的预防性需求来看，央行将 AAA 级公司信用类债券纳入合格担保品范围有利于降低企业的现金持有水平。

首先，央行担保品政策可以通过提升债券的稀缺性降低担保品债券发行企业的现金持有水平。这是因为在央行货币政策担保品框架下，商业银行向央行融资需要提供合格担保品，央行将AAA级公司信用类债券纳入货币政策担保品范围会增强该类债券的稀缺性，增强商业银行向担保品债券发行企业的贷款投放能力和意愿（邓伟等，2022），起到降低企业债务融资成本、扩大债务融资规模的作用（Van Bekkum等，2018；Mésonnier等，2022；郭晔和房芳，2021），从而降低企业现金持有的预防性需求。

其次，央行担保品政策可以通过增信渠道降低担保品债券发行企业的现金持有水平。这是因为将公司信用类债券纳入央行合格担保品范围，就意味着央行基础货币投放这一国家信用行为与公司的债券发行这一公司信用行为相挂钩，这会对该类债券形成直接的增信作用并降低债券违约风险（王永钦和吴娴，2019；黄振和郭晔，2021），从而缓解企业融资约束，降低企业现金持有的预防性需求。

最后，央行担保品政策还可以通过信号效应降低担保品债券发行企业的现金持有水平。这是因为央行担保品政策具有较强的政策倾向性，央行将AAA级公司信用类债券纳入货币政策担保品范围，本身就代表着对担保品债券发行企业的政策支持，这会释放出央行支持担保品债券融资的积极信号，改善担保品债券发行企业和金融市场之间的信息不对称问题，从而改善企业融资约束，进而降低企业现金持有的预防性需求。因此，基于以上分析，本章提出如下研究假说：

H5：将公司信用类债券纳入货币政策担保品范围这一央行担保品政策能显著降低企业现金持有水平。

然而，央行担保品政策也可能导致企业现金持有水平的提升。这是因为央行担保品政策有助于扩大企业的债务融资规模，而随着企业融资活动现金流入量的增加，企业的货币资金持有水平可能会随之增加（De Santis和Zaghini，2021），从而导致企业现金持有水平上升。同时，从现金持有成本角度来看，由于央行担保品政策可以起到降低企业债务融资成本的作用（王永钦和吴娴，2019；郭晔和房芳，2021；黄振和郭晔，2021），因此其会降低企业的现金持有成本，从而促进企业现金持有水平上升。从收益性角度来看，企业广义现金中的交易性金融资产的收益性比货币资金更高，在企业融资可得性增强的情况下，企业出于获取收益的考虑，可能会增加具有"蓄水池"作用的诸如交易性金融资产的投资（胡奕明等，2017）。此外，受央行担保品政策的影响，企业融资活动现金流的增加和融资成本的降低会促使企业进行更多的金融投资以获取收益（Shin 和 Zhao，2013；宋军和陆旸，2015），因此，担保品债券发行企业为了增加收益，可能会增加交易性金融资产这类广义现金资产的持有。基于以上分析，本章提出如下研究假说：

H6：将公司信用类债券纳入货币政策担保品范围这一央行担保品政策能显著提高企业现金持有水平。

7.2 研究数据与研究设计

7.2.1 研究数据

本章选取 2008—2017 年的数据进行研究，主要基于如下考虑：其一，我国央行担保品框架创设于 2012 年年底，该区间正好覆盖了政策实施前和实施后各 5 年；其二，2007 年我国开始实行新会计准则，以 2008 年作为样本起始年份能够保证各公司财务数据的纵向可比性；其三，2018 年 6 月央行扩大了中期借贷便利（MLF）的担保品范围，进一步将 AA 级、AA+ 级公司信用类债券纳入央行担保品范围，选择 2018 年以前的数据可以避免本次担保品扩容产生的干扰。

在样本选取方面，本章选取在银行间债券市场发行了公司信用类债券的公司作为研究样本，这一样本选取方式具有如下优势：其一，本章依据公司是否属于担保品债券发行企业识别央行担保品框架对企业的影响，因此将实验组样本公司定义为担保品债券发行公司，将对照组样本公司定义为非担保品债券发行公司，这与央行将公司信用类债券纳入央行担保品范围的制度要求相匹配；其二，统一选择发行了债券的公司作为研究样本，这可以保证样本公司在发行债券这一融资行为上的一致性，减少了样本自选择问题；其三，在银行间债券市场发行了公司信用类债券的公司既包含上市公司也包含非上市公司，使样本更具有多样性和代表性。

具体而言，本章首先从 Wind 数据库下载银行间债券市场的债券发行数据，选取其中的公司信用类债券（包含企业债和中期票据）数据，然后根据债券发行情况匹配发行公司及其财务数据。在此基础上，进一步对数据进行以下处理：①剔除主要财务数据缺失的样本；②剔除金融行业的样本。经上述处理，本章最终得到 4034 家公司，共计 27497 个有效样本。在回归前，本章对所有连续变量进行了上下 1% 的缩尾处理。

7.2.2 研究设计

(1) 研究模型

本章以 AAA 级公司信用类债券被首次纳入货币政策合格担保品范围为切入点，采用双重差分（DID）模型对央行担保品框架的影响进行研究。需要指出的是，AAA 级公司信用类债券被纳入货币政策担保品范围这一制度设计，是央行根据我国货币政策调控等方面的需要创设的，该担保品政策的实施取决于央行，对于本章研究的公司样本而言，央行担保品政策是外生事件。因此，AAA 级公司信用类债券被纳入货币政策担保品范围是一个难得的准自然实验。在准自然实验情形下，双重差分模型通过比较某一事件对实验组和对照组经济主体施加影响的差异，可以较好地克服干扰因果关系的其他因素以及遗漏变量的影响。本章控制双向固定效应的双重差分模型如模型（7-1）所示，且回归标准误在公司层面进行了聚类调整：

$$Cash_{it} = \beta_0 + \beta_1 Treat_i \times Post_t + \beta_2 X_{it} + YearFE + FirmFE + \varepsilon_{it} \quad (7-1)$$

模型（7-1）中，i 表示企业个体，t 表示年份，因变量 $Cash_{it}$ 表示企业现金持有水平，$Treat_i$ 表示是否为实验组的虚拟变量，$Post_t$ 表示是否为政策实施后的年份虚拟变量，X_{it} 为控制变量，$YearFE$ 和 $FirmFE$ 分别表示控制年份固定效应和个体固定效应。本章主要关注交乘项 $Treat_i \times Post_t$ 的回归系数 β_1，它衡量了央行担保品政策带来的净效应。对于企业现金持有水平而言，如果交乘项的回归系数显著为负，则表明央行担保品框架显著降低了企业现金持有水平。

(2) 识别策略

对于政策推出起始年份，根据《中国人民银行再贷款与常备借贷便利抵押品管理指引（试行）》（银发〔2015〕42号）以及黄振和郭晔（2021）等文件和文献，本章将 2013 年作为银行间市场的 AAA 级公司信用类债券被首次纳入合格担保品范围的起始年。对于实验组和对照组的划分标准，本章借鉴类似文献中的一般做法，以政策推出时公司是否属于担保品债券发行企业为标准（Grosse-Rueschkamp 等，2019；Todorov，2020；De Santis 和 Zaghini，2021；Adelino 等，2023）。具体而言，本章将 2012 年年底在银行间债券市场有存续的 AAA 级企业债或中期票据的公司划分为实验组，没有存续的 AAA 级企业债或中期票据的公司划分为对照组。

7.2.3 变量定义

对于因变量现金持有水平的度量，本章借鉴相关文献中的一般做法，选取货币资金占非现金资产的比重（Cash1）和货币资金与交易性金融资产之和占非现金资产的比重（Cash2）两种指标进行度量（杨兴全和尹兴强，2018；钱雪松等，2019；黎文靖和严嘉怡，2021）。模型（7-1）中自变量 Treat 和 Post 均为虚拟变量。对于变量 Treat，当样本企业属于实验组时，Treat 取值为 1；否则，取值为 0。对于年份虚拟变量 Post，当年份为 2013 年及以后时，Post 取值为 1；否则，取值为 0。

对于控制变量，本章选取包括公司规模（Size）、成长性（Growth）、资产负债率（Lev）、经营活动现金流（CFO）、资产报酬率（ROA）、净营运资本（NWC）、固定资产占比（PPE）以及管理费用率（Adfee）作为控制变量。本章的主要变量如表 7-1 所示。在回归前，本章对所有百分数变量统一乘以了 100。

表 7-1　变量定义

变量类型	变量符号	变量名称	变量定义
因变量	Cash1	现金持有	货币资金/(总资产 - 货币资金)
	Cash2		(货币资金 + 交易性金融资产)/(总资产 - 货币资金 - 交易性金融资产)
自变量	Treat	实验组	当公司为实验组时，Treat = 1；否则，为对照组，Treat = 0
	Post	政策实施起始年	2013 年及以后年份，Post 取值为 1；否则，取值为 0
控制变量	Size	公司规模	总资产的自然对数
	Growth	成长性	营业收入同比增长率
	Lev	资产负债率	总负债/总资产
	CFO	经营活动现金流	经营活动产生的现金流量净额/总资产
	ROA	资产报酬率	息税前利润/总资产
	NWC	净营运资本	(流动资产 - 货币资金 - 流动负债)/(总资产 - 货币资金)
	PPE	固定资产占比	固定资产净额/总资产
	Adfee	管理费用率	管理费用/营业收入

7.3　央行担保品政策对企业现金持有的影响结果分析

7.3.1　央行担保品政策对企业现金持有的影响检验

首先，本章采用双重差分模型（7-1），对央行担保品政策对企业现金持有的影响进行回归分析，结果如表 7-2 所示。列（1）是以 Cash1 为因变量的回归结果,可以看出交乘项 $Treat \times Post$ 的回归系数在1%的显著性水平上显著为负。这表明央行担保品政策实施后,担保品债券发行企业相较非担保品债券发行企业而言,现金持有水平显著降低,即将AAA级公司信用类债券纳入货币政策担保品范围这一央行担保品政策发挥了显著降低企业现金持有水平的作用。类似地,列(3)是以 $Cash2$ 为因变量的回归结果,仍然可以得出一致的结论。

表7-2　　央行担保品政策对企业现金持有的影响检验

变量名称	(1) 现金持有	(2) 现金持有	(3) 现金持有	(4) 现金持有
变量符号	$Cash1$	$Cash1$	$Cash2$	$Cash2$
$Treat \times Post$	-1.415***		-1.254***	
	(-3.30)		(-2.85)	
$Treat \times Year_{2010}$		-0.261		-0.282
		(-0.51)		(-0.54)
$Treat \times Year_{2011}$		0.362		0.381
		(0.82)		(0.84)
$Treat \times Year_{2012}$		0.139		0.145
		(0.46)		(0.46)
$Treat \times Year_{2014}$		-0.514*		-0.511*
		(-1.92)		(-1.84)
$Treat \times Year_{2015}$		-0.522		-0.299
		(-1.48)		(-0.81)
$Treat \times Year_{2016}$		-1.906***		-1.675***
		(-4.49)		(-3.80)
$Size$	1.026***	1.458***	1.155***	1.637***
	(2.75)	(3.25)	(2.98)	(3.51)
$Growth$	-0.000	-0.000	-0.000	-0.000
	(-0.69)	(-0.20)	(-0.72)	(-0.23)
Lev	-0.003	0.014	-0.005	0.014
	(-0.23)	(0.84)	(-0.34)	(0.82)
CFO	0.072***	0.081***	0.077***	0.089***
	(5.76)	(5.60)	(6.05)	(6.12)
ROA	0.335***	0.251***	0.354***	0.273***
	(8.24)	(5.85)	(8.16)	(6.05)
PPE	-0.218***	-0.220***	-0.221***	-0.221***
	(-15.71)	(-13.21)	(-15.67)	(-13.09)

续表

变量名称 变量符号	(1) 现金持有 $Cash1$	(2) 现金持有 $Cash1$	(3) 现金持有 $Cash2$	(4) 现金持有 $Cash2$
NWC	-0.119***	-0.104***	-0.113***	-0.098***
	(-12.81)	(-10.19)	(-11.98)	(-9.32)
Adfee	0.010	0.005	0.016	0.010
	(0.89)	(0.37)	(1.38)	(0.74)
_cons	-5.699	-15.102	-8.508	-19.089*
	(-0.68)	(-1.46)	(-0.97)	(-1.77)
年份固定效应	是	是	是	是
个体固定效应	是	是	是	是
样本量	27497	20927	27497	20927
R^2	0.103	0.093	0.100	0.091

注：①***、**和*分别表示在1%、5%和10%水平上显著；②标准误经公司个体层面聚类处理得到稳健标准误，括号中显示的为 t 值；后文含义相同，不再一一说明。

采用双重差分模型进行检验的前提是政策实施前实验组和对照组具有平行趋势。为此，本章采用Favara等（2021）的做法，以政策实施当年，即2013年为基期，构建年份虚拟变量与个体分组变量 $Treat$ 的交乘项，针对政策实施前与实施后各3年（2010—2016年）进行平行趋势检验。从表7-2列（2）可以看出，当因变量为 $Cash1$ 时，在政策实施前3年，交乘项的回归系数均不显著异于零，这表明实验组与对照组在政策实施前满足平行趋势假设；类似地，列（4）是以 $Cash2$ 为因变量的检验结果，也可以得出一致的结论。由此可知，本章的实验组和对照组的企业现金持有水平满足平行趋势要求。此外，表7-2还考察了央行担保品政策对企业现金持有的动态影响。从列（2）和列（4）可以看出，总体而言，政策实施后交乘项的回归系数显著为负，且2016年交乘项回归系数的绝对值明显大于2014年交乘项回归系数的绝对值，这不仅验证了央行担保品政策对企业现金持有起到了降低作用，还表明这一政策效应在逐渐增强。

为了更好地体现央行担保品政策对企业现金持有影响的变化情况，本章通过政策实施前与实施后3年实验组和对照组的现金持有水平的变化情况进行说明。以现金持有水平指标 $Cash1$ 为例，央行担保品政策实施前3年（2010—2012年），实验组公司的平均现金持有水平分别为16.57%、15.11%和14.10%，对照组公司的平均现金持有水平分别为15.97%、13.6%和12.77%；而央行担保品政策实施后3年（2013—2015年），实验组公司的平均现金持有水平分别为 12.94%、12.87% 和 13.77%，对照组公司的平均现金持有水平分别为 11.68%、11.99% 和 12.89%，可以看出样本期间内实验组公司和对照组公司的现金持有水平均有所降低，但实验组的降幅较大。由此可见，央行担保品政策确实起到了降低企业现金持有水平的作用。

从理论上来看，央行将 AAA 级公司信用类债券纳入货币政策担保品范围这一举措使央行货币发行这一国家信用行为与企业债券发行这一公司信用行为相挂钩，有利于缓解企业融资约束从而降低现金持有。本章实验组和对照组的划分策略也正是基于在政策冲击发生时，企业是否属于担保品债券发行企业来构造的。那么企业的担保品债券规模越大，是否其现金持有受央行担保品政策的影响越大？为了考察担保品债券规模对企业现金持有的影响，本章将企业的担保品债券规模（AAABond）作为自变量，并借助模型（7-2）进行检验：

$$Cash_{it} = \beta_0 + \beta_1 Post_t \times AAABond_i + \beta_2 X_{it} + YearFE + FirmFE + \varepsilon_{it}$$

(7-2)

模型（7-2）中，自变量 AAABond 表示企业担保品债券发行规模，并用政策实施前一年，即 2012 年企业的 AAA 级债券余额除以总资产表示，其余变量的含义均与模型（7-1）一致。基于模型（7-2）的回归结果如表 7-3 所示。从表 7-3 列（1）可以看出，当因变量为 Cash1 时，交乘项 Post×AAABond 的回归系数仍然显著为负。这表明在央行担保品政策推出时，企业的担保品债券余额规模越大，央行担保品政策对企业现金持有水平降低的促进作用越强。从经济层面上来看，企业担保品债券规模每提高 1%，其现金持有水平相应平均降低 1.4%①。类似地，列（2）以 Cash2 为因变量的回归结果也可以得出一致的结论。这表明，央行担保品政策可以通过企业担保品债券这一渠道发挥作用。

表 7-3　　　　担保品债券规模对企业现金持有的影响检验

变量名称	（1）现金持有	（2）现金持有
变量符号	Cash1	Cash2
Post×AAABond	-0.191**	-0.183*
	(-1.96)	(-1.84)
控制变量	是	是

① 现金持有变化幅度等于交乘项回归系数（-0.191）除以现金持有水平均值（13.61%）。

续表

变量名称	（1）现金持有	（2）现金持有
变量符号	$Cash1$	$Cash2$
年份固定效应	是	是
个体固定效应	是	是
样本量	23509	23509
R^2	0.113	0.110

7.3.2 稳健性检验

货币政策担保品框架是央行基于货币政策调控的需要以及维护央行资产安全的考虑而创设的，属于一种创新型的货币政策，AAA级公司信用类债券被央行纳入货币政策担保品范围对公司而言属于外生冲击，是一个难得的准自然实验。本章基于该准自然实验，采用双重差分方法检验央行担保品政策对企业现金持有的影响，能够较为有效地消除模型可能存在的内生性问题。然而，仍然可能存在一些未考虑到的因素对结果可靠性产生影响的情况。为进一步验证结论的可靠性，本章采用如下方法对回归结果进行稳健性检验：①使用PSM-DID方法；②使用熵平衡法检验；③剔除主体信用评级较低的公司样本；④剔除2013年以后新发行担保品债券的对照组企业；⑤剔除实验组公司不再属于担保品债券发行企业的样本；⑥缩短样本区间；⑦随机分组检验；⑧剔除现金持有水平过低的公司样本；⑨更换现金持有水平的度量方式；⑩使用OLS模型①。考虑到篇幅限制，本章只列示关键变量的回归结果。

（1）使用PSM-DID方法

本章依据央行担保品政策实施时企业是否发行且有存续的AAA级公司信用类债券为标准划分实验组和对照组，但潜在的可能是担保品债券发行企业在财务特征上表现更好。为了缓解样本选择偏误导致的内生性问题，本章采用PSM-DID方法进行稳健性检验。为了保证结果的稳健性，本章采用一对四近邻匹配、半径匹配以及核匹配的方式进行匹配，并且保证匹配后实验组与对照组之间各个协变量的偏差均小于10%，同时 t 检验表明各个协变量的取值在两组间不存在系统性偏差。基于PSM-DID的回归结果如表7-4所示，从回归结果可以看出，交乘项的回归系数仍然显

---

① 本章还考虑了通过增加控制变量、改变政策发生时点进行安慰剂检验等方法进行稳健性检验，结论均保持不变。受篇幅限制，未展示该结果。

著为负，这表明表7-2的回归结果是稳健的。

表7-4　　　　　　　使用PSM-DID的回归结果

匹配方式	(1)近邻匹配	(2)近邻匹配	(3)半径匹配	(4)半径匹配	(5)核匹配	(6)核匹配
变量名称	现金持有	现金持有	现金持有	现金持有	现金持有	现金持有
变量符号	$Cash1$	$Cash2$	$Cash1$	$Cash2$	$Cash1$	$Cash2$
$Treat \times Post$	-1.179**	-0.979*	-1.360***	-1.201***	-1.360***	-1.201***
	(-2.42)	(-1.94)	(-3.17)	(-2.73)	(-3.17)	(-2.73)
控制变量	是	是	是	是	是	是
年份固定效应	是	是	是	是	是	是
个体固定效应	是	是	是	是	是	是
样本量	9030	9030	27144	27144	27144	27144
R^2	0.181	0.168	0.106	0.102	0.106	0.102

(2) 使用熵平衡法检验

前文已使用PSM-DID方法为实验组匹配控制组样本进行稳健性检验，但是PSM-DID方法的缺陷在于存在删除无法匹配的控制组样本导致样本量产生较大损失的情况。熵平衡法与PSM-DID方法较为类似，但不同点在于熵平衡法能计算出实验组与对照组在所有特征变量上的平衡权重，并基于权重值匹配实验组样本与对照组样本。因此，本章借鉴杨国超和蒋安璇（2022）的方法，采用熵平衡法进行稳健性检验，并对模型（7-1）进行重新回归，回归结果如表7-5所示。回归结果显示，交乘项的回归系数仍然显著为负，这表明表7-2的回归结果是稳健的。

表7-5　　　　　　　基于熵平衡法的回归结果

变量名称	(1) 现金持有	(2) 现金持有
变量符号	$Cash1$	$Cash2$
$Treat \times Post$	-1.050***	-0.956***
	(-3.48)	(-3.07)
控制变量	是	是
年份固定效应	是	是
个体固定效应	是	是
样本量	27306	27306
R^2	0.2160	0.1978

(3) 剔除主体信用评级较低的公司样本

由于债项评级在很大程度上依赖于公司信用评级，因此实验组公司可能具有更高的信用评级,而对照组公司则可能是信用评级较低的公司。为了消除这一因素带来的内生性问题,本章进一步剔除主体信用评级较低的公司样本,仅保留公司信用评级不低于 AA + 级的公司样本①,以缩小样本公司在信用评级维度的差异,并对模型(7-1)进行重新回归,回归结果如表 7-6 所示。回归结果显示,基于主体信用评级不低于 AA + 级的公司样本,交乘项的回归系数仍然显著为负,这表明表 7-2 的回归结果是稳健的。

表 7-6　　　　　剔除主体信用评级较低的公司样本

变量名称	(1) 现金持有	(2) 现金持有
变量符号	Cash1	Cash2
Treat × Post	-1.557 ***	-1.372 **
	(-2.92)	(-2.50)
控制变量	是	是
年份固定效应	是	是
个体固定效应	是	是
样本量	11334	11334
R^2	0.169	0.156

(4) 剔除 2013 年以后新发行担保品债券的对照组企业

考虑到在政策实施后,对照组企业存在为了获取政策红利而新发行担保品债券的可能,本章剔除在 2013 年以后新发行担保品债券的对照组企业样本并进行稳健性检验。通过重新回归的结果(见表 7-7),可以看出,交乘项回归系数仍然全部显著为负,这表明表 7-2 的回归结果是稳健的。

表 7-7　　　剔除 2013 年以后新发行担保品债券的对照组企业

变量名称	(1) 现金持有	(2) 现金持有
变量符号	Cash1	Cash2
Treat × Post	-1.510 ***	-1.366 ***
	(-3.42)	(-3.02)
控制变量	是	是
年份固定效应	是	是
个体固定效应	是	是
样本量	20571	20571
R^2	0.109	0.105

---

① 基于主体信用评级不低于 AA 级的公司样本,也可以得出一致的结论。

(5) 剔除实验组公司不再属于担保品债券发行企业的样本

考虑到债券具有一定的期限,部分 AAA 级债券在政策实施后会陆续到期,进而导致实验组公司没有存续的 AAA 级债券,本章对政策实施后的时间区间进行压缩,并删除样本期间截止前 AAA 级债券已经到期的实验组公司样本,以保证实验组公司的 AAA 级债券一直存续到研究区间终点。重新筛选实验组样本后的回归结果如表 7-8 所示。从表 7-8 可以看出,剔除实验组公司不再属于担保品债券发行企业的样本后,交乘项的回归系数仍然显著为负,因此本章的研究结论是稳健的①。

表 7-8 剔除实验组公司不再属于担保品债券发行企业的样本

变量名称	(1) 现金持有	(2) 现金持有
变量符号	$Cash1$	$Cash2$
$Treat \times Post$	-1.806***	-1.589***
	(-3.71)	(-3.14)
控制变量	是	是
年份固定效应	是	是
个体固定效应	是	是
样本量	26235	26235
R^2	0.099	0.096

(6) 缩短样本区间

为了降低样本期间可能包含的噪声对回归结果可靠性的影响,本章将样本期间进行缩短,选取 2009—2016 年作为新的样本期间对模型 (7-1) 进行重新回归,回归结果如表 7-9 所示②。回归结果显示,将样本期间缩短后,交乘项的回归系数仍然显著为负,这与表 7-2 的结论一致。

表 7-9 缩短样本区间

变量名称	(1) 现金持有	(2) 现金持有
变量符号	$Cash1$	$Cash2$
$Treat \times Post$	-1.106***	-1.013**
	(-2.66)	(-2.38)
控制变量	是	是

---

① 此外,本章还考虑了债项评级下调对实验组造成的影响。本章研究发现,对于实验组样本公司而言,2012 年年底存续的 AAA 级债券数量为 892 只,其中只有 9 只债券此后被下调信用评级,涉及 4 家实验组公司。剔除这 4 家实验组公司后重新回归仍然可以得出一致的结论。

② 本章还将样本期间缩短至 2010—2015 年进行检验,结论保持不变。

续表

变量名称	（1）现金持有	（2）现金持有
变量符号	Cash1	Cash2
年份固定效应	是	是
个体固定效应	是	是
样本量	22497	22497
R^2	0.106	0.104

（7）随机分组检验

为了进一步论证识别策略的有效性，本章采用随机分组的方式进行稳健性检验。具体过程如下：由于原实验组占总样本比例约为12%，因此在进行随机分组时，随机选取总样本数的12%作为实验组，余下的作为对照组。进行500次随机分组，并对每次随机分组获得的样本进行重新回归，得到回归系数与其 t 值的分布图。如果随机分组的结果不显著，则认为原识别策略是有效的。

随机分组检验的结果表明，以 Cash1 为因变量的随机分组回归系数主要集中在0附近，500次回归中 t 值小于 -2 的频数仅为15，这表明随机分组检验犯第二类错误的概率仅为3%。类似地，以 Cash2 为因变量的随机分组检验结果也可以得出一致的结论。由此可知，随机分组检验的结果是不显著的，即本章的识别策略和回归结果是可信的。

（8）剔除现金持有水平过低的公司样本

考虑到部分公司的现金持有水平过低，其现金持有水平与央行担保品政策的关联性较弱，本章剔除样本期间平均现金持有水平最低的10%的公司样本。重新回归的结果如表7-10所示。从表7-10可以看出，剔除现金持有水平过低的公司样本后，交乘项的回归系数仍然显著为负，这表明本章的研究结论是稳健的。

表7-10　　剔除现金持有水平过低的公司样本

变量名称	（1）现金持有	（2）现金持有
变量符号	Cash1	Cash2
Treat × Post	-1.531***	-1.355***
	(-3.35)	(-2.89)
控制变量	是	是
年份固定效应	是	是
个体固定效应	是	是
样本量	25578	25578
R^2	0.110	0.106

(9) 更换现金持有水平的度量方式

本章借鉴胡楠等（2021）、曾敏等（2022）以及胡国柳等（2019）对企业现金持有水平的衡量方式，采用货币资金除以总资产（Cash3）、货币资金与交易性金融资产之和除以总资产（Cash4）以及现金及现金等价物除以总资产（Cash5）三种指标作为企业现金持有水平的度量指标。重新回归的结果如表7-11所示。从表7-11可以看出，交乘项的回归系数仍然显著为负，这表明表7-2的回归结果是稳健的。

表7-11　　　　　　　　更换现金持有的度量方式

变量名称	(1) 现金持有	(2) 现金持有	(3) 现金持有
变量符号	Cash3	Cash4	Cash5
$Treat \times Post$	-0.973***	-0.860***	-0.648**
	(-3.56)	(-3.10)	(-2.38)
控制变量	是	是	是
年份固定效应	是	是	是
个体固定效应	是	是	是
样本量	27497	27497	25610
R^2	0.107	0.105	0.104

(10) 使用OLS模型

前文所有的回归结果均是基于控制年份固定效应和个体固定效应的双向固定效应模型得到。为了进一步增强主回归结果的稳健性，本章采用控制行业效应和时间趋势的OLS模型进行回归。重新回归的结果如表7-12所示。从表7-12可以看出，交乘项回归系数仍然全部显著为负，这表明表7-2的回归结果是稳健的。

表7-12　　　　　　　　使用OLS模型

变量名称	(1) 现金持有	(2) 现金持有
变量符号	Cash1	Cash2
$Treat \times Post$	-2.111***	-1.963***
	(-4.91)	(-4.47)
Treat	1.929***	1.922***
	(3.07)	(2.92)
Post	-1.059***	-1.156***
	(-5.56)	(-5.97)

续表

变量名称	（1）现金持有	（2）现金持有
变量符号	Cash1	Cash2
控制变量	是	是
行业效应和时间趋势	是	是
样本量	25473	25473
R^2	0.085	0.082

7.3.3 进一步研究

（1）央行担保品政策对企业现金资产结构的影响检验

企业持有的现金可以分为狭义现金和广义现金。其中，狭义现金是指货币资金，而广义现金还进一步包含交易性金融资产。从收益性来看，交易性金融资产的收益性比货币资金更高，在企业融资可得性增强的情况下，企业出于获取收益的考虑，可能会增加对具有"蓄水池"作用的诸如交易性金融资产的投资（胡奕明等，2017）。为此，本章将企业持有的现金分解为货币资金和交易性金融资产，以考察央行担保品政策对企业现金资产结构的影响。

表7-13是央行担保品政策对企业现金资产结构影响的检验结果。其中，Money、TranFin 和 MoneyTranFin 分别表示货币资金、交易性金融资产以及二者之和的持有水平，并分别用货币资金、交易性金融资产以及二者之和除以总资产进行度量。从表7-13可以看出，当因变量为货币资金加交易性金融资产这一广义现金持有水平（MoneyTranFin）时，列（1）中交乘项的回归系数显著为负，这表明央行担保品政策降低了企业的货币资金加交易性金融资产这一广义现金的持有水平；而当因变量为货币资金这一狭义现金持有水平（Money）时，列（2）中交乘项的回归系数也显著为负，这表明央行担保品政策降低了企业的货币资金这一狭义现金持有水平。通过对比二者回归系数的大小可以看出，列（2）中交乘项回归系数的绝对值（0.973）比列（1）的（0.86）大，这表明与货币资金加交易性金融资产这一广义现金持有水平相比，央行担保品政策对货币资金这一狭义现金持有水平的降低作用更强，这意味着央行担保品政策可能促进了企业交易性金融资产持有水平的上升。为此，本章进一步考察了央行担保品政策对企业交易性金融资产（TranFin）的影响。从表7-13列（3）可以看出，交乘项 Treat×Post 的回归系数为0.072，且在5%的显著性水平上显著为正，这说明央行担保品政策确实促进了具有"蓄水池"作用的企业交易性

金融资产规模的上升①。

综上所述,央行担保品政策实施后,担保品债券发行企业相较非担保品债券发行企业而言,货币资金持有水平显著降低,同时具有"蓄水池"作用的交易性金融资产规模上升,但总体而言央行担保品政策仍然发挥了降低企业现金持有水平的作用。

表7-13　央行担保品政策对企业现金资产结构的影响检验

变量含义	(1) 货币资金+交易性金融资产	(2) 货币资金	(3) 交易性金融资产
变量符号	MoneyTranFin	Money	TranFin
Treat × Post	-0.860***	-0.973***	0.072**
	(-3.10)	(-3.56)	(2.15)
控制变量	是	是	是
年份固定效应	是	是	是
个体固定效应	是	是	是
样本量	27497	27497	27497
R^2	0.105	0.107	0.007

(2) 央行担保品政策对企业现金来源和去向的影响检验

进一步地,本章考察央行担保品政策对企业现金来源和去向的影响。具体而言,本章从企业融资的视角考察央行担保品政策对企业现金来源的影响,并从债务偿还、股利支付和实体投资三个方面考察央行担保品政策对企业现金去向的影响。

对于融资规模(Financing),本章用借款收到的现金与吸收投资收到的现金之和除以总资产表示;对于债务偿还(DebtPay),本章用企业偿还债务支付的现金除以总资产表示;对于股利支付(Dividend),考虑到现金分红数据的可得性,本章基于上市公司样本进行研究,以公司的现金分红作为股利支付的度量指标,并用公司年度累计现金分红总额除以归属母公司股东的净利润表示;对于实体投资(Investment),本章借鉴赵静和陈晓(2016)、徐光伟等(2020)的做法,用固定资产、在建工程、工程物资、开发支出和无形资产的总和除以总资产衡量。

央行担保品政策对企业现金来源和去向影响的检验结果如表7-14所示。从表7-14可以看出,对于融资规模而言,列(1)中交乘项Treat × Post的回归系数在5%的显著性水平上显著为正,这表明央行担保品政策

---

① 在进一步考虑买入返售金融资产和衍生金融资产的情况下,这一结论也成立。

实施后，担保品债券发行企业相较非担保品债券发行企业而言，融资规模显著增加，即央行担保品政策改善了企业的融资可得性。而从企业资金投向来看，对于债务偿还而言，列（2）中交乘项 Treat×Post 的回归系数也在5%的显著性水平上显著为正，这表明央行担保品政策实施后，担保品债券发行企业相较非担保品债券发行企业而言，债务偿还支付的现金显著增加。此外，当因变量为企业股利支付和实体投资时，列（3）和列（4）中交乘项的回归系数均显著为正，这表明央行担保品政策还显著促进了企业的股利支付和实体投资增长。

表7-14　央行担保品政策对企业现金来源和投向的影响检验

变量名称	（1）融资规模	（2）债务偿还	（3）股利支付	（4）实体投资
变量符号	Financing	DebtPay	Dividend	Investment
Treat×Post	1.153**	1.202**	3.985*	1.112***
	(2.13)	(2.41)	(1.86)	(3.70)
控制变量	是	是	是	是
年份固定效应	是	是	是	是
个体固定效应	是	是	是	是
样本量	27497	27497	4500	27497
R^2	0.166	0.092	0.079	0.328

因此，结合表7-2和表7-14的研究结论可以得出，央行担保品政策通过扩大企业融资规模的方式改善了企业的融资可得性，这有助于降低企业对现金的预防性需求；同时，其在资金投向上不仅促进了企业债务偿还和股利支付，还进一步扩大了企业实体投资。

（3）央行担保品政策对企业现金持有价值的影响检验

本章进一步考察央行担保品政策对企业现金持有价值的影响。本章借鉴杨兴全和张照南（2008）、梁上坤等（2019）对于现金持有价值的研究，使用(年末股价×流通股股数+每股净资产×非流通股股数+负债)/总资产来对企业价值（MV）进行衡量，并用模型（7-3）检验央行担保品政策对企业现金持有价值的影响：

$$MV_{it} = \beta_0 + \beta_1 Treat_i \times Post_t \times Cash_{it} + \beta_2 Treat_i \times Post_t + \beta_3 Cash_{it}$$
$$+ \beta_4 X_{it} + YearFE + FirmFE + \varepsilon_{it} \tag{7-3}$$

在模型（7-3）中，本章将交乘项（Treat×Post）与现金持有水平（Cash）的乘积（Treat×Post×Cash）作为自变量，该自变量的回归系数反映了现金持有价值。对于控制变量，本章参考相关文献中的通用做法，进一步控制了公司的获利能力、投资、融资等其他影响企业价值的变量。由于企业价值的衡量需要使用股票市值数据,因此本章基于上市公司样本进行检验,回归结果如表7-15所示。从表7-15可以看出,列(1)和列(2)中三项交乘的系数显著为正,这表明央行担保品政策的实施能够提高企业现金持有价值。

表7-15 央行担保品政策对企业现金持有价值的影响检验

变量名称	(1) 企业价值	(2) 企业价值
变量符号	MV	MV
$Treat \times Post \times Cash1$	0.826***	
	(2.82)	
$Treat \times Post \times Cash2$		0.818***
		(2.80)
$Treat \times Post$	-3.141	-3.155
	(-0.57)	(-0.57)
$Cash1$	-0.331***	
	(-4.62)	
$Cash2$		-0.332***
		(-4.75)
控制变量	是	是
年份固定效应	是	是
个体固定效应	是	是
样本量	3938	3938
R^2	0.436	0.435

7.3.4 央行担保品政策对企业现金持有影响的异质性检验

尽管央行担保品政策可以降低企业的现金持有水平,但一个值得关注的问题是,该效应是否对主体信用评级差、融资约束高、资产规模小的"弱势企业"更强?一方面,由于央行担保品政策通过缓解融资约束可降低企业现金持有水平,因此一个直观的推断是央行担保品政策对这类"弱势企业"现金持有水平的降低作用更强。另一方面,许多实证研究表明,旨在帮扶"弱者"的政策并不一定会使"弱者"获利最大,"强者"仍然可能实现"赢者通吃"。例如,全球金融危机爆发后,受我国宽松的货币政策以及四万亿投资计划的影响,信贷资金并没有更多地流向融资约束更强的民营企业；相反，融资约束更弱的国有企业却获得了更多的信贷资金，并进行了更多低效率的投资（Deng 等，2015；Cong 等，2019；杨国超等，2020），从而形成更高的违约风险（曾海舰等，2022）。因此，本章进一步考察央行担保品政策对信用评级差、融资约束高、资产规模小的"弱势企业"现金持有的影响。

（1）基于企业主体信用评级的异质性检验

由于企业信用评级是影响企业债券发行的重要因素，因此本章从企业主体信用评级的角度进行异质性检验。具体而言，当公司主体信用评级为 AAA 级或 AA + 级时，本章将其划分为高信用评级公司；否则，划分为低信用评级公司，基于公司信用评级的分组回归结果如表 7-16 所示。

表 7-16　　　　基于企业主体信用评级的异质性检验

变量名称	（1）高信用评级公司	（2）低信用评级公司	（3）高信用评级公司	（4）低信用评级公司
变量符号	$Cash1$	$Cash1$	$Cash2$	$Cash2$
$Treat \times Post$	-1.557***	-0.344	-1.372**	-0.302
	(-2.92)	(-0.55)	(-2.50)	(-0.46)
控制变量	是	是	是	是
年份固定效应	是	是	是	是
个体固定效应	是	是	是	是
样本量	11334	16163	11334	16163
R^2	0.169	0.093	0.156	0.092
经验 P 值	0.098*		0.120	

从表 7-16 可以看出，对于高信用评级公司而言，当因变量为 $Cash1$ 时，交乘项 $Treat \times Post$ 的回归系数为 -1.557，且在 1% 的水平上显著为负，这表明央行担保品政策对高信用评级公司现金持有水平具有显著的降低作用；而对于低信用评级公司而言，当因变量为 $Cash1$ 时，交乘项 $Treat \times Post$ 的回归系数为 -0.344，但并不显著，且组间系数差异检验表明，这一系数的绝对值显著性小于高信用评级公司。这表明央行担保品政策对于高信用评级公司现金持有水平的降低作用更强①。类似地，列（3）和列

---

① 本章还借鉴刘行等（2018）、Xie 等（2022）以及 Yan 等（2023）中的做法，以企业主体信用评级为基准将 Treat 变量分解为高、低两个虚拟变量 $Treat\_HighRating$ 和 $Treat\_LowRating$，在模型中同时引入该变量的方法进行异质性检验，仍然可以得出一致的结论。此外，以企业融资约束和资产规模为基准将 Treat 变量进行分解的异质性检验，也可以得出与分组检验一致的结论。

(4) 以 $Cash2$ 为因变量的回归结果，也可以得出一致的结论。

(2) 基于企业融资约束的异质性检验

考虑到企业现金持有水平的变化还可能受到企业融资约束的影响，因此本章从企业融资约束的角度进行异质性检验。具体而言，本章使用 SA 指数衡量企业融资约束程度，该指数越大，表明企业融资约束程度越高（吴秋生和黄贤环，2017；杨理强等，2019）；当样本期间内公司融资约束平均程度高于各公司融资约束平均程度中位数时，本章将该公司划分为高融资约束公司；否则，划分为低融资约束公司。基于公司融资约束程度的分组回归结果如表 7-17 所示。

表 7-17 基于企业融资约束的异质性检验

变量名称	(1) 高融资约束公司	(2) 低融资约束公司	(3) 高融资约束公司	(4) 低融资约束公司
变量符号	$Cash1$	$Cash1$	$Cash2$	$Cash2$
$Treat \times Post$	0.113	-1.587***	0.142	-1.406***
	(0.08)	(-3.38)	(0.10)	(-2.92)
控制变量	是	是	是	是
年份固定效应	是	是	是	是
个体固定效应	是	是	是	是
样本量	12808	14689	12808	14689
R^2	0.116	0.105	0.115	0.098
经验 P 值	0.052*		0.076*	

从表 7-17 中可以看出，对于低融资约束公司而言，当因变量为 $Cash1$ 时，交乘项 $Treat \times Post$ 的回归系数为 -1.587，且在 1% 的水平上显著，这表明央行担保品政策对于低融资约束公司现金持有水平具有显著的降低作用；而对于高融资约束公司而言，当因变量为 $Cash1$ 时，交乘项 $Treat \times Post$ 的回归系数为 0.113，但并不显著，且组间系数差异检验表明，两组的交乘项系数之间差异显著，这表明央行担保品政策对于低融资约束公司现金持有水平的降低作用更强。类似地，列 (3) 和列 (4) 以 $Cash2$ 为因变量的回归结果，也可以得出一致的结论。

(3) 基于企业规模的异质性检验

本章从企业规模的角度，对央行担保品政策对企业现金持有水平的影响进行异质性检验。具体而言，当样本期间内公司平均企业规模大于各公司平均企业规模的中位数时，本章将该公司划分为规模较大公司；否则，划分为规模较小公司。基于公司规模的分组回归结果如表 7-18 所示。

表7-18　　　　　　　　基于企业规模的异质性检验

变量名称	（1）规模较大公司	（2）规模较小公司	（3）规模较大公司	（4）规模较小公司
变量符号	Cash1	Cash1	Cash2	Cash2
Treat × Post	-1.783***	1.606	-1.627***	1.740
	(-3.90)	(1.05)	(-3.47)	(1.13)
控制变量	是	是	是	是
年份固定效应	是	是	是	是
个体固定效应	是	是	是	是
样本量	15113	12384	15113	12384
R^2	0.128	0.098	0.123	0.095
经验 P 值	0.000***		0.000***	

从表7-18中可以看出，对于规模较大公司而言，当因变量为 Cash1 时，交乘项 Treat × Post 的回归系数为 -1.783，且在1%的水平上显著，这表明央行担保品政策对于规模较大公司现金持有水平具有显著的降低作用；而对于规模较小公司而言，当因变量为 Cash1 时，交乘项 Treat × Post 的回归系数为1.606，但并不显著，且组间系数差异检验表明，两组的交乘项系数之间差异显著，这表明央行担保品政策对于规模较大公司现金持有水平的降低作用更强。类似地，列（3）和列（4）以 Cash2 为因变量的回归结果，也可以得出一致的结论。

7.4　结论与启示

经济新常态以来，我国货币政策调控模式发生了根本性变革，以满足货币政策调控以及企业融资和经济高质量发展的需要。央行担保品政策作为一种创新型的货币政策，以调整担保品范围为手段，已成为我国经济新常态背景下货币政策调控的重要方式，但关于其政策效果却鲜有研究。本章以 AAA 级公司信用类债券被首次纳入央行担保品范围这一重要制度设计为切入点，从企业现金持有的视角采用双重差分模型研究了央行担保品政策的作用效果及其影响机制。研究发现，央行担保品政策实施后，与非担保品债券发行企业相比，担保品债券发行企业的货币资金持有水平显著降低，同时具有"蓄水池"作用的交易性金融资产规模上升，但总体而言，央行担保品政策仍然发挥了降低企业现金持有水平的作用。进一步研究表明，央行担保品政策通过扩大企业融资规模的方式改善了企业的融资可得性，这有助于降低企业对现金的预防性需求，同时促进企业债务偿还和股利支付，并且进一步提升企业实体投资和现金持有价值。本章的研究发现为我国新型货币政策的有效性检验提供了企业层面的微观证据，对于改善企业投融资以及促进经济高质量发展具有重要启示意义。

第一，应注重创造良好的货币政策环境和经济预期，这有利于新型货币政策作用的有效传导和充分发挥。事实上，受欧洲债务危机的影响，2016年3月欧洲央行推出的企业部门购买计划（CSPP）也曾将资产购买范围扩大到企业部门发行的公司债券，利用类似的制度设计将央行信用与公司信用相挂钩，向市场释放央行支持企业发展的积极信号，并以此刺激经济增长。但在危机背景下，这一非常规货币政策尽管对企业融资规模起到了扩大作用，但资金主要被企业用于支付股利和金融投资（De Santis 和 Zaghini，2021）。因此，在经济新常态背景下，应注重创造良好的货币政策环境和经济预期，在利用新型货币政策改善企业融资的同时，注重引导企业将资金投向实体经济部门和国家重点支持领域，防止企业投资脱实向虚。

第二，应关注货币政策可能出现的挤出效应，并加强对"弱势企业"融资的帮扶，提高金融资源配置效率。央行将AAA级公司信用类债券纳入合格担保品范围，通过将央行信用与企业信用相挂钩的方式释放支持企业融资的积极信号，有助于缓解担保品债券发行企业和金融机构的信息不对称，降低企业的违约风险，对企业的融资和投资起到积极促进作用。与非担保品债券发行企业相比，担保品债券发行企业往往资产规模较大、主体信用评级较高、融资约束程度较低，反而更容易从央行担保品政策中受益，这不仅会导致金融资源错配，还可能对"弱势企业"的融资产生挤出效应。因此，央行在制定货币政策时，应关注货币政策可能出现的挤出效应，并加强对"弱势企业"的融资帮扶。

第三，应关注债券市场改革对央行担保品政策有效性的影响。当前，我国债券市场正在快速发展，加快改革。央行担保品政策可以通过增信渠道发挥作用，而诸如债券刚性兑付机制被打破等债券市场改革会对企业的债券信用风险产生一定的冲击，从而影响央行担保品政策的有效性。除此之外，由于央行担保品政策将央行的货币发行行为与企业的担保品债券发行行为相挂钩，因此债券市场刚性兑付机制被打破导致的债券违约风险也会部分转移到央行，从而增加系统性金融风险。因此，央行应关注债券市场改革，这不仅有利于提高央行担保品政策的有效性，还有利于防范系统性金融风险。

第8章 央行担保品政策对企业投资的影响

货币政策如何更有效地改善企业投资一直是中国经济面临的难题。大量研究表明，传统宽松的货币政策在缓解企业融资约束的同时并不一定发挥了改善企业投资的作用。自2008年金融危机以来，我国通过宽松的货币政策释放的流动性并未完全进入实体经济领域（马理和范伟，2019），扩张的货币政策反而成为企业投资脱实向虚的推动因素（郑尊信等，2020），这不仅会损害投资效率和企业创新（张成思和张步昙，2016；王红建等，2017），还可能诱发系统性金融风险（彭俞超等，2018）。

经济新常态以来，我国货币政策调控模式发生了根本性变革。其中，代表性举措是央行创设了以中期借贷便利（MLF）为代表的一系列借贷便利工具，并基于此构建了货币政策担保品框架。在该担保品框架下，央行首次将企业部门发行的公司信用类债券纳入货币政策担保品范围，通过将央行信用与企业信用相挂钩的方式引导银行信贷配置，以发挥改善企业投资的作用。在寻求经济高质量发展的现实背景下，将企业部门发行的公司信用类债券纳入货币政策担保品范围这一创新型的货币政策是否发挥了预期的效果，现已成为政策制定和学术研究中亟须回答的重大问题。

从现有文献来看，我国在经济新常态背景下创设的货币政策担保品框架，尤其是首次将企业部门发行的AAA级公司信用类债券纳入央行担保品范围这一重要制度设计，尽管早于2016年3月欧洲央行推出的企业部门购买计划（CSPP），但国内外关于其政策实施效果还缺乏针对性的研究，特别是将公司信用类债券纳入货币政策担保品范围这一央行担保品政策能否发挥实体经济效应仍然有待探索。

本章以货币政策担保品框架的创设为准自然实验，以公司信用类债券被首次纳入合格担保品范围为切入点，从企业投资的角度考察央行担保品政策的微观效应。研究表明，货币政策担保品框架创设后，与非担保品债券发行企业相比，担保品债券发行企业的投资水平显著增加。进一步地，央行担保品政策可以通过增强企业融资可得性、降低债务融资成本以及压缩金融投资等方式，发挥促进企业实体投资增长的作用。

8.1 央行担保品政策对企业投资的影响机制分析

在经济新常态背景下，央行将公司信用类债券纳入货币政策合格担保品范围，这一方面会提升公司信用类债券的稀缺性，还有可能通过增信效应、信号效应等渠道对担保品债券发行企业的融资产生积极影响，从而促进企业投资。另一方面，在货币政策担保品框架下，是否拥有担保品成为商业银行获取央行信用的重要约束，央行将公司信用类债券纳入担保品范围扩大了商业银行的合格担保品规模，有助于商业银行从央行融资并增加对企业的信贷投放（王永钦和吴娴，2019；邓伟等，2021），从而对企业投资产生促进作用，具体分析如下。

从企业的视角来看，央行将公司信用类债券纳入合格担保品范围提升了此类债券的稀缺性，并可能进一步通过增信渠道和信号效应缓解担保品债券发行公司的融资约束，从而促进企业投资。首先，当公司信用类债券被纳入货币政策担保品范围后，会增强该类债券的稀缺性，这有助于降低企业的融资成本并增强信贷可得性（Van Bekkum 等，2018；Mésonnier 等，2022；郭晔和房芳，2021）。其次，将公司信用类债券纳入央行担保品范围可以对担保品债券发行企业产生增信作用，从而改善企业投资。这是因为公司信用类债券被纳入央行合格担保品范围，就意味着央行基础货币投放这一国家信用行为与公司的债券发行这一公司信用行为相挂钩，这会对该类债券形成直接的增信作用，起到改善企业融资并发挥促进企业投资的作用。最后，将公司信用类债券纳入货币政策担保品范围，本身就代表着央行对担保品债券发行企业的政策支持，这会释放出积极的信号从而改善企业投资。

从商业银行的视角来看，央行将公司信用类债券纳入担保品范围扩大了商业银行持有的合格担保品规模，有助于商业银行增加对企业的信贷投放以改善企业融资可得性，从而促进企业投资。央行将公司信用类债券纳入担保品范围，不仅直接扩大了商业银行持有的合格担保品规模，还便于商业银行通过质押合格担保品的方式向央行融资，有助于增强商业银行向企业投放信贷的能力，同时可以缓解市场中合格担保品的短缺问题，降低商业银行的流动性风险并增强商业银行向企业投放贷款的意愿，从而改善企业融资环境并促进企业投资。

此外，我国央行担保品政策具有很强的政策倾向性，即引导商业银行向实体经济部门投放资金，避免资金过度地流向金融领域；引导企业压缩金融投资以促进企业实体投资。一方面，作为央行担保品政策支撑工具的借贷便利工具属于结构性工具，肩负着引导银行信贷资金流向实体经济部门、促进企业实体投资的任务（彭俞超和方意，2016；邓伟等，2021）。例如，央行网站对中期借贷便利的概述中明确指出，"引导其向符合国家政策导向的实体经济部门提供低成本资金"；央行发布的货币政策执行报告也反复强调，"在开展借贷便利操作的同时，引导金融机构加大对实体经济的支持力度"。另一方面，作为央行担保品政策核心内容的合格担保品范围也具有政策倾向性，其有助于引导企业增加实体投资。央行合格担保品范围体现出央行对特定行业及投资领域的偏好。例如，为了促进企业绿色发展，央行于2018年6月进一步将绿色金融债券和优质的绿色贷款纳入MLF担保品范围（郭晔和房芳，2021；陈国进等，2021；Macaire和Naef，2021）。央行在创设担保品框架之初就将AAA级公司债券纳入合格担保品范围，加之其明确要求商业银行加大对实体经济部门的资金投放，这有助于引导企业压缩金融投资以促进企业实体投资。基于以上分析，本章提出如下研究假说：

H7：将公司信用类债券纳入货币政策担保品范围这一央行担保品政策能显著促进企业投资。

8.2 研究数据与研究设计

8.2.1 研究数据

在样本选取方面，本章选取在银行间债券市场发行了公司信用类债券（包含企业债和中期票据）的公司作为研究样本，这一样本选取策略具有如下优势：其一，本章依据公司是否属于担保品债券发行企业识别央行担保品框架对企业的影响，因此将实验组样本公司定义为担保品债券发行企业，将对照组样本公司定义为非担保品债券发行企业，以与央行将公司信用类债券纳入央行担保品范围的制度要求相匹配；其二，统一选择发行了债券的公司作为研究样本，这可以保证样本公司在发行债券这一融资行为上的一致性，减少了样本自选择偏误；其三，在银行间债券市场发行了公司信用类债券的公司既包含上市公司也包含非上市公司，使样本更具有多样性和代表性。债券发行和交易的数据以及公司层面的其他财务数据均来源于 Wind 数据库，其他控制变量数据均来源于央行网站及国家统计局网站。

本章选取 2008—2017 年的数据进行研究，主要考虑如下：其一，我国央行担保品框架创设于 2012 年年底，该区间正好覆盖了政策实施前与实施后各 5 年的数据；其二，2007 年我国开始实行新会计准则，以 2008 年作为样本起始年份能够保证各公司财务数据的纵向可比性；其三，2018 年 6 月央行扩大了中期借贷便利（MLF）的担保品范围，进一步将 AA 级、AA + 级公司信用类债券纳入央行担保品范围，选择 2018 年以前的样本可以避免本次担保品扩容对本章识别策略的干扰。

本章对数据进行如下处理：①剔除主要变量缺失的样本；②剔除城投债券样本公司，这是因为城投债是地方政府的融资平台，扮演着市政债的角色，与一般企业发行的债券存在较大差异；③剔除金融业公司样本。此外，为减轻极端值的影响，本章对所有连续变量在 1% 和 99% 水平上进行缩尾处理，最终得到 1332 家公司，10766 个有效样本。

8.2.2 研究设计

(1) 研究模型

本章利用货币政策担保品框架的创设这一准自然实验，并以公司信用类债券被首次纳入合格担保品范围为切入点，采用双重差分（DID）模型对央行担保品政策的影响进行研究。需要指出的是，货币政策担保品框架是央行根据我国货币政策调控等方面的需要创设的，该框架的创设取决于央行，对于本章研究的公司样本而言，货币政策担保品框架的创设是外生事件。因此，公司信用类债券被首次纳入合格担保品范围是一个难得的准自然实验。在准自然实验情形下，双重差分模型通过比较某一事件对实验组和对照组经济主体施加影响的差异，可以较好地克服干扰因果关系的其他因素以及遗漏变量的影响。本章的双重差分模型如模型（8 - 1）所示，且回归标准误在公司层面进行了聚类调整：

$$Invest_{it} = \alpha_0 + \alpha_1 Treat_i \times Post_t + \alpha_2 Treat_i + \alpha_3 Post_t + \alpha_i Controls_{it} + \varepsilon_{it}$$

(8 - 1)

模型（8 - 1）中，i 表示企业个体，t 表示年份，因变量 $Invest_{it}$ 表示企业投资，$Treat_i$ 表示是否为实验组的虚拟变量，$Post_t$ 表示是否为政策实施后的年份虚拟变量，其余为控制变量。本章主要关注交乘项 $Treat_i \times Post_t$ 的回归系数 α_1，它衡量了央行担保品政策带来的净效应。对于企业投资而言，如果交乘项的回归系数显著为正，则表明央行担保品政策显著促进了企业投资。

（2）识别策略

对于政策推出起始年份，根据《中国人民银行再贷款与常备借贷便利抵押品管理指引（试行）》（银发〔2015〕42号）以及黄振和郭晔（2021）等文件和文献，本章将2013年作为银行间市场的AAA级公司信用类债券被首次纳入合格担保品范围的起始年。对于实验组和对照组的划分标准，本章借鉴类似文献中的一般做法，以政策推出时公司是否属于担保品债券发行企业为标准（Grosse–Rueschkamp等，2019；Todorov，2020；De Santis 和 Zaghini，2021；Adelino等，2023）。具体而言，本章将2012年年底在银行间债券市场有存续的AAA级企业债或中期票据的公司划分为实验组，将没有存续的AAA级企业债或中期票据的公司划分为对照组。

（3）变量定义

本章的主要因变量为企业实体投资，用实体资产占总资产的比重（Invest）表示，其中实体资产用固定资产、在建工程、工程物资、开发支出和无形资产的总和表示（赵静和陈晓，2016）。本章的主要自变量包括分组虚拟变量（Treat）、政策实施年份虚拟变量（Post）及其交乘项 $Treat \times Post$。按照前文的分组标准，当政策发生时，如果公司属于担保品债券发行企业，则将其定义为实验组，即 $Treat=1$；否则，为对照组，即 $Treat=0$。对于政策实施起始年变量 Post，当年份为2013年及以后时，Post 取值为1；否则，取值为0。

对于控制变量，本章控制了公司规模（Size）、营业收入增长率（Growth）、资产负债率（Lev）、经营现金流比率（CFO）、资产收益率（ROA）、债券发行期限（Term）、公司上市与否（List）以及公司主体信用评级（Rating）等公司层面的变量（刘海明和李明明，2020；杜勇等，2019）。此外，考虑到宏观经济增长、传统货币政策工具、行业和地区差异以及时间趋势的影响，本章还纳入了公司所在地GDP增长率（GDP）、广义货币供应量增长率（M2）、公司所处行业和地区以及时间趋势作为控制变量。本章变量定义如表8–1所示。

表 8 - 1　　　　　　　　　　　变量定义

变量类型	变量符号	变量名称	变量定义
因变量	Invest	实体投资	100×(固定资产+在建工程+工程物资+开发支出+无形资产)/总资产
	DebtScale	信贷融资规模	100×(短期借款+长期借款)/总资产
	DebtCost	债务融资成本	100×财务费用/(短期借款+长期借款)
	FinAsset	金融投资	100×(交易性金融资产+衍生金融资产+买入返售金融资产+可供出售金融资产+持有至到期投资+投资性房地产)/总资产
自变量	Treat	实验组	当公司为实验组时，$Treat=1$；否则，为对照组，$Treat=0$
	Post	政策起始年	2013 年及以后年份，$Post$ 取值为 1；否则，取值为 0
	Treat × Post	交乘项	$Treat$ 与 $Post$ 的乘积
控制变量	Size	公司规模	公司总资产的自然对数
	Growth	营业收入增长率	(本年营业收入－上年营业收入)/上年营业收入
	Lev	资产负债率	总负债/总资产
	CFO	经营现金流比率	经营活动现金流量净额/总资产
	ROA	资产收益率	净利润/总资产
	Term	债券发行期限	债券计息日至偿还本息日的时间
	List	公司上市与否	上市公司，取值为 1；否则，取值为 0
	Rating	公司主体信用评级	根据公司的主体信用评级等级，分别对 AAA 级、AA 级 (包含 AA－级、AA 级和 AA＋级) 以及其他评级赋值 3、2、1
	GDP	公司所在地 GDP 增长率	公司所在省 (市) GDP 增长率
	M2	广义货币供应量增长率	广义货币供应量年增长率

8.3　央行担保品政策对企业投资的影响结果分析

8.3.1　央行担保品政策对企业投资的影响检验

双重差分模型的前提假设在于，政策事件发生前实验组和对照组具有共同趋势。本章通过构建各年度虚拟变量与分组变量的交乘项作为自变量，考察各交乘项回归系数的显著性水平来判定实验组和对照组是否符合平行趋势假设。本章以政策实施前一年，即2012年为基期，对实验组和对照组进行平行趋势检验。

结果表明，2009—2011年交乘项的回归系数均位于0附近，且交乘项的回归系数均不显著，这表明在货币政策担保品框架创设之前，实验组与对照组的投资规模不存在显著差异。而在货币政策担保品框架创设之后，交乘项的回归系数呈现明显的上升趋势，且总体显著大于0，这表明货币政策担保品框架创设之后，实验组的实体投资规模显著高于对照组。因此，本章的实验组和对照组满足平行趋势假设。

进一步地，本章基于双重差分模型（8-1）检验央行担保品政策对企业投资的影响，回归结果如表8-2所示。当因变量为企业实体投资时，无论是否控制时间趋势，列（1）和列（2）中交乘项的回归系数均显著为正，这表明在货币政策担保品框架创设后，与非担保品债券发行企业相比，担保品债券发行企业的实体投资显著增加，即央行担保品政策对企业实体投资具有显著的促进作用。表8-2还考察了央行担保品政策对企业投资影响的动态效应，结果如列（3）所示。列（3）中2013年和2014年交乘项的回归系数不显著，但此后年份回归系数均显著且呈递增趋势，同时显著性水平也呈现递增态势，这表明央行担保品政策对企业投资的促进作用存在一定的时滞，但总体而言，其对企业投资发挥了显著且日益增强的政策作用。

表8-2　　　　央行担保品政策对企业投资的影响检验

变量名称	（1）实体投资	（2）实体投资	（3）实体投资
变量符号	Invest	Invest	Invest
$Treat \times Post$	2.299***	1.797**	
	(3.24)	(2.53)	
$Treat \times Year_{2013}$			1.058
			(0.94)
$Treat \times Year_{2014}$			1.481
			(1.32)
$Treat \times Year_{2015}$			2.409**
			(2.08)
$Treat \times Year_{2016}$			2.554**
			(2.11)
$Treat \times Year_{2017}$			4.325***
			(3.67)

续表

变量名称	（1）实体投资	（2）实体投资	（3）实体投资
变量符号	Invest	Invest	Invest
控制变量	是	是	是
行业 & 省份	是	是	是
时间趋势	是	否	否
样本量	10766	10766	10766
R^2	0.510	0.506	0.511

注：括号内数值为经聚类标准误调整的 t 值；*、** 和 *** 分别表示在 10%、5% 和 1% 的显著性水平上统计显著；下表同，不再一一说明。

央行担保品政策之所以能发挥逐渐增强的政策效果，除了归因于将 AAA 级公司信用类债券纳入担保品范围具有增信效应等作用外，还得益于央行借贷便利操作的配合，特别是央行借贷便利投放规模扩大、操作期限延长及操作利率降低等政策操作。这是因为当商业银行质押 AAA 级公司信用类债券向央行融资时，必须借助 SLF、MLF 等创新型货币政策工具实现。具体而言，从借贷便利的投放规模来看，2013—2020 年常备借贷便利（SLF）和中期借贷便利（MLF）的累计投放总额分别达 23650 亿元、14800 亿元、25296.35 亿元、62357 亿元、59364 亿元、53895 亿元、42365 亿元和 53362 亿元，投放规模保持稳步上升态势，这为商业银行提供了大规模的资金，有利于商业银行增加对企业的信贷投放。从借贷便利的操作期限来看，我国 MLF 创设之初期限仅为 3 个月，2015 年 6 月央行首次推出期限为 6 个月的 MLF，2016 年 1 月央行又推出了期限为 1 年的 MLF，此后 MLF 的操作期限均以 1 年期为主。MLF 操作期限的延长对于促进商业银行的贷款投放来说具有积极作用（Andrade 等，2019），且对于支持企业进行实体投资具有重要意义。而从借贷便利的操作利率来看，2014—2017 年，我国 MLF 的平均利率分别为 3.5%、3.41%、2.94%、3.17%[①]，总体呈现明显的下降趋势，这对于促进商业银行降低贷款利率并降低企业融资成本发挥了积极作用，从而起到改善企业投资的作用。

8.3.2 央行担保品政策对企业投资的影响机制检验

前文研究假说中指出，央行担保品政策能增强企业融资可得性、降低

---

① 该期间，我国央行推出了 3 个月、6 个月、12 个月三种期限的 MLF，且一年内多次进行了期限、利率不同的借贷便利操作。因此，本章基于手工收集的 MLF 操作的月度数据，通过操作期限、操作规模、操作利率的加权平均值计算得出 MLF 的平均利率。

企业融资成本，从而发挥改善企业投资的作用。因此，本章从企业融资规模、融资成本等方面就央行担保品政策对企业投资的影响机制进行检验。为此，在模型（8-1）的基础上进一步利用模型（8-2）和模型（8-3）进行检验：

$$Debt_{it} = \beta_0 + \beta_1 Treat_i \times Post_t + \beta_2 Treat_i + \beta_3 Post_t + \beta_i Controls_{it} + \varepsilon_{it} \tag{8-2}$$

$$Invest_{it} = \gamma_0 + \gamma_1 Treat_i \times Post_t + \gamma_2 Debt_{it} + \gamma_3 Treat_i + \gamma_4 Post_t \\ + \gamma_i Controls_{it} + \varepsilon_{it} \tag{8-3}$$

模型（8-2）和模型（8-3）中，$Debt_{it}$为刻画作用机制的中介变量，包括企业融资规模、融资成本等变量，其余变量均与前文一致。本章预期，对于融资规模而言，模型（8-2）中交乘项的回归系数β_1显著为正，即央行担保品政策能显著增加企业的融资规模。同时，模型（8-3）中融资规模的回归系数γ_2显著为正，即央行担保品政策能通过扩大企业融资规模的方式显著促进企业投资。类似地，对于融资成本而言，本章预期，模型（8-2）中交乘项的回归系数β_1显著为负，即央行担保品政策能显著降低企业的融资成本。同时，模型（8-3）中融资成本的回归系数γ_2显著为负，即央行担保品政策能通过降低企业融资成本的方式显著促进企业投资。

（1）增强企业融资可得性

本章先检验企业的融资可得性渠道这一传导机制，即央行担保品政策能通过扩大企业融资规模的方式改善企业投资。本章用企业的信贷融资规模（$DebtScale$）度量企业的融资可得性。基于模型（8-2）和模型（8-3）的回归结果如表8-3所示。从表8-3可以看出，当因变量为企业信贷融资规模时，列（2）中交乘项的回归系数显著为正，这表明央行担保品政策能显著增强企业的融资可得性。而当因变量为企业实体投资，且在模型（8-3）中加入信贷融资规模作为自变量时，列（3）中介变量$DebtScale$的回归系数仍然显著为正，这表明央行担保品政策可以通过增强企业融资可得性的方式促进企业实体投资[①]。

从实际情况来看，央行担保品政策对实体经济融资的促进作用正日益凸显。据央行发布的《中国货币政策执行报告》，货币政策担保品框架创设后，2014—2018年金融机构对实体经济发放的人民币贷款占同期社会融资规模增量的比重分别为61.4%、73.1%、69.9%、71.2%、81.4%，总体呈现明显的上升趋势。由此可知，央行担保品政策可以通过增强企业信

---

① 在控制时间趋势的情况下，表8-3和表8-4也可以得出一致的结论。

表 8-3　　央行担保品政策对企业投资的影响机制检验：
　　　　　　融资可得性渠道

变量名称 变量符号	（1）实体投资 Invest	（2）信贷融资规模 DebtScale	（3）实体投资 Invest
DebtScale			0.607 ***
			(37.40)
Treat × Post	1.773 **	0.802 *	1.286 **
	(2.48)	(1.74)	(2.00)
控制变量	是	是	是
行业 & 省份	是	是	是
样本量	10695	10695	10695
R^2	0.506	0.428	0.574

贷可得性的方式促进企业投资。

（2）降低企业债务融资成本

类似地，本章进一步对企业融资成本这一传导机制进行检验，即央行担保品政策能通过降低企业融资成本的方式改善企业投资。本章以企业的债务融资成本（DebtCost）作为企业融资成本的度量指标，基于模型（8-2）和模型（8-3）的回归结果如表 8-4 所示。从表 8-4 可以看出，当因变量为企业债务融资成本时，列（2）中交乘项的回归系数显著为负，这表明央行担保品政策有助于降低企业债务融资成本。而当因变量为企业实体投资且在自变量中加入债务融资成本这一中介变量时，列（3）中 DebtCost 的回归系数仍然显著为负，这表明央行担保品政策可以通过降低企业信贷融资成本的方式增加企业实体投资。

表 8-4　　央行担保品政策对企业投资的影响机制检验：
　　　　　　债务融资成本渠道

变量名称 变量符号	（1）实体投资 Invest	（2）债务融资成本 DebtCost	（3）实体投资 Invest
DebtCost			-0.193 ***
			(-5.61)
Treat × Post	1.787 **	-0.777 ***	1.637 **
	(2.43)	(-3.64)	(2.23)
控制变量	是	是	是
行业 & 省份	是	是	是
样本量	9893	9893	9893
R^2	0.511	0.142	0.512

(3) 压缩企业金融投资

以上的检验结果表明,央行担保品政策可以通过缓解企业融资约束的方式促进企业实体投资。但一个值得思考的问题是,央行担保品政策在促进企业实体投资的同时是否会导致企业金融投资的增加?对此,本章进一步考察央行担保品政策对企业金融投资的影响,基于模型(8-2)和模型(8-3)的回归结果如表8-5所示。

表8-5 央行担保品政策对企业投资的影响机制检验:压缩金融投资

变量名称 变量符号	(1) 实体投资 Invest	(2) 金融投资 FinAsset	(3) 实体投资 Invest
FinAsset			-0.751***
			(-33.42)
Treat × Post	1.797**	-0.558**	1.378**
	(2.53)	(-2.16)	(2.02)
控制变量	是	是	是
行业 & 省份	是	是	是
样本量	10766	10766	10766
R^2	0.506	0.236	0.549

从表8-5可以看出,列(2)中交乘项的回归系数显著为负,这表明央行担保品政策对企业金融投资产生了显著的抑制作用。从回归系数的大小来看,表8-5列(2)金融投资的回归系数为-0.558,而表8-2列(2)实体投资的回归系数高达1.797,这表明实体投资的增长幅度远高于金融投资的降低幅度。同时,在回归模型(8-3)中加入金融投资作为中介变量时,表8-5列(3)的FinAsset的回归系数仍然显著为负,这表明央行担保品政策通过压缩企业金融投资的方式促进了企业实体投资。这可能是因为央行担保品政策具有支持实体投资的政策倾向性,避免资金过度地流向金融领域。作为央行担保品政策支撑工具的借贷便利工具具有较强的政策倾向性,肩负着引导银行信贷资金流向实体经济部门、促进企业实体投资的任务(彭俞超和方意,2016;邓伟等,2021)。例如,央行网站对中期借贷便利的概述中明确指出,"引导其向符合国家政策导向的实体经济部门提供低成本资金";同时,央行发布的《货币政策执行报告》也强调,"在开展借贷便利操作的同时,引导金融机构加大对实体经济的支持力度"。因此,央行担保品政策通过引导企业资金投向,促使企业压缩

金融投资从而促进实体投资。

(4) 基于商业银行信贷投向视角的检验

为了充分说明央行担保品政策能通过缓解企业融资约束的方式促进企业实体投资，本章进一步从商业银行信贷投向的角度进行论证。本章预期，货币政策担保品框架创设后，商业银行对实体经济的信贷投放会显著增加。在货币政策担保品框架下，商业银行利用借贷便利工具向央行借款需要提供合格担保品，即商业银行持有的合格担保品规模越大，则从央行能获取的借贷便利规模越大，其向实体经济部门投放的信贷规模越大。因此，本章以商业银行所持有的合格担保品规模（$Collater_{it}$）作为自变量并利用回归模型（8-4）进行检验：

$$BankLoan_{it} = \gamma_0 + \gamma_1 Collater_{it} \times Post_t + \gamma_2 Collater_{it} + \gamma_3 Post_t \\ + \gamma_i Controls_{it} + \varepsilon_{it} \quad (8-4)$$

模型（8-4）中，因变量 $BankLoan_{it}$ 表示商业银行 i 在 t 年的贷款规模，其中，包括向实体经济部门贷款和向金融部门贷款两类。具体而言，实体经济部门贷款用银行企业贷款总量减去对金融业和房地产行业的企业贷款表示，并用向实体经济部门贷款与商业银行总资产之比（$PILoan$）进行度量，金融部门贷款规模则用商业银行对金融业和房地产行业的企业贷款之和与商业银行总资产之比（$FinLoan$）进行度量。$Collater_i$ 表示商业银行的合格担保品规模，采用各商业银行的合格担保品与银行资产之比表示，其中合格担保品范围与本章样本期间央行的规定一致，包括国债及地方政府债、央行票据、政策性金融债、公司信用类债券[①]。对于自变量 $Post_t$，与前文模型一致。模型（8-4）中还纳入了银行资产规模、资产收益率、资本充足率、不良贷款率、存款比例、成本收入比、非利息收入资产比、流动性资产比例等银行层面的控制变量，以及广义货币供应量增长率和一年期贷款基准利率两个货币政策方面的控制变量，以控制传统货币政策工具的影响。商业银行的贷款数据和合格担保品数据是基于每家商业银行的年报通过手工收集、整理得到，包括2009—2017年95家商业银行的数据。

基于模型（8-4）的回归结果如表8-6所示。从表8-6可以看出，当因变量为银行向实体经济部门贷款时，列（1）中交乘项的回归系数显

[①] 该期间央行规定的合格担保品仅包含公司信用类债券中的AAA级债券，但个体商业银行年报中并未披露其持有债券的信用等级，这导致难以剥离出其中的AAA级债券，但考虑到我国公司信用类债券中的AAA级债券占比较大且商业银行持有的债券信用等级通常较高的现实情况，因此将公司债券全部计入合格担保品。

著为正，这表明货币政策担保品框架创设后，合格担保品持有规模越大的商业银行对实体经济部门的贷款投放越多，这意味着商业银行在担保品框架下通过质押合格担保品的方式从央行获取了资金从而增加了向实体经济部门的贷款投放。类似地，列（2）的因变量为向金融部门贷款，交乘项的系数为 -4.419，尽管不显著，但仍可以说明央行担保品政策没有导致资金过度流向金融部门。因此，表8-6的结果表明，央行担保品政策显著增加了商业银行向实体经济部门的信贷投放，从而促进企业实体投资。

表8-6　　　　　　　　基于银行信贷投向的检验

变量名称	（1）向实体经济部门贷款	（2）向金融部门贷款
变量符号	PILoan	FALoan
Collater × Post	29.285***	-4.419
	(3.36)	(1.19)
控制变量	是	是
个体固定效应	是	是
样本量	721	722
R^2	0.525	0.174

8.3.3　进一步研究

前文侧重考虑央行担保品政策对企业投资规模的影响，那么央行担保品政策是否提升了企业投资质量？为此，本章进一步从企业创新和投资绩效两个方面考察央行担保品政策对企业投资质量的影响。具体而言，本章用无形资产投资和专利申请两种指标度量企业创新，其中无形资产投资（IntangiblePI）用开发支出与无形资产之和除以与总资产表示；同时，本章还采用企业发明专利申请（PatentInv）的自然对数度量企业创新。发明专利是企业三种专利类型中最具创新性的一类，其不仅可以度量企业创新的数量，还可以刻画企业创新的质量。企业投资绩效（ROA）用资产收益率度量。回归结果如表8-7所示。

表8-7　　　　央行担保品政策对企业投资质量的影响检验

变量名称	（1）无形资产投资	（2）发明专利申请	（3）投资绩效
变量符号	IntangiblePI	PatentInv	ROA
Treat × Post	0.583*	0.115**	0.630***
	(1.96)	(2.14)	(4.06)

续表

变量名称	（1）无形资产投资	（2）发明专利申请	（3）投资绩效
变量符号	IntangiblePI	PatentInv	ROA
控制变量	是	是	是
行业 & 省份	是	是	是
样本量	10766	10046	10766
R^2	0.140	0.092	0.345

从表 8-7 可以看出，对于无形资产投资而言，列（1）中交乘项的回归系数显著为正，这表明央行担保品政策能促进企业开发支出等无形资产投资。进一步地，列（2）中发明专利申请的回归系数显著为正，这表明央行担保品政策显著促进了企业专利申请数量和质量的提升；列（3）显示，当因变量为投资绩效时，交乘项的回归系数也显著为正，这表明与非担保品债券发行企业相比，担保品债券发行企业的投资绩效显著上升，即央行担保品政策促进了企业投资绩效的上升。结合前文实体投资规模的变化可以看出，央行担保品政策确实对企业的投资规模和质量的提升起到了显著的促进作用。

8.3.4 稳健性检验

货币政策担保品框架的创设是一个难得的准自然实验，本章采用了双重差分模型检验央行担保品政策对企业投资影响的因果关系，较好地减少了内生性问题的干扰，但仍然可能存在其他因素的干扰。为了保证结论的可靠性，本章基于表 8-2 的回归结果，从如下几个方面进行稳健性检验：①随机分组检验；②调整债券发行的时间区间；③重新匹配对照组；④将样本限定为公司主体信用评级高于 AA-级的公司；⑤利用交易所样本公司构造对照组；⑥采用熵平衡法调整对照组；⑦缩短样本期间；⑧更换企业投资的度量指标。具体做法、原因与结果如下。

（1）随机分组检验

前文依据公司是否发行了 AAA 级债券划分实验组和对照组并进行回归分析，此处本章对实验组和对照组进行随机分组，并基于随机分组数据重新回归和检验。如果随机分组的结果不显著，则表明依据公司是否发行了 AAA 级债券分组的检验结果是可信的。由于本章实验组观测值约占全样本的 30%，故每次随机选择 30% 的样本作为实验组，余下的 70% 作为对照组。为了便于对检验结果进行分析，我们进行 500 次随机分组和回归。

结果表明，当因变量为企业实体投资（Invest）时，回归系数总体位于 0 附近，且回归系数的 t 值也大多位于 0 附近，在 500 次重复回归中，回归系数的 t 值大于 2 的次数仅为 10，即随机分组检验犯第二类错误的概率仅为 2%。由此可知，前文的检验结果是可信的。

(2) 调整债券发行的时间区间

考虑到实验组中部分公司虽发行了 AAA 级债券，但货币政策担保品框架创设时可能已到期，本章进一步将实验组定义为在政策推出前与推出后均有存续的 AAA 级债券的公司，即担保品债券发行年度早于 2011 年且到期年度晚于 2014 年的公司。本章依据这一标准重新划分实验组，对主回归进行重新检验，结果如表 8-8 所示。从表 8-8 可以看出，对于企业实体投资而言，无论是否控制时间趋势，交乘项的回归系数均显著为正，这表明本章的结论是稳健的。

表 8-8　　　　调整债券发行时间区间的回归结果

变量名称	(1) 实体投资	(2) 实体投资
变量符号	Invest	Invest
Treat × Post	2.375 **	2.454 **
	(1.97)	(2.03)
控制变量	是	是
行业 & 省份	是	是
时间趋势	否	是
样本量	8227	8227
R^2	0.479	0.478

(3) 重新匹配对照组

考虑到实验组和对照组公司在公司特征方面的潜在差异可能造成样本选择偏误，本章基于全样本各年度的截面数据，为每家实验组公司按照如下原则匹配一家对照组公司：①选择与实验组同行业的公司；②选择与实验组公司规模类似的公司，即将同一行业内所有公司根据规模大小四等分为四个等级，选取同一等级规模的公司作为对照组；③选择与实验组经营活动现金流量比例（CFO）相似的公司，即在同行业、同规模组内选择 CFO 差值最小的样本作为对照组。重新匹配对照组的回归结果如表 8-9 所示。从表 8-9 可以看出，交乘项的回归系数仍然显著为正，因此本章的结论是稳健的。

(4) 将样本限定为公司主体信用评级高于 AA - 级的公司

由于债项评级在很大程度上依赖于公司主体信用评级，因此实验组公司

表 8-9　　重新匹配对照组的回归结果

变量名称 变量符号	（1）实体投资 Invest	（2）实体投资 Invest
Treat × Post	2.030 **	2.421 ***
	(2.42)	(2.90)
控制变量	是	是
行业 & 省份	是	是
时间趋势	否	是
样本量	6405	6405
R^2	0.607	0.611

可能具有更高的主体信用评级，而对照组公司则可能是主体信用评级较低的公司。为了消除这一因素带来的内生性问题，本章将样本限定为公司主体信用评级高于 AA-级的公司，即仅保留公司主体信用评级为 AA 级、AA+级和 AAA 级的公司，重新回归的结果如表 8-10 所示。从表 8-10 可以看出，交乘项的回归系数仍然显著为正，因此本章的结论是稳健的。

表 8-10　　将样本限定为公司主体信用评级高于
AA-级的公司的回归结果

变量名称 变量符号	（1）实体投资 Invest	（2）实体投资 Invest
Treat × Post	1.212 **	2.273 ***
	(1.97)	(3.03)
控制变量	是	是
行业 & 省份	是	是
时间趋势	否	是
样本量	9311	9311
R^2	0.461	0.528

（5）利用交易所样本公司构造对照组

为了消除实验组和对照组公司在债券发行评级上的差异，本章借鉴王永钦和吴娴（2019）的思路，选取仅在交易所发行了 AAA 级公司信用类债券的公司作为对照组。由于可用于货币政策合格担保品的公司信用类债券仅限于银行间市场发行的债券，而交易所发行的公司信用类债券不满足该要求，因此我国担保品独特的制度设计和分割的债券市场为更好地识别央行担保品政策对企业投资的影响提供了难得的便利。

具体而言，本章选择仅在交易所发行了 AAA 级公司信用类债券的公司作为对照组,以消除实验组和对照组公司在债项评级和投资机会等方面的差异,从而减弱内生性问题。同时,鉴于交易所的样本公司较少,不适宜将其单独作为对照组,本章将交易所的对照组公司与原有的对照组公司合并在一起作为新的对照组。此外,考虑到公司信用评级的潜在影响,本章仍然将实验组和对照组公司限定为公司信用评级高于 AA - 级的公司。最后,基于这一识别策略和样本的回归结果如表 8 – 11 所示。从表 8 – 11 可以看出,交乘项的回归系数仍然显著为正,因此本章的结论是稳健的。

表 8 – 11   利用交易所样本公司构造对照组的回归结果

变量名称	(1) 实体投资	(2) 实体投资
变量符号	*Invest*	*Invest*
Treat × Post	1.677**	2.169***
	(2.36)	(3.05)
控制变量	是	是
行业 & 省份	是	是
时间趋势	否	是
样本量	11199	11199
R^2	0.492	0.496

(6) 采用熵平衡法调整对照组

考虑到对照组与实验组公司在某些特征上的差异,本章进一步采用熵平衡法对对照组公司进行调整 (Hainmueller, 2012; Chahine 等, 2020; Madsen 和 McMullin, 2020; McMullin 和 Schonberger, 2020; 杨国超等, 2022),以消除因对照组公司与实验组公司在投资机会和投资风格上的差异造成的影响,回归结果如表 8 – 12 所示。从表 8 – 12 可以看出,当采用熵平衡法解决选择性偏误后,本章的研究结论依然是稳健的。

表 8 – 12   采用熵平衡法调整对照组的回归结果

变量名称	(1) 实体投资	(2) 实体投资
变量符号	*Invest*	*Invest*
Treat × Post	1.677**	2.169***
	(2.36)	(3.05)
控制变量	是	是
行业 & 省份	是	是
时间趋势	否	是
样本量	11199	11199
R^2	0.492	0.496

(7) 缩短样本期间

为减少噪声对研究结论的影响,本章将样本期间缩短为政策前与政策后4年,对主回归模型进行重新回归和检验,结果如表8-13所示。从表8-13可以看出,结论仍然保持不变。

表8-13　　　　　　　缩短样本期间的回归结果

变量名称	(1) 实体投资	(2) 实体投资
变量符号	Invest	Invest
Treat × Post	1.668**	2.072***
	(2.11)	(2.64)
控制变量	是	是
行业 & 省份	是	是
时间趋势	否	是
样本量	8824	8824
R^2	0.506	0.510

(8) 更换企业投资的度量指标

参照徐光伟等(2020)的做法,本章进一步将企业存货纳入实体资产,通过更换企业实体投资指标重新考察央行担保品政策对企业实体投资的影响,结果如表8-14所示。从表8-14可以看出,结论仍然保持不变。

表8-14　　　　　更换企业投资度量指标的回归结果

变量名称	(1) 实体投资	(2) 实体投资
变量符号	Invest	Invest
Treat × Post	1.797**	2.040***
	(2.53)	(3.00)
控制变量	是	是
行业 & 省份	是	是
时间趋势	否	是
样本量	10766	10766
R^2	0.506	0.324

8.4　结论与启示

经济新常态以来,我国货币政策调控模式发生了根本性变革。其中,代表性举措是央行创设了以中期借贷便利为代表的一系列借贷便利工具,并基于此构建了货币政策担保品框架。本章以货币政策担保品框架的创设为准自然实验,以公司信用类债券被首次纳入合格担保品范围为切入点,利用2008—2017年银行间市场发行债券的公司样本,运用双重差分模型从企业投资的视角考察了央行担保品政策能否发挥实体经济效应及其作用机制。本章的研究从企业投融资的微观视角为验证新型货币政策的有效性提供了实证证据,对于更好地实施新型货币政策以及促进经济高质量发展具有重要的借鉴价值。

第一,央行可以基于货币政策担保品框架进行货币政策调控,以有效影响企业融资和投资,促进经济高质量发展。本章的研究结论表明,在货币政策担保品框架下,央行通过借贷便利工具向商业银行提供流动性可以促进商业银行向实体经济部门增加信贷投放,并进一步增强企业信贷可得性、降低债务融资成本,从而促进企业投资增长。因此,在货币政策担保品框架下,央行可以基于借贷便利操作进行货币政策调控,这对于解决企业"融资难、融资贵"以及"脱实向虚"问题提供了新思路,对于经济高质量发展具有重要意义。

第二,本章证实了央行担保品扩容的合理性和必要性,这对于央行MLF扩容以及进一步的货币政策创新具有启示意义。央行首次将公司信用类债券纳入货币政策担保品范围本质上是一种担保品扩容行为,本章的研究结论表明,央行通过担保品扩容可以增强相关企业的信贷可得性、降低融资成本,并进一步促进企业投资。2018年央行将小微、绿色和"三农"金融债券等纳入担保品范围,正是央行担保品进一步扩容的体现,本章的研究发现为央行担保品扩容的合理性和必要性提供了理论和实证依据。因此,央行可以根据经济发展的需要,通过调整合格担保品广度和深度的方式引导商业银行对相关行业、产业、领域的信贷配置,从而发挥对目标领域的结构性调控效果。

第三,央行应注重货币政策担保品框架和债券市场的建设和完善,尤其应关注担保品信用评级、折损率确定等关键问题,合理控制信用风险。从国外的经验来看,担保品市场较容易出现逆向选择问题,金融机构更倾向于将信用等级较低的担保品质押给央行,从而给央行造成了较大的信用风险。从我国实际情况来看,经过2018年MLF担保品扩容后,我国担保品的范围和种类已基本涵盖了市场中现存的高等级债券,担保品要求已较为宽松。因此,加强对债券市场的建设,特别是合理地对担保品进行信用评级并确定合适的折损率,对于有效约束金融市场纪律、防范信用风险,以及有效发挥创新型货币政策效果和促进经济高质量发展具有重要意义。

结　语

经济新常态以来，我国央行创设了一系列具有流动性投放功能的借贷便利工具，并构建了基于担保品的货币政策新框架，央行担保品政策成为我国货币政策转型和建设现代中央银行制度的重要举措。商业银行是借贷便利操作的直接对象，借贷便利工具不仅肩负着灵活地向商业银行等交易对手提供流动性的任务，还承载着基础货币投放、流动性管理、市场利率调控等重要功能。我国央行构建基于担保品的货币政策调控新框架过程中，一个重要举措是首次将银行间债券市场发行的公司信用类债券纳入央行合格担保品范围，这意味着企业既是央行担保品的供给者，也是央行担保品政策的调控落脚点。央行通过这一制度设计将货币政策调控这一国家信用行为与企业债券发行这一公司信用行为直接挂钩，以此疏通货币政策的传导渠道，增强货币政策的有效性。但我国央行担保品政策在实施背景、支撑工具、政策定位上与国外具有显著差异，被赋予了远高于国外央行担保品政策的地位。因此，在新时代背景下，对我国央行担保品政策的作用效果进行系统性的研究，对于优化商业银行信贷配置，改善企业融资和投资，提高我国新型货币政策的有效性，建设现代中央银行制度，促进经济高质量发展具有重要的理论和现实意义。

本书分商业银行篇和企业篇两部分，系统地对央行担保品政策的作用效果和作用机制进行剖析和分析。商业银行篇中，本书基于手工收集的中国银行业数据，以借贷便利工具的运用以商业银行提供合格担保品这一制度设计为切入点构造识别策略，考察了央行担保品政策对商业银行贷款投放规模、贷款利率、流动性创造的影响和作用机制。研究发现，在货币政策担保品框架下，央行可以通过借贷便利操作有效影响商业银行贷款投放规模、贷款利率以及流动性创造水平。进一步研究表明，央行担保品政策可以通过商业银行担保品渠道和借贷便利操作的方式发挥作用。企业篇中，本书基于中国债券市场的数据，以公司信用类债券被首次纳入货币政策担保品范围这一制度设计为切入点构造识别策略，考察了央行担保品政策对企业信贷融资、商业信用融资、现金持有以及投资行为的影响和作用机制。研究发现，在货币政策担保品框架下，央行可以通过调整担保品范围的方式有效影响企业融资和投资行为。进一步研究表明，央行担保品政策会通过债券市场、信贷市场、产品市场等渠道进行传导，并通过增信效应、稀缺性效应以及信号效应发挥作用。本书对于揭示中国新型货币政策的作用效果和传导机制，理解中国货币政策调控的新框架和新思路具有一定的启发。

我国央行可以运用借贷便利工具更好地进行货币政策调控。长期以来，我国央行主要依赖公开市场操作进行流动性管理，但经济新常态背景下银行系统流动性的结构性问题日益突出，传统的货币政策工具越来越不适应央行流动性管理的需要，抑制了商业银行的流动性创造能力，不利于实体经济融资。一方面，借贷便利工具可以通过质押合格担保品的方式向规模较大的商业银行提供流动性，降低银行体系的流动性风险，促进商业银行贷款投放，引导降低贷款利率。另一方面，借贷便利工具还可以通过同业融资的方式向规模较小的商业银行输送流动性，从而发挥改善商业银行流动性创造的作用，特别是对于规模较小、同业融资依赖度较高的商业银行而言，能起到显著的流动性创造改善作用。由于中小微企业大多通过规模较小的商业银行融资，改善小规模商业银行的流动性创造能力对于缓解企业"融资难、融资贵"问题具有重要意义。因此，央行可以借助借贷便利工具更好地进行流动性管理，特别是要充分发挥大型商业银行在流动性管理中的引领作用，这不仅有助于降低小型商业银行个体的流动性风险，增强其风险承担意愿和能力，扩大贷款投放规模，降低贷款利率，起到改善银行流动性创造能力的作用，而且对于防范、化解系统性金融风险，促进实体经济融资和经济高质量发展具有积极作用。

央行应根据商业银行资产负债表的变化，加强合格担保品的管理。经济新常态背景下，商业银行的资产负债结构正发生着明显的变化。一方面，随着我国发债规模的增长，商业银行持有的合格担保品的绝对规模不断增长；另一方面，随着商业银行对借贷便利需求的增长，合格担保品不足的问题已经凸显。由于借贷便利工具的使用需要商业银行提供合格担保品，因此央行应该密切关注商业银行资产负债表中合格担保品的变化，适当调整借贷便利的合格担保品范围，并合理把握借贷便利的投放总量和投放结构。同时，央行应根据货币市场和信贷市场利率的变化及时调整借贷便利利率。央行合理的借贷便利利率不仅会对货币市场和信贷市场利率产生有效的影响，还可以调节商业银行对借贷便利的参与度，影响资金的投放总量和借贷便利的实施效果。

央行可以考虑将合格担保品范围扩展至在交易所债券市场发行的公司信用类债券。2018年MLF担保品范围扩容至不低于AA级的公司信用类债券后，货币政策担保品范围已覆盖了绝大部分的公司信用类债券，再从信用等级上进行担保品扩容已缺乏操作空间。但就目前而言，公司信用类债券作为货币政策合格担保品还仅限于在银行间债券市场发行的债券，尚未包含在证券交易所发行的公司债和企业债。近年来，在交易所发行的公司债和企业债规模不断扩大，且从发行条件、监管规则等方面来看，交易所债券市场和银行间债券市场逐渐趋同，这为将交易所发行的公司信用类债券纳入货币政策担保品范围创造了有利条件。因此，将交易所发行的公司债和企业债纳入货币政策担保品范围，不仅可以进一步扩大合格担保品规模，缓解担保品不足问题，还对进一步改善相关企业的融资问题能起到积极作用。

央行应关注担保品政策可能出现的挤出效应，并加强对"弱势企业"融资的帮扶，提高金融资源配置效率。央行将AAA级公司信用类债券纳入合格担保品范围，通过将央行信用与企业信用相挂钩的方式释放支持企业融资的积极信号，有助于缓解担保品债券发行企业和金融机构的信息不对称，降低企业的违约风险，对企业的融资和投资起到积极促进作用。与非担保品债券发行企业相比，担保品债券发行企业往往资产规模较大、主体信用评级较高、融资约束程度较低，反而更容易从央行担保品政策中受益，这不仅会导致金融资源错配，还可能对"弱势企业"的融资产生挤出效应。因此，央行在制定和实施新型货币政策时，应关注货币政策可能出现的挤出效应，加强对"弱势企业"的融资帮扶。

央行应关注债券市场改革对央行担保品政策有效性的影响。当前，我国债券市场正在快速发展，加快改革。央行担保品政策可以通过增信渠道发挥作用，而诸如债券刚性兑付机制被打破等债券市场改革会对企业的债券信用风险产生一定的冲击，从而影响央行担保品政策的有效性。除此之外，由于央行担保品政策将央行的货币发行行为与企业的担保品债券发行行为相挂钩，所以债券市场刚性兑付机制被打破导致的债券违约风险也会部分转移到央行，从而增加系统性金融风险。因此，央行应关注债券市场改革，这不仅有利于提高央行担保品政策的有效性，还有利于防范系统性金融风险。

央行应关注债券信用评级膨胀及可能加剧的金融风险问题。央行将AAA级债券纳入担保品范围本身就是将货币发行这一国家信用行为与企业的债券发行行为相挂钩,是央行以国家信用为企业背书的一种信用行为,这无疑会给央行带来信用风险,这也是央行要求担保品具有较高信用评级的主要原因。但央行担保品政策可能会诱导企业通过评级购买、评级包装等各种方式提高债券评级从而达到担保品要求以便于企业融资,这不仅会给企业造成信用风险,还会给投资者和央行造成风险。特别是在央行进一步将 AA 级、AA + 级这些信用等级相对较低的债券纳入担保品范围后,更可能诱导企业通过不正当方式提高债券信用等级满足央行担保品要求,从而导致低信用等级债券市场的膨胀。因此,央行在实施担保品政策的同时,应加强对债券评级的监管,这对于防范金融风险具有重要意义。

央行借贷便利操作应注重商业银行流动性风险和信用风险的平衡。一方面,央行的借贷便利工具为商业银行获取流动性开辟了新渠道,其不仅可以直接为商业银行提供流动性,还可以通过同业业务渠道输送到流动性短缺的银行,这对于降低中小银行的流动性风险乃至系统性金融风险具有重要意义。另一方面,作为一种宽松的货币政策,央行的借贷便利操作属于流动性注入型的调控方式,其增加了基础货币投放,对商业银行的资产负债表会起到扩张作用,促使商业银行风险承担增加,提升其贷款投放量并可能导致信用风险增加。特别是对于规模较小、同业融资依赖度较高的商业银行,其信用风险本身较高,央行担保品政策的运用在改善其流动性创造的同时也增加了其风险承担。因此,央行应注重把握借贷便利操作的节奏和力度,保持银行流动性风险和信用风险的平衡。

央行应注重创造良好的货币政策环境和经济预期,这有利于新型货币政策作用的有效传导和充分发挥。事实上,受欧洲债务危机的影响,2016年3月欧洲央行推出的企业部门购买计划(CSPP)也曾将资产购买范围扩大到企业部门发行的公司债券,利用与我国央行类似的制度设计将央行信用与公司信用相挂钩,向市场释放央行支持企业发展的积极信号,并以此刺激经济增长。但在危机背景下,这一非常规货币政策尽管对企业融资规模起到了扩大作用,但资金主要被企业用于支付股利和金融投资。因此,在经济新常态背景下,我国央行应注重创造良好的货币政策环境和经济预期,在利用新型货币政策改善企业融资的同时,注重引导企业将资金投向实体经济部门和国家重点支持领域,防止企业投资"脱实向虚"。

央行应进一步厘清新型货币政策和传统货币政策的关系,注意政策间的协调配合,促进经济高质量发展。一方面,进入经济新常态以来,我国货币政策调控模式亟须转型，构建基于担保品的货币政策调控模式正是我国货币政策转型的重要体现，也是我国建设现代中央银行制度的重要举措。与此同时，近年来，我国央行越来越注重结构性货币政策工具的开发和使用，碳减排支持工具等新型货币政策工具具有直达实体企业、缩短货币政策的传导路径、发挥结构性调控效果、增强货币政策有效性等优势。另一方面，包括基于担保品在内的新型货币政策在政策定位、适用范围以及适用条件等方面仍然处于探索阶段。特别是在我国大力推进经济高质量发展的进程中，央行应该厘清新型货币政策的适用范围和适用条件，明确主要政策目标，并且注重和传统货币政策的协调和配合，避免产生政策扭曲效应。

主要参考文献

[1] 巴曙松,黄尚平. 货币政策与银行风险承担[J]. 当代金融研究,2018(5):1-18.

[2] 毕达. 上市公司债务期限结构影响因素的实证研究[J]. 统计与管理,2020,35(7):65-68.

[3] 蔡卫星,赵峰,曾诚. 政治关系、地区经济增长与企业投资行为[J]. 金融研究,2011(4):100-112.

[4] 曹越,董怀丽,彭可人,等. "营改增"对公司债务融资成本的影响研究[J]. 中国软科学,2021(8):162-171.

[5] 陈东,陈爱贞,刘志彪. 重大风险预期、企业投资与对冲机制[J]. 中国工业经济,2021(2):174-192.

[6] 陈锋. 中国中央银行资产负债表结构性政策工具效应研究——基于数量型的视角[J]. 金融会计,2021(2):39-51.

[7] 陈国进,丁赛杰,赵向琴,等. 中国绿色金融政策、融资成本与企业绿色转型——基于央行担保品政策视角[J]. 金融研究,2021(12):75-95.

[8] 陈汉文,周中胜. 内部控制质量与企业债务融资成本[J]. 南开管理评论,2014,17(3):103-111.

[9] 陈平生. 货币政策、会计信息质量与债务融资[J]. 中国注册会计师,2019(8):58-62.

[10] 陈享光,黄泽清. 金融化、虚拟经济与实体经济的发展——兼论"脱实向虚"问题[J]. 中国人民大学学报,2020,34(5):53-65.

[11] 程璐,何广文. 结构性货币政策的传导路径与调控效应研究——基于缓解农业上市企业融资困难的视角[J]. 商业研究,2020(9):111-120.

[12] 楚尔鸣,曹策,李逸飞. 结构性货币政策:理论框架、传导机制与疏通路径[J]. 改革,2019(10):66-74.

[13] 戴杰. 我国货币政策对上市公司债务融资的影响研究[J]. 上

海立信会计金融学院学报，2018（3）：67-81.

［14］邓伟，李语彤，刘敏，杨国超. 央行担保品政策创新的信贷融资效应研究［J］. 财经研究，2023，49（5）：19-32.

［15］邓伟，欧阳志刚，杨国超，肖赛. 中国借贷便利工具有效性研究——来自银行信贷投放的证据［J］. 经济学（季刊），2022，22（6）：1957-1976.

［16］邓伟，宋敏，陈雄兵. 借贷便利影响了商业银行贷款期限结构吗？［J］. 财贸经济，2021b，42（9）：83-96.

［17］邓伟，宋敏，刘敏. 借贷便利创新工具有效影响了商业银行贷款利率吗？［J］. 金融研究，2021a，497（11）：60-78.

［18］邓伟，袁小惠. 中国货币政策创新工具：产生、比较与效果分析［J］. 江西财经大学学报，2016（4）：23-30.

［19］邓向荣，张嘉明. 货币政策、银行风险承担与银行流动性创造［J］. 世界经济，2018（4）：28-52.

［20］丁鑫，杨忠海. 货币政策紧缩、会计信息可比性与银行借款［J］. 会计研究，2021（5）：32-40.

［21］杜传文，黄节根. 货币政策、融资约束与企业投资［J］. 财经科学，2018（4）：15-28.

［22］杜勇，谢瑾，陈建英. CEO金融背景与实体企业金融化［J］. 中国工业经济，2019（5）：136-154.

［23］方莉. 中央银行抵押品管理框架的国际经验与借鉴［J］. 金融理论与实践，2018（11）：111-118.

［24］方意，赵胜民，谢晓闻. 货币政策的银行风险承担分析——兼论货币政策与宏观审慎政策协调问题［J］. 管理世界，2012（11）：9-19，56，187.

［25］封北麟，孙家希. 结构性货币政策的中外比较研究——兼论结构性货币政策与财政政策协调［J］. 财政研究，2016（2）：34-40.

［26］傅代国，杨昌安. 货币政策对异质性企业"脱实向虚"的影响［J］. 华南师范大学学报（社会科学版），2019（6）：90-101.

［27］高然，陈忱，曾辉，等. 信贷约束、影子银行与货币政策传导［J］. 经济研究，2018，53（12）：68-82.

［28］顾海峰，高水文. 盈余管理促进了商业银行流动性创造吗？——外部审计质量和货币政策的调节作用［J］. 国际金融研究，2020（9）：67-76.

[29] 顾雷雷, 郭国庆, 彭俞超. 融资约束、营销能力和企业投资 [J]. 管理评论, 2018, 30 (7): 100-113.

[30] 顾雷雷, 郭建鸾, 王鸿宇. 企业社会责任、融资约束与企业金融化 [J]. 金融研究, 2020 (2): 109-127.

[31] 郭碧云. 中期借贷便利对企业融资成本的影响研究 [J]. 金融与经济, 2020 (3): 21-27, 34.

[32] 郭晔, 程玉伟, 黄振. 货币政策、同业业务与银行流动性创造 [J]. 金融研究, 2018 (5): 65-81.

[33] 郭晔, 房芳. 新型货币政策担保品框架的绿色效应 [J]. 金融研究, 2021 (1): 91-110.

[34] 郭晔, 徐菲, 舒中桥. 银行竞争背景下定向降准政策的"普惠"效应——基于A股和新三板"三农"、小微企业数据的分析 [J]. 金融研究, 2019 (1): 1-18.

[35] 郭豫媚, 戴赜, 彭俞超. 中国货币政策利率传导效率研究: 2008—2017年 [J]. 金融研究, 2018 (12): 37-54.

[36] 韩佳玲, 芮明杰. 实体部门产业政策是否降低了企业的金融化 [J]. 投资研究, 2020, 39 (7): 4-23.

[37] 韩庆兰, 张玥. 管理者能力、机构投资者持股与债务融资成本 [J]. 财会通讯, 2020 (8): 17-22, 33.

[38] 郝慧刚, 孙坤鑫. 商业银行视角下结构性货币政策的传导机制和实施效果研究——以定向降准为例 [J]. 华北金融, 2020 (3): 16-25.

[39] 何德旭, 余晶晶. 中国货币政策传导的现实难题与解决路径研究 [J]. 经济学动态, 2019 (8): 21-39.

[40] 何青青, 陈艺璇, 曹前进. 商业银行资本结构对流动性创造的影响 [J]. 金融论坛, 2015 (3): 50-61.

[41] 何运信, 洪佳欢, 王聪聪, 等. 互联网金融如何影响银行流动性创造——银行风险承担中介效应的实证检验 [J]. 国际金融研究, 2021 (12): 64-73.

[42] 洪金明, 王梦凯, 马德芳. 税收规避同伴效应能提升企业投资效率吗?——来自A股非金融上市公司的经验证据 [J]. 外国经济与管理, 2022, 44 (2): 52-68.

[43] 侯成琪, 黄彤彤. 流动性、银行间市场摩擦与借贷便利类货币政策工具 [J]. 金融研究, 2020 (9): 78-96.

[44] 胡宁, 王雪方, 孙莲珂, 等. 房产限购政策有助于实体企业

"脱虚返实"吗?——基于双重差分研究设计[J].南开管理评论,2019,22(4):20-31.

[45] 胡彦宇,张帆.央行货币政策操作中合格抵押品制度框架介绍与启示[J].金融发展评论,2013(5):70-79.

[46] 胡奕明,王雪婷,张瑾.金融资产配置动机:"蓄水池"或"替代"——来自中国上市公司的证据[J].经济研究,2017,52(1):181-194.

[47] 胡育蓉,范从来.结构性货币政策的运用机理研究[J].中国经济问题,2017(5):25-33.

[48] 花贵如,刘志远,许骞.投资者情绪、管理者乐观主义与企业投资行为[J].金融研究,2011(9):178-191.

[49] 花双莲,孙唯庄.高管海外经历与企业债务融资成本[J].财会月刊,2019(13):36-45.

[50] 黄静如,刘永模.媒体关注对企业债务融资成本的影响研究——基于会计稳健性的中介效应检验[J].投资研究,2020,39(2):113-133.

[51] 黄振,郭晔.央行担保品框架、债券信用利差与企业融资成本[J].经济研究,2021,56(1):105-121.

[52] 纪敏,牛慕鸿,张黎娜.央行抵押品制度的国际借鉴[J].中国金融,2015(16):36-38.

[53] 江伟,曾业勤.金融发展、产权性质与商业信用的信号传递作用[J].金融研究,2013(6):89-103.

[54] 蒋腾,张永冀,赵晓丽.经济政策不确定性与企业债务融资[J].管理评论,2018,30(3):29-39.

[55] 焦豪,焦捷,刘瑞明.政府质量、公司治理结构与投资决策——基于世界银行企业调查数据的经验研究[J].管理世界,2017(10):66-78.

[56] 康立,龚六堂.金融摩擦、银行净资产与国际经济危机传导——基于多部门DSGE模型分析[J].经济研究,2014(5):147-159.

[57] 孔丹凤,陈志成.结构性货币政策缓解民营、小微企业融资约束分析——以定向中期借贷便利为例[J].中央财经大学学报,2021(2):89-101.

[58] 蓝虹,穆争社.论主要经济体中央银行抵押品管理制度的创新与发展[J].中央财经大学学报,2014(12):29-37.

[59] 类承曜.我国债券市场结构分析[J].债券,2023(4):61-66.

[60] 李传宪,周筱易.减税降费降低了企业债务融资成本吗?[J].

财会月刊,2020(24):26-31.

[61] 李凤羽,杨墨竹. 经济政策不确定性会抑制企业投资吗?——基于中国经济政策不确定指数的实证研究[J]. 金融研究,2015(4):115-129.

[62] 李建强,高宏. 结构性货币政策能降低中小企业融资约束吗?——基于异质性动态随机一般均衡模型的分析[J]. 经济科学,2019(6):17-29.

[63] 李健,陈传明. 企业家政治关联、所有制与企业债务期限结构——基于转型经济制度背景的实证研究[J]. 金融研究,2013(3):157-169.

[64] 李明辉,孙莎,刘莉亚. 货币政策对商业银行流动性创造的影响——来自中国银行业的经验证据[J]. 财贸经济,2014(10):50-60.

[65] 李明明,秦凤鸣. 担保机制、信用评级与中小企业私募债融资成本[J]. 证券市场导报,2015(9):56-62.

[66] 李文森,戴俊,唐成伟. 央行抵押品管理框架分析[J]. 中国金融,2015(16):39-41.

[67] 李晓明. 中央银行抵押品政策框架研究[J]. 吉林金融研究,2019(6):40-46.

[68] 李延喜,曾伟强,马壮,等. 外部治理环境、产权性质与上市公司投资效率[J]. 南开管理评论,2015,18(1):25-36.

[69] 李增福,李铭杰,汤旭东. 货币政策改革创新是否有利于抑制企业"脱实向虚"?——基于中期借贷便利政策的证据[J]. 金融研究,2022(12):19-35.

[70] 林朝颖,黄志刚,杨广青,等. 基于企业视角的定向降准政策调控效果研究[J]. 财政研究,2016(8):91-103,65.

[71] 刘海明,李明明. 货币政策对微观企业的经济效应再检验——基于贷款期限结构视角的研究[J]. 经济研究,2020,55(2):117-132.

[72] 刘澜飚,尹海晨,张靖佳. 欧元区非传统货币政策的发展及对中国的启示[J]. 国际金融研究,2017(3):35-44.

[73] 刘澜飚,尹海晨,张靖佳. 中国结构性货币政策信号渠道的有效性研究[J]. 现代财经(天津财经大学学报),2017,37(3):12-22.

[74] 刘磊,王亚星,潘俊. 经济政策不确定性、管理层治理与企业债务融资决策[J]. 山西财经大学学报,2019,41(11):83-97.

[75] 刘姗,朱森林. 借贷便利货币政策工具能有效引导市场利率走势吗?[J]. 广东财经大学学报,2017,32(6):21-32,57.

[76] 刘淑花. 货币政策波动、会计信息质量与债务期限结构 [J]. 财会月刊, 2019 (20): 54-63.

[77] 刘亭立, 蔡娇娇, 杨松令. 市场竞争会驱动过度投资吗?——基于战略性新兴产业的经验证据 [J]. 管理评论, 2019, 31 (12): 219-232.

[78] 卢岚, 邓雄. 结构性货币政策工具的国际比较和启示 [J]. 世界经济研究, 2015 (6): 3-11, 127.

[79] 罗军. 民营企业融资约束、对外直接投资与技术创新 [J]. 中央财经大学学报, 2017 (1): 96-103.

[80] 罗来军, 蒋承, 王亚章. 融资歧视、市场扭曲与利润迷失——兼议虚拟经济对实体经济的影响 [J]. 经济研究, 2016, 51 (4): 74-88.

[81] 吕思聪. 外部监管和货币政策对中国商业银行流动性创造能力的影响研究 [J]. 国际金融研究, 2018 (5): 55-65.

[82] 吕越, 陆毅, 吴嵩博, 等. "一带一路"倡议的对外投资促进效应——基于2005—2016年中国企业绿地投资的双重差分检验 [J]. 经济研究, 2019, 54 (9): 187-202.

[83] 马理, 刘艺. 借贷便利类货币政策工具的传导机制与文献述评 [J]. 世界经济研究, 2014 (9): 23-27, 87-88.

[84] 孟宪春, 张屹山, 李天宇. 中国经济"脱实向虚"背景下最优货币政策规则研究 [J]. 世界经济, 2019, 42 (5): 27-48.

[85] 牛慕鸿, 张黎娜, 张翔. 利率走廊、利率稳定性和调控成本 [J]. 金融研究, 2017 (7): 16-28.

[86] 欧阳志刚, 薛龙. 新常态下多种货币政策工具对特征企业的定向调节效应 [J]. 管理世界, 2017 (2): 53-66.

[87] 潘彬, 王去非, 易振华. 同业业务、流动性波动与中央银行流动性管理 [J]. 经济研究, 2018, 53 (6): 21-35.

[88] 潘敏, 刘姗. 中央银行借贷便利货币政策工具操作与货币市场利率 [J]. 经济学动态, 2018 (3): 48-62.

[89] 彭兴韵. 再贷款抵押品扩容的影响 [J]. 中国金融, 2015 (16): 45-47.

[90] 彭俞超, 方意. 结构性货币政策、产业结构升级与经济稳定 [J]. 经济研究, 2016, 51 (7): 29-42, 86.

[91] 彭俞超, 韩珣, 李建军. 经济政策不确定性与企业金融化 [J]. 中国工业经济, 2018 (1): 137-155.

[92] 钱雪松, 方胜. 担保物权制度改革影响了民营企业负债融资

吗?——来自中国《物权法》自然实验的经验证据[J]. 经济研究, 2017, 52 (5): 146-160.

[93] 邱海燕. 内部控制、会计信息质量与债务融资成本[J]. 会计之友, 2018 (21): 45-51.

[94] 邱新国. 结构性货币政策工具与商业银行流动性水平研究[J]. 西南政法大学学报, 2019, 21 (5): 139-151.

[95] 饶品贵, 姜国华. 货币政策、信贷资源配置与企业业绩[J]. 管理世界, 2013 (3): 12-22, 47, 187.

[96] 沈丽, 侯秀美, 李文君. 基于信号渠道的结构性货币政策与银行风险承担研究综述[J]. 海南金融, 2019 (10): 43-49.

[97] 宋军, 陆旸. 非货币金融资产和经营收益率的U形关系——来自我国上市非金融公司的金融化证据[J]. 金融研究, 2015 (6): 111-127.

[98] 宋军. 央行合格抵押品制度的作用[J]. 中国金融, 2013 (24): 66-68.

[99] 宋林, 张丹, 谢伟. 对外直接投资与企业绩效提升[J]. 经济管理, 2019, 41 (9): 57-74.

[100] 宋敏. 全球金融危机十周年反思——基于中美两国比较分析的视角[J]. 北京工商大学学报(社会科学版), 2018, 33 (3): 11-19.

[101] 孙晓华, 王昀, 徐冉. 金融发展、融资约束缓解与企业研发投资[J]. 科研管理, 2015, 36 (5): 47-54.

[102] 唐成伟. 中央银行抵押品框架的影响因素及变化趋势[J]. 中国集体经济, 2015 (28): 82-84.

[103] 唐文进, 丁赛杰. 结构性货币政策、渠道识别与特征企业融资约束[J]. 投资研究, 2020, 39 (5): 125-141.

[104] 唐文进, 黄玲. 结构性货币政策的银行风险承担渠道——一个银行竞争视角的考察[J]. 江汉论坛, 2021 (8): 48-58.

[105] 田国强, 李双建. 经济政策不确定性与银行流动性创造: 来自中国的经验证据[J]. 经济研究, 2020 (11): 19-35.

[106] 万晓莉, 郑棣, 郑建华, 等. 中国影子银行监管套利演变路径及动因研究[J]. 经济学家, 2016 (8): 38-45.

[107] 汪川. "新常态"下我国货币政策转型的理论及政策分析[J]. 经济学家, 2015 (5): 35-42.

[108] 王东清, 周新. CEO权力、会计稳健性与债务融资[J]. 财会通讯, 2020 (13): 25-30, 76.

[109] 王国刚. 中国货币政策调控工具的操作机理：2001—2010 年 [J]. 中国社会科学, 2012（4）：62-82, 206.

[110] 王红建, 杨筝, 阮刚铭, 等. 放松利率管制、过度负债与债务期限结构 [J]. 金融研究, 2018（2）：100-117.

[111] 王怀明, 陈雪. 高管持股、环境不确定性与债务融资规模 [J]. 税务与经济, 2017（1）：30-37.

[112] 王克敏, 刘静, 李晓溪. 产业政策、政府支持与公司投资效率研究 [J]. 管理世界, 2017（3）：113-124.

[113] 王茂林, 何玉润, 林慧婷. 管理层权力、现金股利与企业投资效率 [J]. 南开管理评论, 2014, 17（2）：13-22.

[114] 王倩, 路馨, 曹廷求. 结构性货币政策、银行流动性与信贷行为 [J]. 东岳论丛, 2016, 37（8）：38-52.

[115] 王文倩. 结构性货币政策、企业融资成本和投资规模 [J]. 金融理论与实践, 2018（9）：17-20.

[116] 王曦, 卞金, 李丽玲. 中央银行流动性便利工具的政策效果：一个综述 [J]. 中山大学学报（社会科学版）, 2018, 58（1）：170-182.

[117] 王永钦, 吴娴. 中国创新型货币政策如何发挥作用：抵押品渠道 [J]. 经济研究, 2019, 54（12）：86-101.

[118] 王玉玲. 新借贷便利政策工具与利率调控国际比较 [J]. 中国金融, 2020（17）：79-80.

[119] 王周伟, 王衡. 货币政策、银行异质性与流动性创造——基于中国银行业的动态面板数据分析 [J]. 国际金融研究, 2016（2）：52-65.

[120] 温忠麟, 张雷, 侯杰泰, 等. 中介效应检验程序及其应用 [J]. 心理学报, 2004（5）：614-620.

[121] 吴成颂, 张艺林. 高管金融背景对企业债务期限结构的影响研究——基于中国 A 股上市公司的经验证据 [J]. 哈尔滨商业大学学报（社会科学版）, 2021（6）：3-16.

[122] 吴国通, 李延喜. 管理层过度乐观与企业债务融资决策 [J]. 工业技术经济, 2019, 38（11）：130-144.

[123] 吴可, 施文先. 货币政策降低小微企业债务融资成本的效果分析 [J]. 会计之友, 2016（20）：52-54.

[124] 吴琼, 张影. 货币政策的结构性效应与结构性货币政策研究述评——基于货币政策的银行风险承担传导渠道视角 [J]. 东岳论丛, 2016, 37（8）：53-60.

[125] 伍桂, 何帆. 非常规货币政策的传导机制与实践效果: 文献综述 [J]. 国际金融研究, 2013 (7): 18-29.

[126] 向海凌, 郭东琪, 吴非. 地方产业政策能否治理企业脱实向虚——基于政府行为视角下的中国经验 [J]. 国际金融研究, 2020 (8): 3-12.

[127] 肖崎, 阮健浓. 我国银行同业业务发展对货币政策和金融稳定的影响 [J]. 国际金融研究, 2014 (3): 65-73.

[128] 肖争艳, 陈惟. 货币政策、利率传导与中小企业融资成本——基于实际融资成本的实证研究 [J]. 经济评论, 2017 (5): 79-90.

[129] 谢军, 黄志忠. 宏观货币政策和区域金融发展程度对企业投资及其融资约束的影响 [J]. 金融研究, 2014 (11): 64-78.

[130] 徐光伟, 孙铮, 刘星. 经济政策不确定性对企业投资结构偏向的影响——基于中国 EPU 指数的经验证据 [J]. 管理评论, 2020, 32 (1): 246-261.

[131] 许罡, 朱卫东. 金融化方式、市场竞争与研发投资挤占——来自非金融上市公司的经验证据 [J]. 科学学研究, 2017, 35 (5): 709-719, 728.

[132] 许光建, 许坤, 卢倩倩. 经济新常态下货币政策工具的创新: 背景、内容与特点 [J]. 宏观经济研究, 2019 (4): 5-17, 62.

[133] 杨棉之, 黄世宝. 股权结构、董事会治理与债务期限选择——基于中国上市公司的经验证据 [J]. 安徽大学学报 (哲学社会科学版), 2013, 37 (5): 149-156.

[134] 杨如彦, 崔海亮. 货币政策的信号传导机制: 国内银行间市场的证据 [J]. 世界经济, 2006 (10): 39-48.

[135] 杨筝, 刘放, 王红建. 企业交易性金融资产配置: 资金储备还是投机行为 [J]. 管理评论, 2017, 29 (2): 13-25, 34.

[136] 叶康涛, 祝继高. 银根紧缩与信贷资源配置 [J]. 管理世界, 2009 (1): 22-28, 188.

[137] 易纲. 中国的利率体系与利率市场化改革 [J]. 金融研究, 2021 (9): 1-11.

[138] 于金泽, 邢怀振. 常备借贷便利、利率走廊与商业银行流动性管理 [J]. 浙江金融, 2019 (3): 29-37, 61.

[139] 余振, 顾浩, 吴莹. 结构性货币政策工具的作用机理与实施效果——以中国央行 PSL 操作为例 [J]. 世界经济研究, 2016 (3): 36-44,

69,134.

[140] 喻坤,李治国,张晓蓉,等. 企业投资效率之谜:融资约束假说与货币政策冲击[J]. 经济研究,2014,49(5):106-120.

[141] 元惠萍,吴明州,刘堂勇. 常备借贷便利与逆回购操作对货币市场利率的影响[J]. 财贸经济,2018,39(7):65-80.

[142] 袁振超,饶品贵. 会计信息可比性与投资效率[J]. 会计研究,2018(6):39-46.

[143] 战明华,李欢. 金融市场化进程是否改变了中国货币政策不同传导渠道的相对效应?[J]. 金融研究,2018(5):20-36.

[144] 战明华,汤颜菲,李帅. 数字金融发展、渠道效应差异和货币政策传导效果[J]. 经济研究,2020,55(6):22-38.

[145] 张超,刘星. 内部控制缺陷信息披露与企业投资效率——基于中国上市公司的经验研究[J]. 南开管理评论,2015,18(5):136-150.

[146] 张成思,孙宇辰,阮睿. 宏观经济感知、货币政策与微观企业投融资行为[J]. 经济研究,2021,56(10):39-55.

[147] 张成思,郑宁. 中国实体企业金融化:货币扩张、资本逐利还是风险规避[J]. 金融研究,2020(9):1-19.

[148] 张成祥. 我国结构性货币政策发展实践研究[J]. 河北金融,2020(12):38-43.

[149] 张洪辉,王宗军. 政府干预、政府目标与国有上市公司的过度投资[J]. 南开管理评论,2010,13(3):101-108.

[150] 张克菲,任小勋,吴晗. 创新货币政策工具对资产价格的影响——来自MLF操作的经验证据[J]. 证券市场导报,2018(10):4-13.

[151] 张克菲,吴晗. 结构性货币政策工具如何影响利率传导机制?——基于SLF、MLF和PSL的实证研究[J]. 金融与经济,2018(11):15-21.

[152] 张宁. 我国债务期限结构的影响因素[J]. 金融经济,2016(24):141-143.

[153] 张圣利,李海星,李亚超. 政治关联、商业信用与债务融资成本[J]. 财会通讯,2018(12):93-96.

[154] 张祥建,徐晋,徐龙炳. 高管精英治理模式能够提升企业绩效吗?——基于社会连带关系调节效应的研究[J]. 经济研究,2015,50(3):100-114.

[155] 张小茜,孙璐佳. 抵押品清单扩大、过度杠杆化与企业破产风

险——动产抵押法律改革的"双刃剑"效应［J］. 中国工业经济, 2017 (7)：175 - 192.

［156］张莹, 沈珊珊. 结构性货币政策银行风险承担渠道研究综述［J］. 北方经贸, 2019 (8)：92 - 94.

［157］赵建华, 宋金, 夏越冰, 等. 货币政策、金融发展水平与债务融资成本［J］. 投资研究, 2020, 39 (4)：65 - 76.

［158］赵瑞瑞, 张玉明, 刘嘉惠. 金融科技与企业投资行为研究——基于融资约束的影响机制［J］. 管理评论, 2021, 33 (11)：312 - 323.

［159］赵振洋, 王丽琼, 杨建平. 宏观货币政策、会计稳健性与债务融资成本——基于中国 A 股上市公司的实证研究［J］. 会计与经济研究, 2017, 31 (6)：64 - 78.

［160］郑军, 林钟高, 彭琳. 货币政策、内部控制质量与债务融资成本［J］. 当代财经, 2013 (9)：118 - 129.

［161］郑妍妍, 戴晓慧, 魏倩. 融资约束与企业研发投资——来自中国工业企业的微观证据［J］. 中央财经大学学报, 2017 (5)：58 - 66.

［162］钟凯, 程小可, 张伟华. 货币政策、信息透明度与企业信贷期限结构［J］. 财贸经济, 2016 (3)：60 - 77.

［163］周楷唐, 麻志明, 吴联生. 高管学术经历与公司债务融资成本［J］. 经济研究, 2017, 52 (7)：169 - 183.

［164］祝继高, 韩非池, 陆正飞. 产业政策、银行关联与企业债务融资——基于 A 股上市公司的实证研究［J］. 金融研究, 2015 (3)：176 - 191.

［165］祝继高, 叶康涛, 严冬. 女性董事的风险规避与企业投资行为研究——基于金融危机的视角［J］. 财贸经济, 2012 (4)：50 - 58.

［166］Acharya V. V., Fleming M. J., Hrung W. B., et al., Dealer Financial Conditions and Lender - of - Last - Resort Facilities［J］. Journal of Financial Economics, 2017, 123 (1)：81 - 107.

［167］Adrian T., Shin H. S., Prices and Quantities in the Monetary Policy Transmission Mechanism［J］. Staff Reports, 2009, 5 (4)：131 - 142.

［168］Albertazzi U., Nobili A., Signoretti F. M., The bank lending channel of conventional and unconventional monetary policy［J］. Journal of Money Credit and Banking, 2021, 53 (4)：261 - 299.

［169］Almeida H., Campello M., Weisbach M. S., The Cash Flow Sensitivity of Cash［J］. The Journal of Finance, 2004, 59 (4)：1777 - 1804.

［170］Altavilla C., Giannone D., Lenza M., The Financial and the

Macroeconomic Effects of the OMT Announcements [J]. International Journal of Central Banking, 2014 (12): 29 -57.

[171] Anderson R. G., Gascon C. S., The Commercial Paper Market, the Fed, and the 2007 -2009 Financial Crisis [J]. Federal Reserve Bank of St. Louis Review, 2009, 91 (6): 589 -612.

[172] Andrade P.; Cahn C., Fraisse H., et al., Can the Provision of Long - term Liquidity Help to Avoid a Credit Crunch? Evidence from the Eurosystem's LTRO [J]. Journal of the European Economic Association, 2018, 17 (4): 1070 -1106.

[173] Angeloni I., Faia E., Duca M. L., Monetary Policy and Risk Taking [J]. Journal of Economic Dynamics and Control, 2015 (52): 285 -307.

[174] Araújo A., Schommer S., Woodford M., Conventional and Unconventional Monetary Policy with Endogenous Collateral Constraints [J]. American Economic Journal: Macroeconomics, 2015, 7 (1): 1 -43.

[175] Arce O., Mayordomo S., Gimeno R., Making Room for the Needy: The Credit - Reallocation Effects of The ECB's Corporate QE? [J]. Review of Finance, 2021, 25 (1): 43 -84.

[176] Armantier O., Ghysels E., Sarkar A., et al., Discount Window Stigma during the 2007 -2008 Financial Crisis [J]. Journal of Financial Economics, 2015, 118 (2): 317 -335.

[177] Armantier O., Krieger S., McAndrews J., The Federal Reserve's Term Auction Facility [J]. Current Issues in Economics and Finance, 2008, 14 (5): 1 -10.

[178] Bae G. S., Choi S. U., Dhaliwal D. S., et al., Auditors and Client Investment Efficiency [J]. The Accounting Review, 2017, 92 (2): 19 -40.

[179] Balfoussia H., Gibson D., Financial Conditions and Economic Activity: The Potential Impact of the Targeted Long - Term Refinancing Operations [J]. Applied Economics Letters, 2016, 23 (6): 449 -456.

[180] Bauer M. D., Neely C. J., International Channels of the Fed's Unconventional Monetary Policy [J]. Working Paper, 2014, 44 (6): 24 -46.

[181] Benetton M., Fantino D., Targeted Monetary Policy and Bank Lending Behavior [J]. Journal of Financial Economics, 2021, 142 (1): 404 -429.

[182] Benmelech E., Bergman N. K., Collateral Pricing [J]. Journal

of Financial Economics, 2009, 91 (3): 339 -360.

[183] Berentsen A., Monnet C., Monetary Policy in a Channel System [J]. Journal of Monetary Economics, 2008, 55 (6): 1067 -1080.

[184] Berger A. N., Black L. K., Bouwman C. H., et al., Bank Loan Supply Responses to Federal Reserve Emergency Liquidity Facilities [J]. Journal of Financial Intermediation, 2017, 32 (10): 1 -15.

[185] Berger A. N., Bouwman C. H. S., Bank Liquidity Creation [J]. Review of Financial Studies, 2009, 22 (9): 3779 -3837.

[186] Berger A. N., Sedunov J., Bank Liquidity Creation and Real Economic Output [J]. Journal of Banking and Finance, 2017 (81): 1 -19.

[187] Bernanke B. S., Blinder A. S., The Federal Funds Rate and the Channels of Monetary Transmission [J]. American Economic Review, 1992, 82 (4): 901 -921.

[188] Bernanke B., The Federal Reserve's Balance Sheet: an Update [R]. Speech, 2009.

[189] Bindseil U., Corsi M., Sahel B., The Eurosystem Collateral Framework Explained [R]. Occasional Paper, 2017.

[190] Boeckx J., Dossche M., Peersman G., Effectiveness and Transmission of the ECB's Balance Sheet Policies [J]. CESifo Working Paper Series, 2014, 69 (35): 521 -544.

[191] Bolton P., Chen H., Wang N., A Unified Theory of Tobin's q, Corporate Investment, Financing, and Risk Management [J]. Journal of Finance, 2011, 66 (5): 1545 -1578.

[192] Borio C., Zhu H., Capital regulation, risktaking and monetary policy: A missing link in the transmission mechanism? [J]. Journal of Financial Stability, 2012, 8 (4): 236 -251.

[193] Boyer M., Directors' and Officers' Insurance and Shareholder Protection [J]. Journal of Financial Perspectives, 2014, 2 (3): 107 -128.

[194] Bruneau C., Bandt O., Amri W., Macroeconomic Fluctuations and Corporate Financial Fragility [J]. Journal of Financial Stability, 2012, 8 (4): 219 -235.

[195] Callen J. L., Chen F., Dou Y., et al., Accounting Conservatism and Performance Covenants: A Signaling Approach [J]. Contemporary Accounting Research, 2016, 33 (3): 961 -988.

[196] Carpinelli L., Crosignani M., The Effect of Central Bank Liquidity Injections on Bank Credit Supply [R]. Working Paper 2017 – 38, Federal Reserve Board, 2017.

[197] Cecioni M., Ferrero G., Secchi A., Unconventional Monetary Policy in Theory and in Practice [J]. World Scientific – Now Publishers Series in Business, 2019 (15): 1 – 36.

[198] Chakraborty I., Goldstein I., MacKinlay A., Monetary Stimulus and Bank Lending [J]. Journal of Financial Economics, 2020, 136 (1): 189 – 218.

[199] Chaney T., Sraer D., Thesmar D., The Collateral Channel: How Real Estate Shocks Affect Corporate Investment [J]. American Economic Review, 2012, 102 (6): 2381 – 2409.

[200] Cheun S., Von Köppen – Mertes I., Weller B., The Collateral Frameworks of the Eurosystem, the Federal Reserve System and the Bank of England and the Financial Market Turmoil [R]. ECB Occasional Paper, 2009.

[201] Choi D. B., Santos J., Yorulmazer T. A., Theory of Collateral for the Lender of Last Resort [J]. Review of Finance, European Finance Association, 2021, 25 (4): 973 – 996.

[202] Christensen J. H. E., Lopez J. A., Rudebusch G D., Do Central Bank Liquidity Facilities Affect Interbank Lending Rates? [J]. Journal of Business & Economic Statistics, 2014, 32 (1): 136 – 151.

[203] Covitz D., Liang N., Suarez G. A., The Evolution of a Financial Crisis: Collapse of the Asset Backed Commercial Paper Market [J]. The Journal of Finance, 2013, 68 (3): 815 – 848.

[204] Curdia V., Woodford M., The Central – Bank Balance Sheet as an Instrument of Monetary Policy [J]. Journal of Monetary Economics, 2011, 58 (1): 54 – 79.

[205] D'Amico S., Fan R., Kitsul Y., The scarcity value of treasury collateral: Repo – market effects of security – specific supply and demand factors [J]. Journal of Financial and Quantitative Analysis, 2018, 53 (5): 2103 – 2129.

[206] Daetz S. L., Subrahmanyam M. G., Tang D. Y., et al., Can Central Banks Boost Corporate Investment? Evidence from the ECB Liquidity Injections [R]. Working Paper, 2018.

[207] De Santis R. A., Zaghini A., Unconventional Monetary Policy and Corporate Bond Issuance [J]. European Economic Review, 2021 (135): 103727.

[208] Demir F., Financial Liberalization, Private Investment and Portfolio Choice: Financialization of Real Sectors in Emerging Markets [J]. Journal of Development Economics, 2009, 88 (2): 314 - 324.

[209] Diamond D. W., Rajan R. G., Liquidity Risk, Liquidity Creation, and Financial Fragility: A Theory of Banking [J]. Journal of Political Economy, 2001, 109 (2): 287 - 327.

[210] Donaldson J. R., Piacentino G., Thakor A., Warehouse Banking [J]. Journal of Financial Economics, 2018, 129 (2): 250 - 267.

[211] Duchin R., Ozbas O., Sensoy B. A., Costly External Finance, Corporate Investment, and the Subprime Mortgage Credit Crisis [J]. Journal of Financial Economics, 2010, 97 (3): 418 - 435.

[212] Duygan - Bump B., Parkinson P., Rosengren E., et al., How Effective Were the Federal Reserve Emergency Liquidity Facilities? Evidence from the Asset - Backed Commercial Paper Money Market Mutual Fund Liquidity Facility [J]. The Journal of Finance, 2013, 68 (2): 715 - 737.

[213] Eichengreen B., The ECB tries again [J]. Intereconomics, 2014, 49 (4): 239 - 240.

[214] Eksi O., Tas B., Unconventional monetary policy and the stock market's reaction to Federal Reserve policy actions [J]. North American Journal of Economics & Finance, 2017 (40): 136 - 147.

[215] Fan J., Titman S., Twite G., An international comparison of capital structure and debt maturity choices [J]. Journal of Financial and quantitative Analysis, 2012, 47 (1): 23 - 56.

[216] Faria - E - Castro M., Fonseca L., Crosignani M., The (Unintended?) Consequences of the Largest Liquidity Injection Ever [R]. Meeting Papers, Society for Economic Dynamics, 2017.

[217] Fazzari S. M., Hubbard R. G., Petersen B. C., Financing Constraints and Corporate Investment [J]. Brookings Papers on Economic Activity, 1988b (1): 141 - 195.

[218] Fazzari S. M., Hubbard R. G., Petersen B. C., Investment, Financing Decisions, and Tax Policy [J]. American Economic Review, 1988a,

78 (2): 200-205.

[219] Fecht F., Nyborg K. G., Rocholl J., et al., Collateral, Central Bank Repos, and Systemic Arbitrage [R]. Swiss Finance Institute Research Paper Series, 2016.

[220] Fegatelli P., The Role of Collateral Requirements in the Crisis: One Tool for Two Objectives? [R]. Central Bank of Luxembourg, 2010.

[221] Ferrando A., Popov A., Udell G. F., Do SMEs Benefit from Unconventional Monetary Policy and How? Microevidence from the Eurozone [J]. Journal of Money, Credit, and Banking, 2019, 51 (4): 895-928.

[222] Fleming M. J., Hrung W. B., Keane F. M., Repo Market Effects of the Term Securities Lending Facility [J]. The American Economic Review, 2010, 100 (2): 591-596.

[223] Fleming M., Hrung W., Keane F., The Term Securities Lending Facility: Origin, Design, and Effects [J]. Current Issues in Economics & Finance, 2009, 15 (2): 1-10.

[224] Fratzscher M., Duca M. L., Straub R., ECB Unconventional Monetary Policy: Market Impact and International Spillovers [J]. IMF Economic Review, 2016, 64 (1): 36-74.

[225] Gan J., Collateral, Debt Capacity, and Corporate Investment: Evidence from a Natural Experiment [J]. Journal of Financial Economics, 2007, 85 (3): 709-734.

[226] Garcia-Posada M, Marchetti M., The Bank Lending Channel of Unconventional Monetary Policy: The Impact of the Vltros on Credit Supply in Spain [J]. Economic Modelling, 2016 (58): 427-441.

[227] Garcia-Posada M., Marchetti M., The bank lending channel of unconventional monetary policy: The impact of the VLTROs on credit supply in Spain [J]. Economic modelling, 2016, 58 (11): 427-411.

[228] Garleanu N., Pedersen L. H., Margin-Based Asset Pricing and Deviations from the Law of One Price [J]. The Review of Financial Studies, 2011, 24 (6): 1980-2022.

[229] Geanakoplos J., Wang H., Quantitative Easing, Collateral Constraints, and Financial Spillovers [J]. American Economic Journal: Macroeconomics, 2020, 12 (4): 180-217.

[230] Gertler M., Kiyotaki N., Financial Intermediation and Credit Pol-

icy in Business Cycle Analysis [J]. Handbook of Monetary Economics, 2011 (3): 547-599.

[231] Gomariz M. F. C., Ballesta J. P. S., Financial Reporting Quality, Debt Maturity and Investment Efficiency [J]. Journal of Banking & Finance, 2014 (40): 494-506.

[232] Gorton G. B., Metrick A., Haircuts [R]. National Bureau of Economic Research, 2009.

[233] Haan J. D., End W., Frost J., et al., Unconventional Monetary Policy of the ECB during the Financial Crisis: An Assessment and New Evidence [J]. Suerf Anniversary, 2013, 38 (6): 117-156.

[234] Hadlock C. J., Pierce J. R., New Evidence on Measuring Financial Constraints: Moving Beyond the KZ Index [J]. The Review of Financial Studies, 2010, 23 (5): 1909-1940.

[235] Heider F., Hoerova M., Holthausen C., Liquidity Hoarding and Interbank Market Rates: The Role of Counterparty Risk [J]. Journal of Financial Economics, 2015, 118 (2): 336-354.

[236] Helwege J., Boyson N. M., Jindra J., Thawing Frozen Capital Markets and Backdoor Bailouts: Evidence from the Fed's Liquidity Programs [J]. Journal of Banking & Finance, 2017, 76 (3): 92-119.

[237] Hicks J. R., Mr Keynes and the "Classics": a Suggested Interpretation [J]. Econometrica: Journal of the Econometric Society, 1937, 5 (2): 147-159.

[238] Hovakimian G., Titman S., Corporate Investment with Financial Constraints: Sensitivity of Investment to Funds from Voluntary Asset Sales [J]. Journal of Money, Credit and Banking, 2006, 38 (2): 357-374.

[239] Jiang L., Levine R., Lin C., Competition and Bank Liquidity Creation [J]. Journal of Financial and Quantitative Analysis, 2019, 54 (2): 513-538.

[240] Koulischer F., Struyven D., Central Bank Liquidity Provision and Collateral Quality [J]. Journal of Banking & Finance, 2014 (49): 113-130.

[241] Krishnamurthy A., Vissing-Jorgensen A., Gilchrist S., et al., The Effects of Quantitative Easing on Interest Rates: Channels and Implications for Policy [J]. Brookings Papers on Economic Activity, 2011 (3): 215-287.

[242] Lenza M., The Financial and Macroeconomic Effects of the OMT

Announcements [J]. Research Bulletin, 2015, 22 (2): 12 - 16.

[243] Liu Q. , Qiu L. D. , Intermediate Input Imports and Innovations: Evidence from Chinese Firms' Patent Filings [J]. Journal of International Economics, 2016 (103): 166 - 183.

[244] Macaire C. , Naef A. , Impact of Green Central Bank Collateral Policy: Evidence from the People's Bank of China [R]. Working Paper, 2021.

[245] Mancini L. , Ranaldo A. , Wrampelmeyer J. , The Euro Interbank Repo Market [J]. The Review of Financial Studies, 2015, 29 (7): 1747 - 1779.

[246] Mcandrews J. , Sarkar A. , Wang Z. , The Effect of the Term Auction Facility on the London Inter Bank Offered Rate [J]. Journal of Banking & Finance, 2017, 83 (10): 135 - 152.

[247] McConnell A. , Yanovski B. , Lessmann K. , Central bank collateral as a green monetary policy instrument [J]. Climate Policy, 2022, 22 (3): 339 - 355.

[248] Mésonnier J. , O'Donnell C. , Toutain O. , The Interest of Being Eligible [J]. Journal of Money, Credit and Banking, 2022, 54 (2 - 3): 425 - 458.

[249] Mishkin F. S. , Monetary Policy Strategy: Lessons from The Crisis [J]. Working Paper Series, 2011, 16 (7): 0 - 62.

[250] Modigliani F. , Miller M. H. , The Cost of Capital, Corporation Finance and the Theory of Investment [J]. American Economic Review, 1958, 48 (3): 261 - 297.

[251] Nyborg K. G. , Central Bank Collateral Frameworks [J]. Journal of Banking & Finance, 2017 (76): 198 - 214.

[252] Peersman G. , Macroeconomic Effects of Unconventional Monetary Policy in the Euro Area [J]. Social Science Electronic Publishing, 2011, 28 (7): 1138 - 1164.

[253] Rajan R. G. , Has Finance Made the World Riskier? [J]. European Financial Managemen, 2006, 12 (4): 499 - 533.

[254] Richardson S. , Over - Investment of Free Cash Flow [J]. Review of Accounting Studies, 2006, 11 (2 - 3): 159 - 189.

[255] Ross S. A. , The Determination of Financial Structure: the Incentive - Signalling Approach [J]. The Bell Journal of Economics, 1977, 8 (1): 23 - 40.

[256] Roychowdhury S., Shroff N., Verdi R. S., The Effects of Financial Reporting and Disclosure on Corporate Investment: a Review [J]. Journal of Accounting and Economics, 2019, 68 (2-3): 101246.

[257] Taylor J. B., Williams J. C., A Black Swan in the Money Market [J]. American Economic Journal: Macroeconomics, 2009, 1 (1): 58-83.

[258] Van Bekkum S., Gabarro M., Irani R. M., Does a Larger Menu Increase Appetite? Collateral Eligibility and Credit Supply [J]. Review of Financial Studies, 2018, 31 (3): 943-979.

[259] Wolff G. B., Eurosystem Collateral Policy and Framework: Was it Unduly Changed [R]. Bruegel Policy Contribution, 2014.

[260] Wu T., The US money market and the Term Auction Facility in the financial crisis of 2007-2009 [J]. Review of Economics and Statistics, 2011, 93 (2): 617-631.

后 记

要科学地考察央行担保品政策的作用效果并不容易。首先，货币政策属于宏观经济政策，通常要基于市场利率、GDP、CPI 等宏观经济数据，从宏观的视角进行研究。但采用这种思路进行研究的问题在于难以识别出央行担保政策的作用效果，暂且不考虑同期可能出台其他宏观经济政策，在我国多种货币政策工具并存并用的复杂货币政策环境中，要基本排除同期实施的其他货币政策工具的影响也难以做到。其次，从宏观的视角考察央行担保品政策的作用效果难以揭示其中的作用机制。在货币政策担保品框架下，央行主要使用借贷便利工具向商业银行投放流动性，并要求商业银行提供合格担保品。商业银行不仅是央行借贷便利操作的直接对象，商业银行持有的合格担保品在借贷便利操作中还发挥着关键作用。因此，要厘清央行担保品政策的作用机制，必须引入商业银行及其持有的担保品信息。最后，要系统地考察央行担保品政策的作用效果，必须考察企业是否受到了显著影响。这是因为，一方面，企业是央行规定的合格担保品的供给者，企业的债券发行影响着央行担保品政策的作用效果。在货币政策担保品框架创立之初，央行首次将 AAA 级公司信用类债券纳入担保品范围，2018 年 6 月 1 日，央行又进一步将 AA 级和 AA + 级公司信用类债券纳入 MLF 担保品范围。这意味着企业发行的此类债券可以被商业银行作为合格担保品向央行质押融资。另一方面，企业是央行担保品政策作用效果体现的落脚点。尽管商业银行是央行担保品政策实施的直接对象，但商业银行作为金融中介，其作用在于服务实体经济，央行担保品政策是否发挥了有效作用，还应该考察企业是否受到了显著影响。

在很长的时间内，我一直在疑惑能否综合央行、商业银行、企业三种主体，从微观的视角研究央行担保品政策的作用效果。尽管这并不是研究货币政策作用效果的主流模式，但随着时间的积累，我越来越清晰地体会到这种研究思路的适用性和可行性。然而，一个仍然困扰我的问题在于，这种可行的研究思路似乎很少被国内相关学者所采用，众多的研究仍然是从宏观的视角进行考察。2019年9月，第十九届中国青年经济学者论坛在武汉大学召开，我们关于借贷便利工具与商业银行信贷配置的工作论文有幸入选。论坛期间，我向武汉大学经济与管理学院院长宋敏教授汇报了论文，并倾诉了我心中长久以来的疑惑。宋老师停顿了片刻说道，"这种思路并不容易想到，也不容易做到。"理由其实很简单，就话题而言，研究央行担保品政策的作用效果属于宏观经济学领域的问题，大多采用宏观计量模型进行研究；而要揭示其中的作用机制必须引入商业银行及其持有的担保品信息，这需要对商业银行这一领域有较多的了解；从企业的视角进行考察是公司财务的研究范式，但这一领域主要关注非金融企业，大多采用微观计量模型。就研究分工而言，需要同时融合宏观经济、商业银行、公司财务的情形并不多见。宋老师的一席话直击要害，长期以来若隐若现的猜测得到了明确的肯定。

从我个人的研究经历来看，十多年来经历了从宏观经济、商业银行到公司财务的转换和融合。博士期间，我主要研究中国的货币政策，也在商业银行方面花了不少精力。2013年，我博士毕业并进入大学任教。2013年11月6日，中国人民银行首次披露了新型货币政策工具——常备借贷便利（SLF）的操作情况，这种对商业银行直接操作的新型货币政策工具自首次披露便吸引了我的关注。事实上，尽管我博士期间主要研究货币政策，但毕业后我放弃了去专业更对口的金融学院，而是阴差阳错地进入了会计学院并讲授财务管理课程，这对我来说是一个陌生的领域。自此之后，我的研究便陷入了停滞。我发现从研究范式、计量模型、计量软件，乃至数据库和写作模式，货币政策所属的宏观金融研究和公司财务这一微观金融领域都存在着巨大差异。但经过数年的摸索，我越来越清晰地感觉到可以将宏观金融问题与微观计量方法相结合，特别是对于中国央行担保品政策作用效果的研究，从公司金融的角度进行研究这一思路和方法尤其适合。

经过近十年的摸索和积累，在中国央行担保品政策作用效果方面，我们已经取得了越来越多的成果。近年来，我们这一领域的研究陆续被《财贸经济》《金融研究》《经济学（季刊）》《财经研究》《管理世界》，以及 *China Journal of Accounting Studies* 等期刊正式发表或录用。实际上，本书是我和诸多合作者共同完成的，包括武汉大学的宋敏教授、上海财经大学的刘冲教授，我的同事欧阳志刚、杨国超、刘敏、陈雄兵、晏超等，以及我指导的研究生肖赛、李语彤、黄惊金、杨红霞、姜娜、索沛宁等。其中，我指导的研究生在最初阶段花费了巨大精力出色地完成了商业银行担保品等数据的手工收集工作，为我们后续从商业银行的视角开展研究迈开了开创性的一步，其他合作者在构思、修改等方面给我提供了巨大帮助。在此，对他们的工作和帮助表示感谢！

  本书是过去近十年来，我们对中国央行担保品政策的微观效应系列研究的梳理和总结。随着我国经济高质量发展进程的持续推进，央行担保品政策框架也会不断变化和完善，特别是进一步考察不同类型借贷便利工具的作用机制和作用效果，以及深入揭示央行担保品政策如何发挥结构性调控效果仍然有待研究。限于认知有限，本书作为中国央行担保品政策作用效果系统性研究的初步尝试难免存在疏漏之处，恳请读者批评指正。

邓　伟
2024 年 5 月

图书在版编目（CIP）数据

央行担保品政策的微观效应研究 / 邓伟著. -- 北京：中国财政经济出版社, 2024. 9. -- ISBN 978-7-5223-3244-4

Ⅰ. D923.24

中国国家版本馆CIP数据核字第2024ZB8452号

责任编辑：樊清玉　马　真　　　责任校对：张　凡
封面设计：陈宇琰　　　　　　　　责任印制：史大鹏

央行担保品政策的微观效应研究
YANGHANG DANBAOPIN ZHENGCE DE WEIGUAN XIAOYING YANJIU

中国财政经济出版社 出版

URL：http://www.cfeph.cn
E-mail：cfeph@cfeph.cn

（版权所有　翻印必究）

社址：北京市海淀区阜成路甲28号　邮政编码：100142
营销中心电话：010-88191522
天猫网店：中国财政经济出版社旗舰店
网址：https://zgczjjcbs.tmall.com
中煤（北京）印务有限公司印刷　各地新华书店经销
成品尺寸：165mm×238mm　16开　14.25印张　244 000字
2024年9月第1版　2024年9月北京第1次印刷
定价：68.00元
ISBN 978-7-5223-3244-4
（图书出现印装问题，本社负责调换，电话：010-88190548）
本社质量投诉电话：010-88190744
打击盗版举报热线：010-88191661　QQ：2242791300